日本大学習志野高等学校

〈収録内容〉

⇒ 

※データのダウンロードは 2025 年 3 月末日まで。
※データへのアクセスには、右記のパスワードの入力が必要となります。 ⇒ 155043

〈合格最低点〉

	一般
2024年度	183点
2023年度	169点
2022年度	180点
2021年度	190点
2020年度	170点
2019年度	140点
2018年度	169点

本書の特長

実戦力がつく入試過去問題集

- ▶ 問題 …………… 実際の入試問題を見やすく再編集。
- ▶ 解答用紙 …… 実戦対応仕様で収録。
- ▶ 解答解説 …… 詳しくわかりやすい解説には、難易度の目安がわかる「基本・重要・やや難」の分類マークつき（下記参照）。各科末尾には合格へと導く「ワンポイントアドバイス」を配置。採点に便利な配点つき。

入試に役立つ分類マーク

基本 確実な得点源！
受験生の90％以上が正解できるような基礎的、かつ平易な問題。
何度もくり返して学習し、ケアレスミスも防げるようにしておこう。

重要 受験生なら何としても正解したい！
入試では典型的な問題で、長年にわたり、多くの学校でよく出題される問題。
各単元の内容理解を深めるのにも役立てよう。

やや難 これが解ければ合格に近づく！
受験生にとっては、かなり手ごたえのある問題。
合格者の正解率が低い場合もあるので、あきらめずにじっくりと取り組んでみよう。

合格への対策、実力錬成のための内容が充実

- ▶ 各科目の出題傾向の分析、合否を分けた問題の確認で、入試対策を強化！
- ▶ その他、学校紹介、過去問の効果的な使い方など、学習意欲を高める要素が満載！

解答用紙ダウンロード 解答用紙はプリントアウトしてご利用いただけます。弊社ＨＰの商品詳細ページよりダウンロードしてください。トビラのＱＲコードからアクセス可。

UD FONT 見やすく読みまちがえにくいユニバーサルデザインフォントを採用しています。

日本大学習志野高等学校

普通科
生徒数　1182名
〒274-8504
千葉県船橋市習志野台7-24-24
☎047-469-5555
東葉高速鉄道船橋日大前駅西口
徒歩5分
新京成線北習志野駅　徒歩20分または
バス「日大習志野高校前」下車徒歩3分

県下有数の進学校
理工学部の併設高校としての高大連携教育の実践
国公立・有名私立大学への進学を視野に入れたカリキュラム

URL	https://www.nnhs.cst.nihon-u.ac.jp

創造力と実行力を育む教育

日本大学直属の付属校として、長い歴史を持つ。1976（昭和51）年に、普通科のみの高等学校になった。

日本大学の目的及び使命に基づき、全人的教育を施し、国家及び社会に有為な人材の育成を教育目的としており、「自主創造の精神の育成」「高い理想と真剣な学習態度の育成」「知育・徳育・体育の調和的育成」を目標に掲げている。また、県下有数の進学校でありながら、男女共学で和やかな雰囲気に包まれているのも特色で、生徒同士、生徒と教師との心の触れ合いを重視し、各種行事や部活動にも力を入れている。

ICT教育の推進

本校では、生徒一人一台ずつ専用のiPadを購入し、教育支援アプリなどと連動しながら、授業での活用、ホームルームでの連絡、ポートフォリオの作成、部活動における練習動画の撮影など、学校生活の様々な場面で生徒が主体的に活用している。2019年にはすべての普通教室と一部の特別教室に電子黒板が設置されたため、これまでの授業では実現できなかった授業内容からより効率的な学習が可能となるなど、ICTの活用を通して様々な成果を上げることが期待できる。

特色あるカリキュラム

■新入生全員が同時にスタート（併設中学校なし）
■日大理工学部との高大連携教育の実践
■進路の多様化に対応したコースとカリキュラム

日本大学をはじめ他大学(国公立大・私立大)進学を希望する生徒の目標達成のため、３カ年の学習計画がきめ細かく設定されている。１年次は生徒各自の適性と能力を伸ばすため、基礎学力の向上に重点を置く。２年次からは、生徒の希望と能力・適性に応じて文系・理系に分かれ、特色ある３つのコースが設けられている。

・CST (College of Science and Technology 日大理工学部進学)コース
……日大理工学部各学科への進学を目指す
・NP (National and Public 国公立進学) コース
……国公立大学への進学を目指す
・GA (Global and Advanced 総合進学) コース
……有名私立大学への進学を目指す

３年次では、それぞれのコースで徹底した進学指導が行われている。

系列の日本大学への進学制度がある。そのほか早稲田大学、上智大学、東京理科大学、立教大学、中央大学、明治大学、青山学院大学、法政大学、学習院大学などに指定校推薦枠もある。

活気あふれる多彩な行事

本校には運動部16、文化部16のあわせて32の部·同好会があり、希望すればすべての生徒が入部できるようになっている。運動部では全国大会出場経験のあるフェンシング部をはじめ、チアリーダー部はジャパンカップに進出するなど、華麗な演技は内外の注目を集めている。吹奏楽部、化学部、書道部、茶・華道部など、文化系の部活動も充実している。

人工芝グラウンド

きめ細かな指導で現役合格率も高い

大学への合格率が高く、日大付属校の中でもトップクラスの実績を誇る。2023年度入試結果においては、東北大現役合格１名をはじめとして、日本大学に547名、国公立大に35名、他私立大に626名が合格している。他大学別内訳は、東京工業大学１名、筑波大学５名、横浜国立大学１名、千葉大学14名、早稲田大学８名、慶應義塾大学10名、上智大学16名、東京理科大学35名、明治大学45名、青山学院大学13名、立教大学23名、中央大学39名、法政大学53名、学習院大学14名、その他多数。

図書室に併設された自習室

2024年度入試要項

試験日　1/17（第１志望）
　　　　1/17または1/18（一般）
試験科目　国·数·英+面接（第１志望）
　　　　　国・数・英（一般）

2024年度	募集定員	受験者数	合格者数	競争率
第一志望	180	228	190	1.2
一般 17日/18日	190	1327/1085	1161	2.1

※スポーツ推薦（剣道部のみ）の募集は若干名。面接あり

過去問の効果的な使い方

① **はじめに**　入学試験対策に的を絞った学習をする場合に効果的に活用したいのが「過去問」です。なぜならば，志望校別の出題傾向や出題構成，出題数などを知ることによって学習計画が立てやすくなるからです。入学試験に合格するという目的を達成するためには，各教科ともに「何を」「いつまでに」やるかを決めて計画的に学習することが必要です。目標を定めて効率よく学習を進めるために過去問を大いに活用してください。また，塾に通われていたり，家庭教師のもとで学習されていたりする場合は，それぞれのカリキュラムによって，どの段階で，どのように過去問を活用するのかが異なるので，その先生方の指示にしたがって「過去問」を活用してください。

② **目的**　過去問学習の目的は，言うまでもなく，志望校に合格することです。どのような分野の問題が出題されているか，どのレベルか，出題の数は多めか，といった概要をまず把握し，それを基に学習計画を立ててください。また，近年の出題傾向を把握することによって，入学試験に対する自分なりの感触をつかむこともできます。

過去問に取り組むことで，実際の試験をイメージすることもできます。制限時間内にどの程度までできるか，今の段階でどのくらいの得点を得られるかということも確かめられます。それによって必要な学習量も見えてきますし，過去問に取り組む体験は試験当日の緊張を和らげることにも役立つでしょう。

③ **開始時期**　過去問への取り組みは，全分野の学習に目安のつく時期，つまり，9月以降に始めるのが一般的です。しかし，全体的な傾向をつかみたい場合や，学習進度が早くて，夏前におおよその学習を終えている場合には，7月，8月頃から始めてもかまいません。もちろん，受験間際に模擬テストのつもりでやってみるのもよいでしょう。ただ，どの時期に行うにせよ，取り組むときには，集中的に徹底して取り組むようにしましょう。

④ **活用法**　各年度の入試問題を全問マスターしようと思う必要はありません。できる限り多くの問題にあたって自信をつけることは必要ですが，重要なのは，志望校に合格するためには，どの問題が解けなければいけないのかを知ることです。問題を制限時間内にやってみる。解答で答え合わせをしてみる。間違えたりできなかったりしたところについては，解説をじっくり読んでみる。そうすることによって，本校の入試問題に取り組むことが今の自分にとって適当かどうかが，はっきりします。出題傾向を研究し，合否のポイントとなる重要な部分を見極めて，入学試験に必要な力を効率よく身につけてください。

数学

各都道府県の公立高校の入学試験問題は，中学数学のすべての分野から幅広く出題されます。内容的にも，基本的・典型的なものから思考力・応用力を必要とするものまでバランスよく構成されています。私立・国立高校では，中学数学のすべての分野から出題されることには変わりはありませんが，出題形式，難易度などに差があり，また，年度によっての出題分野の偏りもあります。公立高校を含め，ほとんどの学校で，前半は広い範囲からの基本的な小問群，後半はあるテーマに沿っての数問の小問を集めた大問という形での出題となっています。

まずは，単年度の問題を制限時間内にやってみてください。その後で，解答の答え合わせ，解説での研究に時間をかけて取り組んでください。前半の小問群，後半の大問の一部を合わせて50%以上の正解が得られそうなら多年度のものにも順次挑戦してみるとよいでしょう。

英語

英語の志望校対策としては，まず志望校の出題形式をしっかり把握しておくことが重要です。英語の問題は，大きく分けて，リスニング，発音・アクセント，文法，読解，英作文の5種類に分けられます。リスニング問題の有無(出題されるならば，どのような形式で出題されるか)，発音・アクセント問題の形式，文法問題の形式(語句補充，語句整序，正誤問題など)，英作文の有無(出題されるならば，和文英訳か，条件作文か，自由作文か）など，細かく具体的につかみましょう。読解問題では，物語文，エッセイ，論理的な文章，会話文などのジャンルのほかに，文章の長さも知っておきましょう。また，読解問題でも，文法を問う問題が多いか，内容を問う問題が多く出題されるか，といった傾向をおさえておくことも重要です。志望校で出題される問題の形式に慣れておけば，本番ですんなり問題に対応することができますし，読解問題で出題される文章の内容や量をつかんでおけば，読解問題対策の勉強として，どのような読解問題を多くこなせばよいかの指針になります。

最後に，英語の入試問題では，なんと言っても読解問題でどれだけ得点できるかが最大のポイントとなります。初めて見る長い文章をすらすらと読み解くのはたいへんなことですが，そのような力を身につけるには，リスニングも含めて，総合的に英語に慣れていくことが必要です。「急がば回れ」ということわざの通り，志望校対策を進める一方で，英語という言語の基本的な学習を地道に続けることも忘れないでください。

国語

国語は，出題文の種類，解答形式をまず確認しましょう。論理的な文章と文学的な文章のどちらが中心となっているか，あるいは，どちらも同じ比重で出題されているか，韻文(和歌・短歌・俳句・詩・漢詩)は出題されているか，独立問題として古文の出題はあるか，といった，文章の種類を確認し，学習の方向性を決めましょう。また，解答形式は，記号選択のみか，記述解答はどの程度あるか，記述は書き抜き程度か，要約や説明はあるか，といった点を確認し，記述力重視の傾向にある場合は，文章力に磨きをかけることを意識するとよいでしょう。さらに，知識問題はどの程度出題されているか，語句(ことわざ・慣用句など)，文法，文学史など，特に出題頻度の高い分野はないか，といったことを確認しましょう。出題頻度の高い分野については，集中的に学習することが必要です。読解問題の出題傾向については，脱語補充問題が多い，書き抜きで解答する言い換えの問題が多い，自分の言葉で説明する問題が多い，選択肢がよく練られている，といった傾向を把握したうえで，これらを意識して取り組むと解答力を高めることができます。「漢字」「語句・文法」「文学史」「現代文の読解問題」「古文」「韻文」と，出題ジャンルを分類して取り組むとよいでしょう。毎年出題されているジャンルがあるとわかった場合は，必ず正解できる力をつけられるよう意識して取り組み，得点力を高めましょう。

出題傾向の分析と合格への対策

●出題傾向と内容

本年度の出題数は大問4題，小問数にして14題と例年とほぼ同様で，応用力を試される難易度の高い問題も含まれている。

出題内容は，[1]は因数分解，関数の変域，規則性，一次方程式の応用問題，角度，確率などの小問群，[2]は図形と関数・グラフの融合問題，[3]は平面図形の計量問題，[4]は空間図形の計量問題であった。

問題数がそれほど多くはないものの，基本事項を的確に適用する思考力，図形の様子を把握する観察力，複雑な計算を確実に行う計算力が必要である。また，解答は全問マークシート方式であった。

学習のポイント

関数とグラフ，平面・空間図形では，解くのに必要な図を自分で探し出して作ることが試される。十分に鍛えておこう。

●2025年度の予想と対策

来年度も，出題形式・問題数・難易度に大きな変化はなく，幅広い出題範囲から，工夫を凝らした内容が出題されるだろう。

中学数学全般で出てくる公式・定理・性質などを網羅し，応用問題に適切に当てはめる柔軟な思考力を養おう。特に，関数とグラフ，平面図形，空間図形を重点的に学習し，図形と関数・グラフなどの融合問題を解く経験を豊富にしておこう。

過去の問題は必ず解いてみて，慣れておくとよい。そのときには，本番の試験のつもりで時間を計って挑戦し，マークシート方式の解答の書き方にも慣れておこう。

▼年度別出題内容分類表……

出題内容			2020年	2021年	2022年	2023年	2024年
数と式		数の性質		○	○		
		数・式の計算		○	○		
		因数分解					○
		平方根	○		○	○	○
方程式・不等式		一次方程式	○	○	○	○	○
		二次方程式				○	○
		不等式					
		方程式・不等式の応用	○	○	○	○	○
関数		一次関数	○	○	○	○	○
		二乗に比例する関数	○	○	○	○	○
		比例関数					
		関数とグラフ	○	○	○	○	○
		グラフの作成					
図形	平面図形	角度	○	○	○	○	○
		合同・相似		○	○	○	○
		三平方の定理	○	○	○	○	○
		円の性質	○		○	○	○
	空間図形	合同・相似		○	○	○	
		三平方の定理	○	○	○	○	○
		切断		○			
	計量	長さ	○	○	○	○	○
		面積	○	○	○	○	○
		体積	○		○	○	○
		証明					
		作図					
		動点		○		○	
統計		場合の数					
		確率	○	○	○	○	○
		統計・標本調査					
融合問題		図形と関数・グラフ	○	○	○	○	○
		図形と確率					
		関数・グラフと確率					
		その他					
その他							○

日本大学習志野高等学校

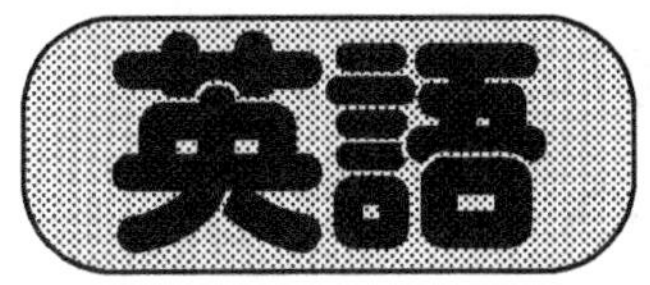

出題傾向の分析と合格への対策

●出題傾向と内容

本年度は語彙問題，長文問題2題，語句補充・正誤問題，語句整序問題，資料を用いた問題，会話文2題の計8題であった。

語彙問題は空欄補充形式であり，出題される単語のレベルもかなり高い。文法問題もレベルが上がり，中学の教科書レベルで対応できる問題が少なくなっている。長文や会話文などの内容は標準的だが，内容吟味から計算を伴うものまで設問の形式が多岐にわたり，総合的な読解力を必要とする。

解答形式が番号選択のマークシート方式とはいえ，時間に対して問題量が多いので，時間配分を考えて答案を作成する必要がある。

✔学習のポイント

総合問題形式の長文問題をたくさん解いて速読速解の力をつけよう。高レベルな文法問題も多く解いて練習しておきたい。

●2025年度の予想と対策

来年度も例年通り，語彙問題，長文読解，会話文，語句整序式の和文英訳，絵や図表などの資料を用いた問題という出題が予想される。

語彙および文法は，中学校の教科書レベルより高いものの出題が多いため，基本的な問題をしっかりおさえた上で，高レベルな問題でどれだけ得点できるかが勝負になる可能性が高い。標準よりも少しレベルの高い問題集で文法の理解を高めておくと良いだろう。

長文問題は設問が多いので，根気よく解く力が必要となる。長文読解用の問題集を用いて自分で時間を決めて解いてみよう。

▼年度別出題内容分類表 ……

	出題内容	2020年	2021年	2022年	2023年	2024年
話し方・聞き方	単語の発音					
	アクセント	○				
	くぎり・強勢・抑揚					
	聞き取り・書き取り					
語い	単語・熟語・慣用句		○	○	○	○
	同意語・反意語					
	同音異義語					
読解	英文和訳(記述・選択)		○	○	○	
	内容吟味	○		○	○	○
	要旨把握	○	○	○	○	○
	語句解釈	○	○		○	○
	語句補充・選択	○	○	○	○	○
	段落・文整序			○		
	指示語	○	○	○		○
	会話文	○	○	○	○	○
文法・作文	和文英訳					
	語句補充・選択	○	○	○	○	○
	語句整序	○	○		○	○
	正誤問題	○	○	○	○	○
	言い換え・書き換え					
	英問英答					
	自由・条件英作文					
文法事項	間接疑問文		○			○
	進行形					
	助動詞					
	付加疑問文					
	感嘆文	○				
	不定詞	○	○		○	○
	分詞・動名詞	○	○	○	○	○
	比較	○			○	
	受動態	○			○	
	現在完了			○	○	○
	前置詞	○	○			○
	接続詞	○	○	○	○	
	関係代名詞	○		○	○	○

日本大学習志野高等学校

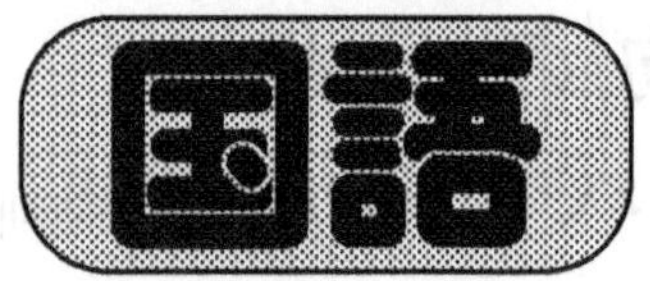

出題傾向の分析と 合格への対策

●出題傾向と内容

本年度は漢字・語句などの国語知識の問題が1題，論説文1題，小説1題，古文1題が出題された。古文は『閑居友』から出題された。

国語知識の問題は，漢字・語句の知識が中心だが，動詞の種類，文学史，漢文の返り点も問われており，幅広い知識が問われた。

論説文は，筆者の考えの理由・根拠を捉える設問の他，表現上の特徴を捉える設問もあり，論の展開をおさえた読みが要求されている。

小説は，心情把握の力を問う問題を中心に，表現の解釈や人物像をとらえて考える設問もあり，高い読解力を必要とし，難易度は高い。

古文は，語彙力のほか，出来事のいきさつなど全体の大まかな内容を捉える力も必要である。

✔学習のポイント

漢字や語句の意味，慣用句など，知識事項をしっかりと学習しておこう！

●2025年度の予想と対策

古文・現代文の読解問題3題という傾向が続いたが，平成28年度は韻文の鑑賞，29年度からは国語知識が独立して出題された。2023年度は，古文中の和歌の表現についても問われた。文章題に数多くあたって読解力を高めるとともに幅広い国語に関する知識を身につけておきたい。

小説は，登場人物の心情に気をつけながら読もう。論理的文章は，論旨の展開を把握していこう。過去に文法問題も多く出題されているので，練習しておこう。

古文については，文語体に慣れ，文語文法や古語の基礎知識をしっかり身につけておこう。

漢字・文法・文学史についても問題集などを利用して応用力をつけておきたい。

▼年度別出題内容分類表 ・・・・・・

出題内容			2020年	2021年	2022年	2023年	2024年
内容の分類	読解	主題・表題	○	○	○	○	
		大意・要旨	○	○	○	○	○
		情景・心情	○	○	○	○	○
		内容吟味	○	○	○	○	○
		文脈把握	○	○	○	○	○
		段落・文章構成					
		指示語の問題			○	○	○
		接続語の問題					
		脱文・脱語補充	○	○	○		
	漢字・語句	漢字の読み書き	○	○	○	○	○
		筆順・画数・部首	○	○	○		○
		語句の意味	○	○	○	○	○
		同義語・対義語					
		熟語	○	○		○	○
		ことわざ・慣用句	○		○		
	表現	短文作成					
		作文(自由・課題)					
		その他					
	文法	文と文節		○			
		品詞・用法	○		○	○	○
		仮名遣い					
		敬語・その他					
	古文の口語訳		○	○	○		
	表現技法				○		○
	文学史		○	○	○	○	○
問題文の種類	散文	論説文・説明文	○	○	○	○	○
		記録文・報告文					
		小説・物語・伝記	○	○	○	○	○
		随筆・紀行・日記					
	韻文	詩					
		和歌(短歌)				○	○
		俳句・川柳					
	古文		○	○	○	○	○
	漢文・漢詩		○				○

日本大学習志野高等学校

2024年度 合否の鍵はこの問題だ!!

数学 ［3］

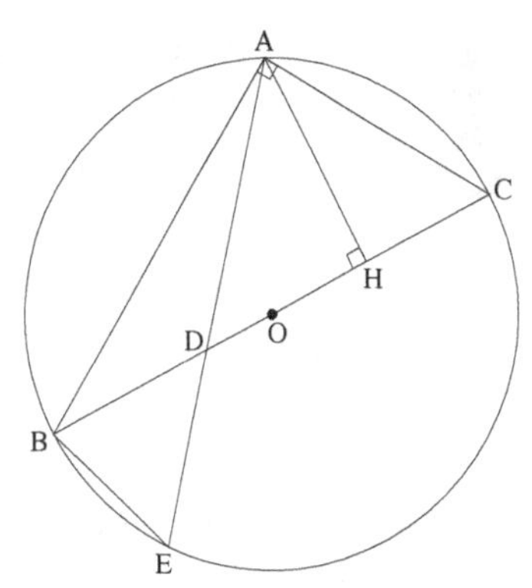

(1)　BCは直径から，∠BAC＝90°　△ABCにおいて三平方の定理を用いると，$AB=\sqrt{6^2-3^2}=\sqrt{27}=3\sqrt{3}$　よって，$\triangle ABC=\frac{1}{2}\times 3\times 3\sqrt{3}=\frac{9\sqrt{3}}{2}$　点Aから辺BCに下ろした垂線とBCとの交点をHとすると，△ABCの面積から，$\frac{1}{2}\times 6\times AH=\frac{9\sqrt{3}}{2}$　$AH=\frac{9\sqrt{3}}{2}\times\frac{1}{3}=\frac{3\sqrt{3}}{2}$(cm)

(2)　△AHCにおいて三平方の定理を用いると，$HC=\sqrt{3^2-\left(\frac{3\sqrt{3}}{2}\right)^2}=\sqrt{\frac{9}{4}}=\frac{3}{2}$　BD：DC＝1：2から，$BD=6\times\frac{1}{3}=2$，$DC=6\times\frac{2}{3}=4$　よって，$DH=4-\frac{3}{2}=\frac{5}{2}$　△ADHにおいて三平方の定理を用いると，$AD=\sqrt{\left(\frac{5}{2}\right)^2+\left(\frac{3\sqrt{3}}{2}\right)^2}=\sqrt{\frac{52}{4}}=\sqrt{13}$(cm)

(3)　△BED∽△ACDで，相似比はBD：AD＝$2:\sqrt{13}$　よって，面積比は，△BED：△ACD＝$2^2:(\sqrt{13})^2=4:13$…①　△ACD：△ABC＝CD：BC＝2：3…②　①と②から，△ACDを13と2の最小公倍数26とすると，△BED：△ACD：△ABC＝8：26：39　よって，$\frac{S_1}{S_2}=\frac{8}{39}$

◎(3)は，△BEDと△ACDが相似であることを利用することがポイントである。(2)でADの長さを求めていることがヒントになっていることに気づこう。

英語 Ⅲ

Ⅲの語句整序問題は，正確な英文法の知識が必要であるため，苦手とする受験生が多い。

3　この英文は computers が主語の英文になっているため，日本文を「コンピューターは，仕事場へ行かずに在宅勤務することを可能にした」と言い換えて考える必要がある。次に「AをBにする」は <make A ＋ B> を用いる。Aには「仕事場に行かずに在宅勤務をすること」to do telework instead of going to the work place のように非常に長い語句が当てはまる。このような場合には，Aを形式目的語の it に置き換え，不定詞の部分を文末に置く。したがって，次のような形を用いればよい。<make it possible to ～>「～することを可能にする」 よって答えは Computers have made it possible to do telework instead of going to the workplace. となる。

4「ヨーロッパから送られた食料」The food sent from Europe,「それを本当に必要とする人々」people who really need it のように，後置修飾が2ヶ所用いられているので難しく感じた受験生も多いであろう。後置修飾(関係代名詞・分詞・不定詞の形容詞的用法など)は日本文と語順が異なるため，何度も練習して英文の形をきちんと習得したい。

語句整序問題は数多くの問題に触れ，典型的な英文は覚えるまで繰り返し解きたい。

国語 二 問六

★なぜこの問題が合否を分けるのか

本問は，本文に書かれている内容のまとめにあたる。選択肢一つ一つをしっかりと読み，どの部分が誤りであるかを判断し，内容が全て適当なものを選ばなければならない。

★こう答えると合格できない

本入試は全て選択問題であるので，一定の確率で正解することはできるが，それでは到底合格点に至ることはできない。選択問題だからこそ，なぜその選択肢を選んだのか，という明確な理由をもって解答していこう。

★これで合格！

本文の内容に合致するもの，合致しないものを正確に判断する必要がある。①文章の冒頭に，「『客観性objective』という言葉は，昔から存在はした」とあることから，その語源を探っていないので，誤り。また，時代を下りながら筆者は説明しているので，「現在から過去に遡りながら」という部分も誤り。③筆者は，「革新的技術」という言葉を用いてないので，どの技術を革新的とするのかが不透明である。もし，機械の導入が「革新的」だとするならば，「自然科学の歴史とともに説明」としている所も誤り。客観性を追い求める近代科学の中，逆にその客観性を追い求めない学問として，一八世紀から一九世紀前半に発展したのが自然科学であるとしている。④筆者は，「客観性は，写真を加工することや，都合のよい実験結果だけをデータとして採用することで比較的容易に結果をゆがめることができる」として，客観的データの悪用を提示してはいるものの，「現在でも図像は客観性を保証する手段となっている」と，客観性を排除しようとはしていないので，誤り。

2024年度

★★★★★★★★★★★★★★★★★★★★★★★★

入　試　問　題

2024年度

日本大学習志野高等学校入試問題(1月17日)

【数　学】（50分）〈満点：100点〉

【注意】1．定規(三角定規・直定規)，コンパス，分度器は使用できません。

2．解答はすべてマーク方式です。1つの$\boxed{}$には1つの数字または符号「－」が入ります。
下に書かれた**解答上の注意**に従って，解答カードにマークしなさい。

3．答が分数のときは，約分した形で表しなさい。

4．根号の中は最も簡単な形で表しなさい。例えば，$2\sqrt{8}$は$4\sqrt{2}$のように表しなさい。

解答上の注意

例(1)．$\boxed{\text{ア}}\boxed{\text{イ}}$に－3と答えたいときは$\boxed{\text{ア}}$欄の⊖と$\boxed{\text{イ}}$欄の③をマークする。

解答記号		解答記入欄（マーク）
(1)	ア	● ⓪ ① ② ③ ④ ⑤ ⑥ ⑦ ⑧ ⑨
	イ	⊖ ⓪ ① ② ● ④ ⑤ ⑥ ⑦ ⑧ ⑨

例(2)．$\dfrac{\boxed{\text{ウ}}\boxed{\text{エ}}}{\boxed{\text{オ}}}$に$-\dfrac{1}{2}$と答えたいときは$\boxed{\text{ウ}}$欄の⊖と$\boxed{\text{エ}}$欄の①，$\boxed{\text{オ}}$欄の②をマークする。

(2)	ウ	● ⓪ ① ② ③ ④ ⑤ ⑥ ⑦ ⑧ ⑨
	エ	⊖ ⓪ ● ② ③ ④ ⑤ ⑥ ⑦ ⑧ ⑨
	オ	⊖ ⓪ ① ● ③ ④ ⑤ ⑥ ⑦ ⑧ ⑨

[1]　次の$\boxed{}$をうめなさい。

(1)　$(x^2+2x-5)^2-4(x^2+2x-5)-60=(x-\boxed{\text{ア}})(x+\boxed{\text{イ}})(x+\boxed{\text{ウ}})^2$である。

(2)　2次関数$y=ax^2\,(a>0)$のxの変域が$-1\leqq x\leqq 3$，yの変域が$b\leqq y\leqq 18$のとき，$a=\boxed{\text{エ}}$，$b=\boxed{\text{オ}}$である。

(3)　下図のように，自然数を小さい順に上から1個，3個，5個，……のように，2個ずつ増えるように並べた。このとき，上から5段目の一番右にある自然数は$\boxed{\text{カ}}\boxed{\text{キ}}$であり，2024は上から$\boxed{\text{ク}}\boxed{\text{ケ}}$段目の一番左から$\boxed{\text{コ}}\boxed{\text{サ}}$番目にある。

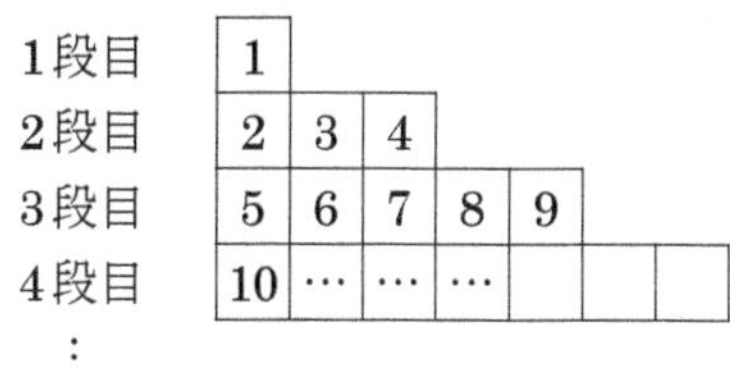

(4)　ある濃度の食塩水500gの入った容器から，水のみを何gか蒸発させたところ，濃度が2倍となった。次に，この容器に10%の食塩水150gを加え，よくかき混ぜると，7.5%の食塩水ができた。蒸発させる前の食塩水の濃度は$\boxed{\text{シ}}$%である。

(5) 右図のように，ABを直径とする半円Oがある。半円Oの周上の2点C, Dについて，∠BOC＝30°，∠AOD＝60°である。このとき，$\angle x$＝[ス][セ]度である。

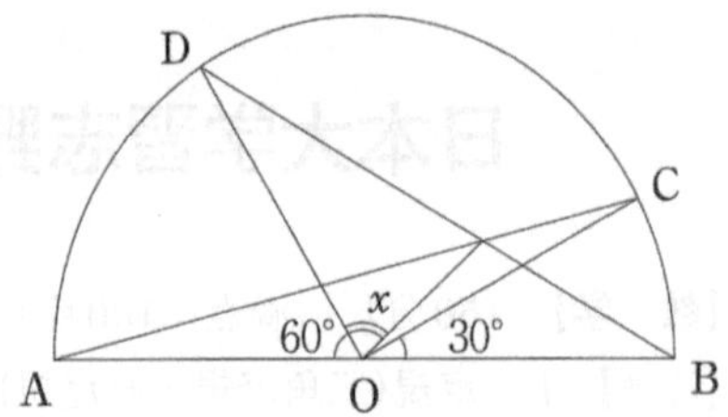

(6) 1個のさいころを2回投げて，1回目に出た目をa，2回目に出た目をbとするとき，$(a-4)(b-3)$の値が自然数となる確率は$\dfrac{[ソ]}{[タ]}$である。

[2] 右図のように，放物線$y=\dfrac{1}{3}x^2$……①，直線$y=x+6$……②がある。放物線①と直線②との交点をA, Bとする。次の問いに答えなさい。

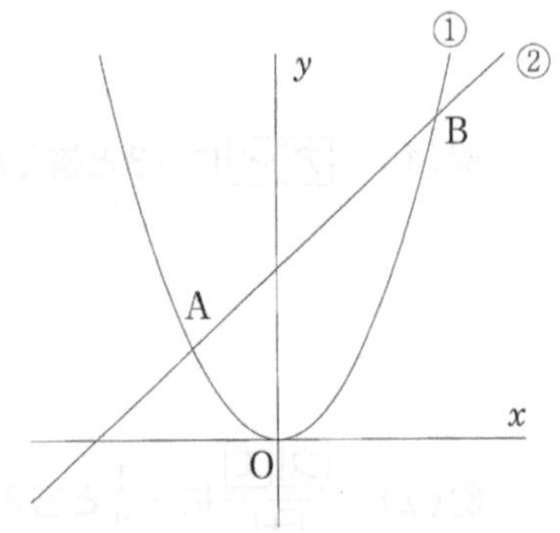

(1) 2点A, Bの座標を求めなさい。

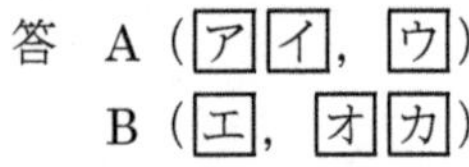
答 A([ア][イ], [ウ])
B([エ], [オ][カ])

(2) △OABの面積を求めなさい。

答 [キ][ク]

(3) 放物線①上に原点と異なる点Pをとる。△PABの面積が△OABの面積と等しくなるとき，点Pのx座標をすべて求めなさい。

答 [ケ], $\dfrac{[コ]\pm[サ]\sqrt{[シ][ス]}}{[セ]}$

[3] 右図のように，△ABCはBCを直径とする円Oに内接している。辺BC上に，BD：DC＝1：2となるような点Dをとり，直線ADと円Oとの交点をEとする。BC＝6cm，AC＝3cmのとき，次の問いに答えなさい。

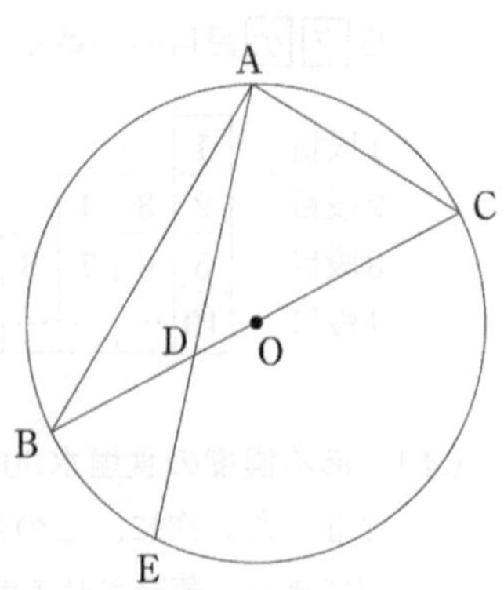

（1） 点Aから辺BCに下ろした垂線の長さを求めなさい。

答 $\frac{\boxed{ア}\sqrt{\boxed{イ}}}{\boxed{ウ}}$cm

（2） 線分ADの長さを求めなさい。

答 $\sqrt{\boxed{エ}\boxed{オ}}$cm

（3） △BED，△ABCの面積をそれぞれS_1cm²，S_2cm²とするとき，$\frac{S_1}{S_2}$の値を求めなさい。

答 $\frac{S_1}{S_2}=\frac{\boxed{カ}}{\boxed{キ}\boxed{ク}}$

[4] 下図のように，底面の半径が6cm，高さが8cmの円錐Aがあり，底面は平面P上にある。円錐Aを下図のように，平面P上を12cm移動させる。

次の問いに答えなさい。

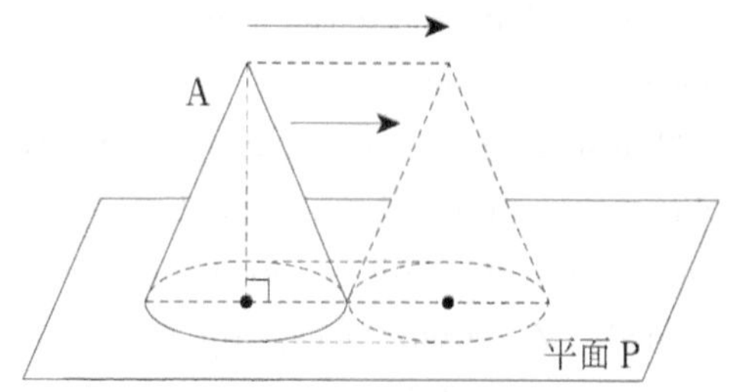

（1） 円錐Aの側面の展開図であるおうぎ形の中心角の大きさを求めなさい。

答 $\boxed{ア}\boxed{イ}\boxed{ウ}$度

（2） 上図のように移動させたとき，円錐Aが通過した部分の立体について，体積と表面積をそれぞれ求めなさい。

答 体積 $(\boxed{エ}\boxed{オ}\boxed{カ}+\boxed{キ}\boxed{ク}\pi)$cm³

表面積 $(\boxed{ケ}\boxed{コ}\boxed{サ}+\boxed{シ}\boxed{ス}\pi)$cm²

【英　語】（50分）〈満点：100点〉

I　次の英文を読み，〔A〕～〔C〕の問いに答えなさい。

On a flight from Dallas to New York, a white woman of middle age found herself sitting next to a black man. She called a [*1]stewardess over to complain about her seat.

"What seems to be the problem?" asked the stewardess.

"Can't you see?" she said, "You've sat me next to a black man. I can't possibly sit next to him. Find me [1] seat!"

"Please calm down," the stewardess replied. "This flight is very full, but I'll tell you what I'll do. I'll go and see if we have any seats [2] in business class or first class."

The woman gave a [*2]mean look at the [3] black man beside her. Many of the surrounding passengers were also surprised. A few minutes later the stewardess returned with good news, which she delivered to the woman, who could not [4] but look at the people around her with a self-satisfied smile.

"I'm sorry, but as I suspected, economy is full. I spoke to the services director, and business class is also full. [5], we do have one seat in first class." Before the woman had a [6] to answer, the stewardess continued, "It is most unusual to make this kind of change, but I have special [7] from the captain. He agreed that it is not fair for someone to be forced to sit next to ①<u>such an awful person</u>." The stewardess then turned to the black man and said, "So if you'd like to collect your things, sir, I have your seat ready for you."

At that point, the surrounding passengers stood up and cheered while the man walked to the front of the plane.

[*1] stewardess　女性の客室乗務員　　　[*2] mean　意地の悪い

〔A〕 文中[1]～[7]に入れるのに最も適当なものを，①～⓪の中から1つずつ選びなさい。ただし，文頭に来る語も小文字にしてあります。また，同一の語は1回ずつしか使用できないものとします。

① chance　② therefore　③ surprised　④ permission　⑤ another
⑥ help　⑦ however　⑧ astonishing　⑨ other　⓪ available

〔B〕 下線部①が指すものとして最も適当なものを，①～⑤の中から1つ選びなさい。[8]

① the captain　② the stewardess　③ a black man
④ a white woman　⑤ the services director

〔C〕 本文の内容と一致するものを，①～④の中から1つ選びなさい。[9]

① A black man made his point clear to the woman who had complained.
② The stewardess received a complaint from the woman, but ignored it.
③ A black man could probably spend a good time in first class without feeling bad.
④ The woman who had complained was able to change her seat as requested.

Ⅱ 次の英文を読み，〔A〕～〔F〕の問いに答えなさい。

In 1971, Dr. Penny Patterson, a *1graduate student in *2developmental psychology, became interested in the idea of teaching a gorilla to communicate with humans through sign language. She received ①permission from the San Francisco Zoo to try to teach a baby gorilla at the zoo sign language. The baby gorilla was about one year old. Her name was Hanabi-Ko, but she was called Koko. Penny started teaching Koko sign language by connecting actions with signs. For example, she would sign "up" before picking Koko up. She would sign "drink" before giving her a drink.【 A 】She tried to teach Koko to use the sign for "drink" before she drank.

When Koko was three years old, she was still like a young child. She had learned some signs and understood some words, but she did not use signs much. Most of her signs at that time were *3demands for play or for food or drink. In fact, Penny said that a person who read the records of Koko's language at that time might get the impression that she was close to ②starvation. She used expressions like "pour that hurry drink hurry," "me me me eat," and "you me cookie me me." By age 6, Koko was using more signs.【 B 】She was, according to Penny, able to use sign language to express her feelings, make up new combinations of words, etc.

It is often difficult to know what, if anything, Koko means by the signs (or perhaps random gestures) she makes. For example, Penny tells the story of an *4incident when a visitor made the sign for "You're pretty" to Koko. Koko responded with the sign meaning "false." Did Koko's response mean that she was *5modest? Or that she didn't think the visitor was being truthful? Or was it a random gesture? Was she imitating a response she had seen someone else make, without understanding what it meant?【 C 】

Today, Penny believes that Koko can understand more than 2000 (③) words and produce more than 1000 signs. She has become famous throughout the world, because many people believe that she can use human language to communicate with humans.【 D 】She has also been used to draw attention to the dangers to gorillas in the wild, and there ④they are killed off.

*1 graduate student　大学院生　　*2 developmental psychology　発達心理学　　*3 demand　要求
*4 incident　事件　　*5 modest　謙虚な，控えめな

〔A〕 下線部①が意味するものとして最も適当なものを，①～④の中から1つ選びなさい。 10

① 動物園の赤ちゃんゴリラに手話を教えること。
② 赤ちゃんゴリラに人とコミュニケーションをさせること。
③ 動物園に依頼して，赤ちゃんゴリラに名前をつけてもらうこと。
④ 動物園の来場者が赤ちゃんゴリラを抱っこできるようにすること。

〔B〕 下線部②を説明しているものとして最も適当なものを，①～④の中から1つ選びなさい。 11

① needing or ready for sleep
② the state of suffering and death caused by having no food
③ a feeling of being very tired, usually because of hard work or exercise
④ a strong feeling of excitement and interest in something

〔C〕 文中③に入れるのに最も適当なものを，①～④の中から1つ選びなさい。 12

① speak ② spoken ③ speaking ④ are speaking

〔D〕 下線部④が指すものとして最も適当なものを，①～④の中から1つ選びなさい。 13

① gorillas ② the dangers ③ humans ④ signs

〔E〕 次の文を本文中の【 A 】～【 D 】に入れるとき，最も適当な箇所を，①～④の中から1つ選びなさい。 14

It is difficult to answer those questions. It is often difficult to know for certain that Koko is really communicating.

①【 A 】 ②【 B 】 ③【 C 】 ④【 D 】

〔F〕 次の本文に関する質問の答えとして最も適当なものを，①～④の中から1つずつ選びなさい。

1. How did Penny teach sigh language to Koko? 15

① Penny waited until Koko asked for food.

② Penny taught Koko as if she were a young child.

③ Penny taught Koko to connect actions with signs.

④ Penny rewarded Koko using food when she made a sign.

2. How did Koko use signs when she was three years old? 16

① To play with words.

② To call Penny's name.

③ To express her feelings.

④ To ask for food and drink.

3. Why is it difficult to know what Koko means? 17

① The signs Koko makes are actually just random gestures.

② It is easy to understand the signs that Koko makes.

③ Only Penny understands Koko, because they communicate often.

④ Her combinations of gestures can have different interpretations.

4. What is the main topic of this passage? 18

① How Penny got interested in teaching sign language to a gorilla.

② How a gorilla learned to communicate and whether she really communicates.

③ How we could figure out whether Koko is really communicating in sign language.

④ How people might have gotten the idea that Koko responded to the visitor's sign.

5. How did Koko react to the sign that a visitor made to her, meaning "You're pretty"? 19

① She showed the sign language meaning "that's not right."

② She didn't respond to a visitor's appeal at all.

③ She pretended not to understand what a visitor was showing.

④ She got angry because she felt that a visitor did not say the truth.

Ⅲ 次の日本語と同じ意味になるように，下の語(句)を並べかえて文を完成させなさい。ただし，各語群には1つずつ不要なものが入っています。また，文頭に来るべきものも小文字になっています。解答は［20］～［27］に入る番号のみを答えなさい。

1．その作家がいつどこで生まれたのかご存知ですか。

［20］［　］［　］［　］［　］［21］［　］?

① born　② whether　③ know　④ the author
⑤ was　⑥ when and where　⑦ you　⑧ do

2．社会生活には，個人と集団の適切な均衡が必要である。

Social life ［　］［22］［　］［　］［23］［　］［　］ the group.

① between　② and　③ a　④ the individual
⑤ among　⑥ good　⑦ balance　⑧ requires

3．コンピューターのおかげで，仕事場へ行かずに在宅勤務をすることが可能になった。

Computers have made ［24］［　］［　］［　］［　］［　］［25］ of going to the workplace.

① do telework　② for　③ us　④ without
⑤ to　⑥ it　⑦ instead　⑧ possible

4．ヨーロッパから送られた食料は，それを本当に必要とする人々のもとにはまだ届いていない。

The food ［26］［　］［　］［　］［　］［27］［　］［　］ really need it yet.

① Europe　② reached　③ sent　④ received
⑤ from　⑥ not　⑦ has　⑧ who
⑨ people

Ⅳ 次のページのイベントの案内を読み，次の問い(問1～3)の［28］～［30］に入れるのに最も適当なものを，①～④の中から1つずつ選びなさい。

問1 Which of the following is true about the Narashino Garden Summer Rock Festival? ［28］

① The ticket fee will be paid back if this event is cancelled.
② Tickets can be bought at Narashino City Hall or on the Internet.
③ At this festival you have to pay for any drinks even if you buy the ticket.
④ All seats are reserved seats.

問2 A family (a high school student with his parents) will buy tickets for two days on June 10. They will pay ［29］.

① $80　② $95　③ $ 160　④ $ 190

問3 People who want to leave the music festival and enter again must ［30］.

① buy a new ticket
② write their name at the entrance
③ call the festival office
④ show their voucher

Narashino Garden Summer Rock Festival

Do you like rock music? This summer you can come and enjoy the Narashino Garden Summer Rock Festival! It will be a two-day event held in Narashino City Fountain Park (15 min. drive from Narashino City Hall). Over thirty bands will come and play during the two days.

Date and Time

June 16 (Sat) & June 17 (Sun) 10 a.m. – 10 p.m.

◆ Performance starts at 11 a.m.
◆ The festival will be held even if it rains.
◆ All of the seating is [*1]first come, first served.

Headline Performances Stage Schedule

June 16	June 17
5 p.m. Five Tastes	5 p.m. Bitter Wood
8 p.m. Super Alexanders	8 p.m. Jordan's Band

◆ For more information about the other bands please go to https://www.nnhs.cst.nihon-u.ac.jp/ and check the online schedule.

Tickets will be on sale from May 15 to June 17.

Pre-sale ticket: $30 -adult / $20 - student

Same-day ticket: $35 -adult / $25 - student

You can buy tickets online or go to the Narashino City Hall festival office.

◆ One drink [*2]voucher is included in the ticket price.
◆ All tickets are [*3]single-entry only. So please be careful not to leave the music festival until the end.

If you want to re-enter the music festival, you will have to buy another ticket.

[*1] first come, first served　先着順　　[*2] voucher　引換券　　[*3] single-entry　1回入場

V 次の対話文の 31 ～ 35 入れるのに最も適当なものを，①～④の中から1つずつ選びなさい。

1．A：Shall we go for a ride?
B： 31
A：OK, then let's go as far as Enoshima.
① I'd rather we didn't. ② I don't see why.
③ Never mind. ④ Why not?

2．A：Excuse me. Can I try this skirt on?
B：Of course. The fitting room is just behind that pillar.
(A few minutes later) How are you doing?
A： 32
B：Unfortunately, this is the last one in this style, but we have other skirts in smaller sizes. Would you like me to bring some over for you?
① Do you have any sweaters to go with it?
② Actually, the bright color doesn't suit me.
③ It's a bit too loose. I don't think I can wear it.
④ Oh, it fits me perfectly. I think I'll take it.

3．A：Can I take books out of this library?
B：If you live in this city, you can.
A：I do.
B： 33
① Then you just have to fill out this card.
② In this case, I'm afraid you can't.
③ In that case, you must move here.
④ Then you can read them here any time.

4．A：Good morning, sir. Can I help you?
B：Yes, please. I'm looking for a birthday present for my mother.
A： 34
B：Nothing in particular.
A：These scarves are very popular among ladies.
① What about your sister?
② Well, what can I do for you?
③ How did you come to know it?
④ Do you have anything in your mind?

5．A：Wow! It's like an oven in here!
B： 35
A：Thank you. That's a bit better.
① Don't worry. Dinner will be ready soon.
② Shall I open the window for you?

③ I'll move the furniture into the hall.

④ Would you like me to clean the room?

Ⅵ 次のオンライン上の会話を読み，後の問いに答えなさい。

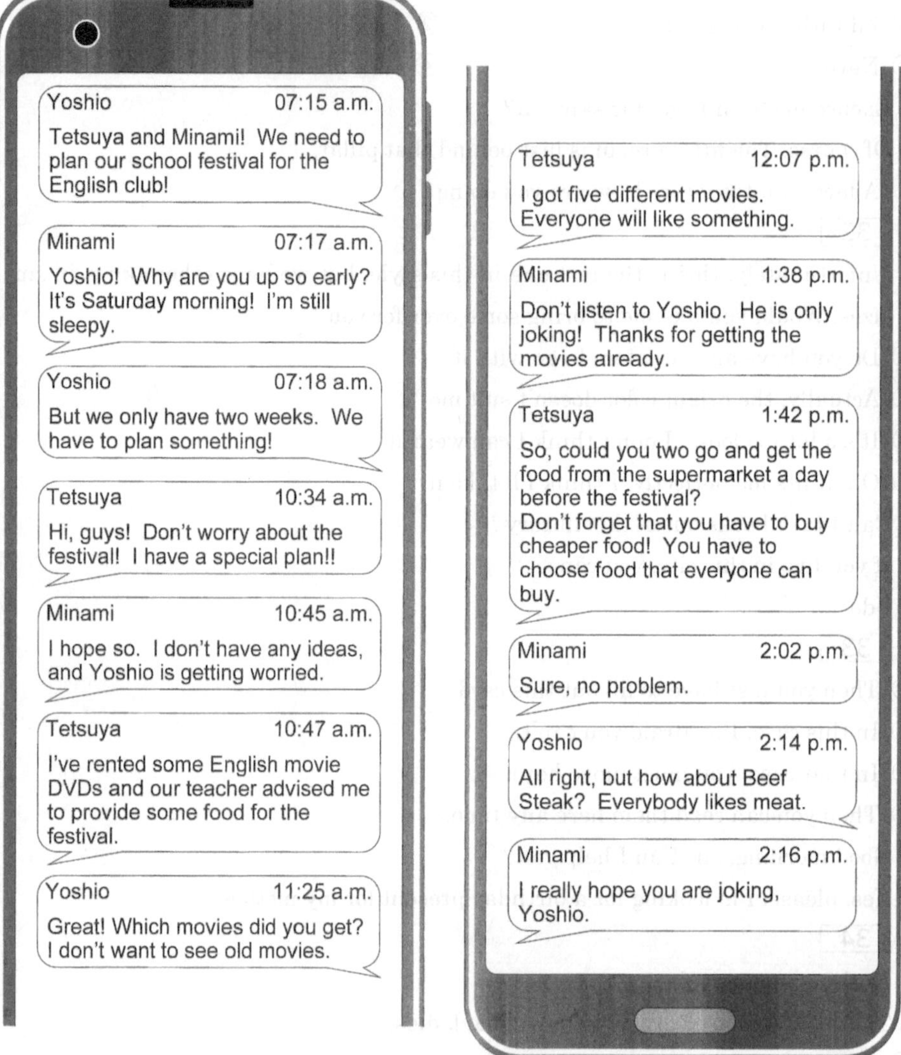

問1 How did Minami feel when she said, "It's Saturday morning!" 36

① She felt sorry for Yoshio. ② She felt encouraged.

③ She felt annoyed. ④ She felt calm.

問2 What does Tetsuya say Yoshio and Minami have to do? 37

① Get some food. ② Buy Beef Steak.

③ Make another plan. ④ Watch English movies.

問3　Which is true about the conversation?　38

① Minami will get old movies.
② Minami will cook Beef Steak.
③ English club members will sell DVDs.
④ English club members will offer food at the festival.

Ⅶ　次の文中の 39 ～ 42 に入れるのに最も適当なものを，①～④の中から1つずつ選びなさい。

1．I made a hotel 39 . I'm traveling with my family next month.
① promise　② appointment　③ reservation　④ trade

2．You are going to feel cold if you go out in such a 40 jacket.
① bright　② dark　③ thick　④ thin

3．The 41 is the person who has been elected to lead the government of a town or city.
① mayor　② lawyer　③ president　④ voter

4．To prevent people from falling into the river, the government built a 42 along it.
① barrier　② curve　③ dam　④ ladder

Ⅷ　次の〔A〕，〔B〕の問いに答えなさい。

〔A〕　次の文中の 43 ～ 46 に入れるのに最も適当なものを，①～④の中から1つずつ選びなさい。

1．John's mother wanted to go shopping, so she asked him 43 his little brother while she was out.
① if he looked after　② he would look after
③ looking after　④ to look after

2．Although the train was supposed to arrive by seven o'clock, it 44 by more than two hours.
① delayed　② was delayed　③ is delaying　④ has delayed

3．" 45 do you think Thomas goes to work every day?"
"He works too much."
① What　② How　③ Whose　④ Who

4．This coffee tastes a little 46 to me.
① strongly　② so stronger　③ strong　④ strength

〔B〕　次の各文の下線部には誤りが1ヶ所ずつあります。その部分の番号を，①～④の中から1つずつ選びなさい。

1．Let's ①go to downtown ②this evening after ③you've finished your work, ④shall we?　47

2．Everyone ①make mistakes in life, ②so you shouldn't ③severely criticize people who ④make mistakes.　48

3．①In spite of ②much traffic, I managed to ③get to the airport ④in time. 49

4．One of ①the most serious ②problems that ③some students have ④been a lack of motivation. 50

② 丁重に客人をもてなすこと。
③ 無駄なものを持たないこと。
④ 死を恐れずに受け入れること。

問四　本文中の□で囲われた部分の説明として、最も適当なものを選びなさい。**解答番号** 28

① 理想的な僧の生き方を探っていくきっかけとして、釈迦仏の尊さを逸話とともに述べている。
② 徳の高い人も過ちを犯すという事例を取り上げ、思慮深く生きることの大切さを説いている。
③ 望ましい人のあり方を考える手掛かりとして、強い執着にとらわれた人の末路を紹介している。
④ 必要以上の富が身の破滅を招いた話を伝え、過度に物を持たない質素な暮らしをすすめている。

問五　傍線（C）「この人」とは誰か、最も適当なものを選びなさい。
解答番号 29

① 「いみじく思ひ澄ましたる聖」
② 「かの天竺の比丘」
③ 「軒近き橘を愛せし人」
④ 「釈迦仏」

問六　傍線（D）「猶猶うらやましく侍り」とあるが、それはなぜか、最も適当なものを選びなさい。**解答番号** 30

① 余計な物事を気にせずに済むから。
② 特別な能力を持っているから。
③ 人格的な欠点が見当たらないから。
④ 心のままに好きなことをしているから。

問七　傍線（E）「唐土にまかりて侍りし」とあるが、ここでの筆者の思いを説明したものとして、最も適当なものを選びなさい。
解答番号 31

① 仏の教えが浸透している国で、誰もが私欲を捨てて暮らしている姿に尊さを感じている。
② 釈迦の生まれた場所に近い国で、自分の理想にかなう僧の姿を見て感動を覚えている。
③ 極楽浄土に近いとされる国で、物がなくとも心豊かに生きる人々をうらやましく思っている。
④ 戒律が厳しく守られている国で、貧しさに苦しみながら修行を続ける僧をあわれんでいる。

問八　傍線（F）「みなかやうにのみ侍るにや」とあるが、ここからうかがえる筆者の考えとして、最も適当なものを選びなさい。
解答番号 32

① 他人の意見に同調することなく、孤独を恐れずに精進し、真理を求め続けなければならない。
② 浅はかな考えを持つ人と交わらず、自分より意識の高い人と関係を築くよう心がけるべきだ。
③ 俗世の感覚から離れ、高僧たちの生活にならうことによって、自律心を身に着けることができる。
④ いたずらに世間とのつながりを求めず、煩わしい思いから逃れて、心静かに生きることが望ましい。

> 「いにしへ、軒近き橘(たちばな)を愛せし人、蛇となりて木の下にあり」なども、伝には見え侍り。又、「釈迦仏(しゃかぶつ)、昔、ただ人にておはしましけるに、毒蛇となりて、さきに土に埋(うづ)めりし黄金を纏(まつ)ふ」とも侍るめるは。

かかるに、(C)<u>この人</u>、何の持たる物にかは、つゆばかりの心もはたらき侍るべき。(D)<u>猶猶(なほなほ)うらやましく侍り。</u>

(E)<u>*唐土(もろこし)にまかりて侍りしにも、さらに何もなくて、袈裟(けさ)と鉢とばかり持ちたる人、少少見え侍りき。</u>猶、*仏の御国に境近き国なれば、あはれにもかかるよと、思ひ合はせられ侍りき。

また、人を遠ざかる事、いみじく尊く侍り。何わざにつけても、ひとり侍るばかり澄みたる事はなし。昔の高僧の跡を尋ぬれば、(F)<u>みなかやうにのみ侍るにや。</u>猶猶あはれに侍り。歌さへ優に侍るこそ。

(『閑居友』より)

(注) *あづまの方……東国方面。
*わが心とぞ……自分の意志で。
*火打筥……火打ち石などを入れる器。
*山送り……遺体を山中に葬ること。
*比丘……出家した男子。修行僧。
*唐土……古代中国。
*仏の御国……釈迦の誕生した国。

問一 二重傍線(ア)・(イ)の本文中の意味として、それぞれ最も適当なものを選びなさい。

(ア)「つゆちりもなし」 **解答番号** 24

① ほとんどない
② まったくない
③ ないのと同じだ
④ 少なくはない

(イ)「ことに」 **解答番号** 25

① やはり
② とりわけ
③ かえって
④ なんとなく

問二 傍線(A)「頼む人なき身と思へばいまはとててづからしつる山送りかな」とあるが、この和歌の説明として、最も適当なものを選びなさい。 **解答番号** 26

① 死期が近いことを悟って、独りきりで自身の死に支度を整えながら、死に向かっていく自分の思いを詠んでいる。
② 世間の目から逃れて、山中で寂しく暮らすしかなかった人生を振り返りながら、迫りくる死への思いを詠んでいる。
③ 誰にも看取られずに死んでいくことを嘆き、人との交わりを避けてきたこれまでの生き方への後悔を詠んでいる。
④ たとえ山中に葬られることになっても、人を頼らず自分の力だけで人生を全うしたことへの誇らしさを詠んでいる。

問三 傍線(B)「この事」とはどのようなことか、最も適当なものを選びなさい。 **解答番号** 27

① 今あるもので間に合わせること。

して自分たちを教え導いているという役割をしているということ。

② 生き方は人それぞれなので、たとえ親に理解されなくても瑛太郎がやりたいことを自信をもってやればいいということ。

③ 自分が何をやりたいかわからないと言うが、部員を励ますことのできる瑛太郎はきっと教員に向いた性格だということ。

④ 瑛太郎はとてもいい先生だと思っており、たとえ瑛太郎が吹奏楽部から離れても自分は尊敬し続けるはずだということ。

問五　傍線（E）「瑛太郎は吹き出しそうになった。不自然に瞬きが多くなる。多くなって、胸の奥から笑いが込み上げてくる」とあるが、この時の瑛太郎の心情を説明したものはどれか、最も適当なものを選びなさい。**解答番号** 22

① 基が懸命に自分を励まそうとしている気持ちが伝わってきて、今悩んでいることがたわいないことに感じられ、コーチとして自分の役割を果たそうと奮い立っている。

② 若くてたいした判断力もない基が、自分に対して意見を言ってきたことを滑稽に感じる一方で、できるかぎり真剣に自分と向き合ってくれたことをうれしく思っている。

③ まだ子供だと思っていた基が意外にも説得力のある話をしたので、基を軽んじていたことを申し訳なく思うとともに、基に力づけてもらったことに照れを感じている。

④ 基がまっすぐに自分にぶつけてきた素直な気持ちを受け止め、若さと未熟さゆえの熱意を痛快に感じるとともに、自分を認めてくれている基の言葉に心を打たれている。

問六　本文の表現について説明したものとして、最も適当なものを選びなさい。**解答番号** 23

① 短文を重ねることで、登場人物の心情が目まぐるしく変化していることがわかる、緊張感のある文章になっている。

② 登場人物の会話文が多く、また瑛太郎の心の声が地の文で述べられていることで、臨場感あふれる文章になっている。

③ 瑛太郎の視点で話が進むことで、瑛太郎の心情は細やかに描かれ、基や越谷の動作や行動は客観的に描かれている。

④ 反復表現や擬態語が多用されることで、登場人物の話し方や声の特徴が伝わる、生き生きとした文章になっている。

四

次の文章を読んで、後の問いに答えなさい。

昔、*あづまの方に、いみじく思ひ澄ましたる聖（ひじり）ありけり。ただひとりのみありて、すべてあたりに人を寄せずぞ侍り（はべ）ける。ただ*わが心とぞ、ときどき出で（い）て、人にも見えける。また、身に持ちたる物少しもなし。仏も経もなし。ましてそのほかの物、（ア）つゆちりもなし。隠るべき事や近づきて覚えけん、日ごろしめおきたりける山に登りて、*火打笥（ひうちけ）に歌をぞ書きて侍りける。

（A）頼む人なき身と思へばいまはとててづからしつる*山送りかな

さて、はるかにほど経て、なすべき事ありて山に入れる人、これを見いだしたりけるとなん。（イ）ことにあはれにしのびがたく侍り。

何も持たらぬこそ、ことにあはれに好もしく侍れ。かの天竺（てんじく）の*比丘（びく）の、坐禅（ざぜん）の床のほかには何もなくて、客人の菩薩（ぼさつ）のおはしたるに、木の葉をかき集めて、それに居させ奉りける事を見侍りしより、（B）この事はいみじく好もしく侍り。

たものはどれか、最も適当なものを選びなさい。

解答番号 18

① 越谷が弱々しく話している様子を比喩と倒置法を用いて想像しやすい形で描くことで、瑛太郎に励まされても変わらずに越谷が打ちひしがれていることを、読み手に伝わるように表現している。

② 越谷が自分の誤りに気づく様子を比喩と倒置法を用いて強調することで、自分の努力が足りないことを反省せずに基に腹を立ててしまい、自分が情けなくなっている越谷の心情を表現している。

③ 越谷が涙を懸命に堪えている様子を比喩と倒置法を用いて余韻をもたせるように描くことで、越谷が一年の頃から今までの出来事にさまざまな思いを巡らせ、やりきれない気持ちでいることを表現している。

④ 越谷の声が揺れた様子を比喩と倒置法を用いて際立たせることで、不本意な結果に対して早くから必死に練習していたらどう変わったかを想像し、越谷の気持ちが乱れていることを印象的に表現している。

問二　傍線（B）『すみません』とうな垂れた」とあるが、この時の基の心情を説明したものはどれか、最も適当なものを選びなさい。

解答番号 19

① 話を立ち聞きしていたことを知られたくなかったのに、実際は瑛太郎が気づいていたことに驚いて困惑している。

② 部長としての役割を何も果たせず、瑛太郎と越谷の話をただ立ち聞きすることしかできなかった自分を恥じている。

③ 自分に部長としての力がないせいで瑛太郎が気づかって越谷を励ましたのだと気づいて、申し訳なくなっている。

④ 自分が立ち聞きしていることを越谷に気づかれないかと瑛太郎は気をもんでいたはずなので、心苦しく思っている。

問三　傍線（C）「お前は俺みたいになるなよ。そうこぼしそうになって飲み込む」とあるが、それはなぜか、最も適当なものを選びなさい。**解答番号** 20

① 瑛太郎が教師という仕事に希望が持てずに区切りをつけようとしている姿を見せたら、自分のことを慕っている基とのこれまで築いてきた関係が崩れてしまうと思ったから。

② 瑛太郎が吹奏楽部のコーチをしていることを家族が不満に思っているという話をし続ければ、家族の話を微笑ましいと話してくれた基を傷つけると思ったから。

③ 瑛太郎が自分自身の人生について迷ったり悩んだりしていることを知られたら、瑛太郎のもとで真剣に吹奏楽に取り組んでいる基が気落ちしてしまうと思ったから。

④ 瑛太郎が教員にならずに吹奏楽部のコーチになったことは、自分自身で解決すべき問題でしかないので、基を自分の問題にこれ以上巻き込むべきではないと思ったから。

問四　傍線（D）「先生は、先生だと思います」とあるが、基は瑛太郎にどのようなことを伝えたいのか、最も適当なものを選びなさい。

解答番号 21

① 今はまだ教員ではなくても、瑛太郎は既に十分に吹奏楽を通

そんな実家に近寄らなくなってから、もう随分経つ。

「両親は俺が大学を出たら教員になるものだと思ってたから、千学でコーチをしてることにご立腹なんだ」

コンクールが終わったらけじめをつける。つけなきゃいけない。やらなきゃならない。

「まあ、悪いのは俺だ」

(C)お前は俺みたいになるなよ。そうこぼしそうになって飲み込む。彼はきっと悲しい顔をする。流れ星がすっと闇夜に消えるような顔で、瑛太郎を見る。耐えられる気がしない。

並木道を抜けて正門をくぐったら、何故か*藤田商店の看板が目に飛び込んできた。テントの青色が、薄暗い中でも不思議と鮮やかで、艶やかで、視界から追い出すことができない。

「先生」

そんな瑛太郎を引き戻したのは、やはり基の声だった。狭い歩道で立ち止まった彼は、言葉を探すように視線を宙にさまよわせ、ゆっくり口を開いた。

「(D)先生は、先生だと思います」

何を言っているんだと口走りそうになって、瑛太郎はぎゅっと唇を引き結んだ。冗談でも軽口でもないのだと、基の表情を見ればわかった。

「先生、姉ちゃんが倒れたときに言いましたよね。自分が何をやりたいのかわからないって」

「言ったな」

「高一の僕に言われても説得力なんてないと思いますけど、先生は、凄く先生です。凄くいい先生です。僕だけじゃなくて、*玲於奈も越谷先輩も絶対にそう思ってます。さっき越谷先輩に『全日本で戻って来い』って言った先生を見て、この人は、吹奏楽がなくなったら何もない人じゃないって思ったんです。吹奏楽があるから、先生は先生なんだ」

半年前まで中学生だったこの眼鏡の少年に、一体何がわかる。自分の進路も見定まっていない子供に、何が判断できる。

でも、だからこそ破壊力は抜群なんだな。(E)瑛太郎は吹き出しそうになった。不自然に瞬きが多くなる。多くなって、胸の奥から笑いが込み上げてくる。

「ありがとうな、茶園」

彼の頭をぐりぐりと掌で掻き回して、そのまま藤田商店まで連れて行った。

(額賀澪『風に恋う』より)

(注) *アクアアルタ……イタリア北部で起きる、潮位が非常に高くなる現象。
*ヴェネチア……イタリア北東部の都市で、「水の都」と呼ばれる。
*徳村……瑛太郎の友達。瑛太郎と同じく千間学院高校の元生徒。
*森崎さん……全日本吹奏楽コンクール出場を目指す千間学院高校吹奏楽部に密着しているカメラマン。
*藤田商店……千間学院高校の近くにある商店。文具や食べ物が売られ、学校帰りの生徒がよく立ち寄る場所。
*玲於奈……千間学院高校吹奏楽部に所属する先輩であり、茶園の幼馴染。

問一　傍線（A）「微かに、越谷の声が揺れた。木枯らしに吹かれて震えるように、痛々しく悲しげに」とあるが、この表現を説明しい焦燥感に襲われるはずだ。でも、瑛太郎は心から越谷にその言葉を贈った。

「すいません、ありがとうございました」

手の甲で目元を素早く拭った越谷は、もう一度瑛太郎に頭を下げ、帰って行った。その背中が階段に消え、足音が聞こえなくなったのを確認し、廊下の角に向かって声を張る。

「茶園、いつまでそこにいる気だ」

自分の声が廊下に響く。しばらくして、基が角から顔を出した。

「……先生、気づいてたんですか」

「ちらちらこっちを窺(うかが)ってるからだよ。越谷は、多分気づいてなかったと思うけど」

こちらにとぼとぼと歩み寄りながら、基は(B)<u>「すみません」とうな垂れた</u>。

「部長らしく、越谷をフォローしようとでもしたのか？」

「逆に越谷先輩に元気づけられるのがオチだったと思いますが、試みようとはしたんです」

並んで階段を下りて、校舎を出た。八月もあと一週間ほどで終わりだというのに、夜の暑さは変わりがない。風はずっと生温かく、太陽が落ちても蒸し暑い。

「お姉さん、その後は大丈夫なのか？」

「会社には行ってるんですけど、前みたいに毎日終電で帰ってきて土日も働くようなことはやってないですね。かといって、毎日早く帰ってくるわけでもないんですけど」

「よかったのか、それは」

「多分、よかったんだと思います」

そう言った基の横顔は、穏やかなものだった。ならば、そういうことなのだろう。

「そういえば」

あっ、と声を上げながら、基がこちらを見上げてくる。

「先生は、どうして*アクアアルタなんて知ってたんですか？」

「『汐風(しおかぜ)のマーチ』のことか」

「*ヴェネチア、行ったことあるんですか？」

「ないよ」

そういえば、「アクアアルタ」という単語を教えただけで、それ以外何も話していなかった。

「俺の両親の新婚旅行先」

実家のリビングにそのときの写真が飾ってある。高潮で鏡面のようになった広場で若い父が若い母を抱き上げる、小っ恥ずかしい写真が。しかも若い父の顔が自分にそっくりで、目元は父の首に手を回して笑う母にそっくりで、見ていられなかった。

でも、『汐風のマーチ』を初めて聴いたとき、思い浮かんだのがその写真だった。

そんな話をつらつらと聞かせてやると、基は「なんだそれ」と軽やかに笑った。

「笑うなよ。誰にも言ったことないんだから」

そうだ。当時の吹奏楽部の仲間にも、*徳村(とくむら)にも、三好先生にも、もちろん*森崎(もりさき)さんにも。

「すみません。なんか微笑(ほほえ)ましかったから」

① 科学者の活躍により「客観性」という言葉が生み出されていく過程を、現在から過去に遡りながらわかりやすく述べている。

② 今日に至るまで「客観性」の内実がどのように変化していったかを、近代科学の変遷や豊富な事例とともに紹介している。

③ 革新的技術の登場によって社会が「客観性」を追い求めるようになったことを、自然科学の歴史とともに説明している。

④ 科学の発展によって生じた社会的問題を複数取り上げることで、現代の人々が「客観性」を重んじる危険性を主張している。

三

次の文章を読んで、後の問いに答えなさい。

> 不破瑛太郎は吹奏楽部の顧問になるべく、一度は教師を志すも、教員採用試験に落ちてしまう。その後、瑛太郎の母校である千間学院高校（通称「千学」）の三好先生からの依頼で、吹奏楽部の外部指導者となった。低迷している部を立て直すため、瑛太郎は一年生の茶園基を部長に任命した。さらに、全日本吹奏楽コンクール西関東大会の出場メンバーを決めるサックスパートのオーディションでも、瑛太郎はパートリーダーである三年生の越谷ではなく、基を選んだ。次は、瑛太郎と越谷が音楽準備室で話している場面である。

「受験のせいでオーディションに落ちたとは思ってないです」

本当です。か細い声で付け足して、越谷は続ける。

「ただ、何でもっと早く必死になれなかったんだって、落ちた瞬間からずっと考えてます」

「越谷が必死に練習してたのは、俺はよく知ってるぞ」

大きく首を左右に振って、越谷は「違うんです」とこぼした。

「茶園が部長になって、焦りました。三年なのに不甲斐ないなって思ったし、正直、あいつに腹も立ちました。茶園、俺よりずっと上手いし。練習の集中力凄いし。今までだらだら練習してきた自分に気づいて必死になっただけです。もし二年のときに気づいていたら、一年のときから今みたいに必死になれてたら――俺の三年間、全然違うものになったはずなんです」

(A)微かに、越谷の声が揺れた。木枯らしに吹かれて震えるように、痛々しく悲しげに。

「今更後悔したって、遅いですけどね」

「そうだな。今から高一に戻るなんてこと、越谷だけじゃなくて、他の誰にもできない」

俺にだってできない。そう続けそうになったのを堪えて、瑛太郎は肩を落とした。

越谷の手にしたサックスのケースを、指さす。

「楽器を持って帰るってことは、練習するつもりなんだろ？　越谷は今、必死に、次を見てる。君を蹴落としてコンクールメンバーになった仲間が、西関東を突破するって信じてる。最後の一年だから、こんなに必死になれたんだ」

鼻を啜る音がして、だいぶ時間が経ってから越谷は「はい」と掠れた声で頷いた。

「まだコンクールは終わってない。全日本で戻って来い」

夏休みが明けてクラスメイトが勉強に本腰を入れ始めたら、重苦しとあるが、それはなぜか、最も適当なものを選びなさい。
解答番号 13

① 科学者が提示する物的証拠は、純粋な実験結果ではなく修整が加えられた可能性があり、複数の権威ある専門家の視点から多角的に審議する必要があったから。
② キリスト教を中心とした古典的知識は時代錯誤であり、研究結果の真偽を判断する要素として、近代科学を先導していた貴族たちの証言が重要視されたから。
③ 当時絶対視されていた宗教的価値観に背く実験結果を証明するには、個人の経験則では信用に足りず、何らかの権威によって信憑性を担保する必要があったから。
④ 測定という概念がない一七世紀には、公的な根拠として認められる資料を残せず、教会が認める権力者の証言を裏付けとして成果を証明しなければならなかったから。

問三　傍線（C）の例を筆者が用いた理由として、最も適当なものを選びなさい。**解答番号** 14

① 科学的成果を発表する際に、機器により記録された資料を社会的合意に基づいて調整するようになったことを読者に示すため。
② 図や写真に編集が加えられてしまう危険性が判明し、科学者が提示する資料の社会的信用が失われたことを読み手に説くため。
③ 図や画像が研究に役立てられるようになった結果、有用な科学的成果が生み出されていったことを読み手に伝えるため。
④ 人々が科学的成果の真理を判断する際に、図や画像といった視覚的資料を重要な基準としていることを読者に印象付けるため。

問四　傍線（D）「自然の本性の定着」とあるが、ここでの「本性」とはどのようなことか、最も適当なものを選びなさい。
解答番号 15

① 神の理念から離れた美しい現実のこと。
② 神の意志に基づいたあるべき姿のこと。
③ 神が愛した多様な生命の尊さのこと。
④ 神が万物に与えた本質的な役割のこと。

問五　傍線（E）「この文脈」を説明したものとして、最も適当なものを選びなさい。**解答番号** 16

① 西欧社会の発展に伴い、人々は神の存在に基づいた自然理解を断念し、人の意識から離れて物質と向き合うようになった。
② 西欧の宗教権力が衰えると、科学者たちは神の理念に縛られることなく、自由な発想のもとで自然を解釈できるようになった。
③ 近代化の過程において、宗教を背景とした一元的な思想が退けられ、多様な観点から自然現象を捉えようとする動きがあった。
④ 近代社会の成立によって、神の意志を理解する意義が失われたことで、人間の利益の追求が自然科学の目的になった。

問六　本文の内容の説明として、最も適当なものを選びなさい。
解答番号 17

以降の西欧社会において、学問の真理は神が保証するものではなく、自然そのものの現れにおいて確かめられる必要が出てきた。自然の理念を描くのではなく、自然そのものを客観的に描こうとするのだ。こうして客観性こそが真理であるという通念が生まれることになる。一九世紀半ばになると、「客観的な」図像をどのように作成するのかが、大きな課題になってくる。

機械による客観的な測定は(E)この文脈のなかで生まれたものである。社会学者の松村一志は測定をおおむね時代順に並べて六段階に分けて整理している。

①感覚の段階……身体感覚によって確認する
②視覚化の段階……物質変化を目視する
③数量化の段階……物質変化に目盛りを与える
④誤差理論の段階……［複数回測定して］測定精度を誤差理論によって分析する
⑤指示・記録計器の段階……物質変化が目盛り上の指針の動きに変換され、記録される
⑥デジタル化の段階……数量をデジタル表示する

①から③は、判定者が重要になるから、証言によって結果を保証する必要がある。しかし④以降は機械が自動的に計測することになり、測定結果は研究者の手を離れて自立していく。つまり「より客観的」になる。

ただし、機械があったから客観性が追求されたわけではなく、むしろ客観性の追求への意志が先にあったようだ。たとえば一九世紀に発展しつつあった写真という新技術は、偽造・修復可能だ。写真技術ゆえに客観性が重視されるようになったわけではなく、機械的な客観性を目指す要請のほうが先に立ち、写真はその要請のために重宝されたのだ。

客観性とは、人の目というあいまいなものに「邪魔されずに見る」ことを指すようになる。こうして機械的客観性が成立する。写真という機械を手にしたことによって「人間による判断から解放された表象を手にすることができる」と信じられたのである。自然は神からも人間からも切り離された、それ自体で成り立つリアリティとなる。自然を人間から切り離して正確に認識しようとする意志が、主観性への排除と客観性への執念を生んだのだ。

（村上靖彦『客観性の落とし穴』より）

（注）＊アカデミー……学問や研究に関わる団体。
＊ダストンとギャリソン……科学史家。彼らの執筆した『客観性』の一節を筆者は取り上げ、客観性という言葉が一九世紀半ばに普及したことを示している。

問一　傍線（A）「実験室における個人的経験を公共的知識へと変換する」とはどういうことか、最も適当なものを選びなさい。

解答番号 12

① 最新の知見を過去の研究と照らし合わせながら検討すること。
② 先進的な研究を身近な事例とともにわかりやすく説明すること。
③ 新たな研究成果の正当性を伝えて既存の権威を弱めていくこと。
④ 新たな研究成果を社会一般に通ずる真理として広めていくこと。

問二　傍線（B）「『人間の証言』を『事物の証拠』よりも優先する」

近代的な意味での科学的探究が始まった一七世紀は、時間に余裕がある貴族たちが科学の中心だった。キリスト教会が強かった当時、聖書およびアリストテレスの教えが「古典」として絶対的な権威を持っていた。ところが近代の科学的探究は、（地動説を唱えたコペルニクスやガリレオの例を始めとして）教会が認定する真理とは相容(あいい)れない結果をもたらすことになる。このとき神の権威とは異なる権威が必要とされるようになる。一七世紀には、まず証言者の権威によって真理が保証された。「(B)「人間の証言」を「事物の証拠」よりも優先する」のだ。

しかしながら、次第に権威ある学者による証言に代わって、機器による測定によって真理が決められるようになる。ガリレオ（一五六四—一六四二）がピサの斜塔から重さの異なる大小の球体を落下させて同時に着地することを示し、「気体の体積は圧力と反比例する」というボイルの法則で知られるロバート・ボイル（一六二七—一六九一）が空気ポンプ実験を行うというように、実験による客観性が生まれた。次第に目撃者の証言からは独立して、「客観的」に真理が成立することになる。

その後、実験室が多くの大学で設置されるようになった一九世紀にいたる歴史のなかで、測定が重視されるようになる。

客観性の大事な要素であるこの測定についてもう少し歴史を振り返ってみよう。

(C)二〇一四年に、動物細胞をある種の酸に浸(つ)けることによって、あらゆる細胞へと分化しうる万能細胞になるという「発見」がなされた。しかし、それを証明した論文は画像の修整や捏造(ねつぞう)が明らかになり、論文が撤回された。このSTAP細胞事件は図像が客観性を保証するという社会的な合意を逆手に取るものだったといえるだろう。

科学は図像を多数用いてきた。顕微鏡を用いた細菌学や、fMRIのような大規模な機械によって臓器を撮影する医学や神経科学が顕著な例であろう。つまり現在でも図像は客観性を保証する手段となっている。同時にこの客観性は、写真を加工することや、都合のよい実験結果だけをデータとして採用することで比較的容易に結果をゆがめることができる。

美しいデッサンを多数残した一八世紀から一九世紀前半までの自然科学は、実は目の前にあるサンプルを忠実に模写していたわけではなく、理想形を描いていたという。つまり客観性を求めたのではなく、(D)自然の本性の定着をめざしてきたのだと、先ほど取り上げた*ダストンとギャリソンは論じている。偶然による誤差や奇形に満ちた具体的自然ではなく、神が創造した自然が表すはずの美しい真実**truth**、理念を描くことが求められた。現代ならば「捏造」と言われる理想的な図像こそが、真理を表現するのだ。

スウェーデンの博物学者カール・リンネが作成した植物図鑑も「客観的とはいいがたい」ものだったという。正確にサンプルを模写するのではなく、特徴を強調して草花の一般的な姿を提示するのだ。「リンネや啓蒙(けいもう)期の学者たちが依拠した規範は、客観性ではなく本性「自然」への忠誠（**truth to nature**）だったのである」。科学者とは、神が創造した自然の理念へと直観的に一気に到達する人物のことだった。この直観を一八世紀の学者は図像化しているのだ。

神の権威が弱くなるなか、一八世紀後半の啓蒙思想やフランス革命

③ すべての範囲を網羅していること。

④ あちこち忙しく駆けまわること。

問五　次の文学作品のうち、『今昔物語集』を題材にして書かれた作品はどれか、適当なものを選びなさい。**解答番号** 9

① 『鼻』

② 『山椒魚』

③ 『草枕』

④ 『富嶽百景』

問六　次の古典文学作品のうち、鎌倉時代に成立した作品はどれか、適当なものを選びなさい。**解答番号** 10

① 『大和物語』

② 『伊勢物語』

③ 『平家物語』

④ 『竹取物語』

問七　次の漢文を書き下したとき、傍線部の漢字「不」は何番目に読むか、適当なものを選びなさい。**解答番号** 11

親 父 不[下] 為[二] 其 子[一] 媒[上]。

① 四番目

② 五番目

③ 六番目

④ 七番目

二

次の文章を読んで、後の問いに答えなさい。（出題の都合上、本文の一部を省略した）

「客観的 objective」という言葉は、昔から存在はしたが、一七世紀には「主観的」という意味をあらわしていた。例えば哲学者のデカルト（一五九六―一六五〇）は、一六四一年に出版した主著『省察』のなかで **realitas objectiva** という概念を用いた。現在の語感ではオブジェクトに関わるのだから「客観的実在」と訳せそうに思えるが、実際には「思い描かれた実在」のことだった。神の観念は他の観念よりも多くの **realitas objectiva** を含みこむ、というような言い方がされる。**realitas "objectiva"** は私が思惟（しい）する観念の内容物であり、"主観的な" ものなのだ。

客観的なデータこそが正しいというのは今ではあたりまえの感覚だが、歴史のなかで徐々に生まれた発想だ。当時、科学の研究成果を公共の場で保証する要請がでてきたときにモデルとなったのが裁判による評決だったという。一七世紀のロンドン王立協会では、実験に、権威のある学者が立ち会い、信憑性（しんぴょうせい）を証言することで真理を判断していた。

［権威のある］古典の記述に反する個人の体験は単なる逸脱と捉えられ、「真の経験」とは認められない。(A)実験室における個人的経験を公共的知識へと変換することが、ヨーロッパ各国の*アカデミーの共通課題となったのも、そのためである。「裁判の［証言を模した］レトリック」は、まさにこの問題に対する解決策だったのである。

（松村一志『エビデンスの社会学――証言の消滅と真理の現在』）

【国　語】（五〇分）〈満点：一〇〇点〉

一　次の各問いに答えなさい。

問一　次の（ア）～（オ）の傍線部と同一の漢字を用いるものはどれか、それぞれ適当なものを一つずつ選びなさい。

（ア）当意ソクミョウな受け答え。**解答番号** 1

① 平安時代のソクタイ。
② ジンソクな対応。
③ トクソク状が届く。
④ ソクセキの料理。

（イ）吉田松陰先生をシシュクする。**解答番号** 2

① 高圧的な態度にイシュクする。
② シュクジョのたしなみを身につける。
③ 多くの人からシュクフクされる。
④ 乱れた綱紀をシュクセイする。

（ウ）オクビョウ風に吹かれる。**解答番号** 3

① オクメンなく意見を言う。
② ツイオクにふける。
③ オクマン長者を目指す。
④ ハイオクを取り壊す。

（エ）作品のコウヒョウを述べる。**解答番号** 4

① 理論をコウチクする。
② ソッコウを掃除する。
③ ネンコウに報いる。
④ 寄席でコウダンをきく。

（オ）先輩のカンユウで入部を決める。**解答番号** 5

① 新しいことにカカンに挑戦する。
② 温かいカンゲイを受ける。
③ 不祥事により辞職をカンコクされる。
④ 彼の考え方はイッカンしている。

問二　次の文の傍線部「だ」と同じ意味・用法のものはどれか、最も適当なものを選びなさい。**解答番号** 6

私はこの春から高校生だ。

① ローマの大聖堂は厳かだ。
② 生徒会から皆へのお願いだ。
③ 彼は遅れて参加するそうだ。
④ 去年の夏はたくさん泳いだ。

問三　部首が「がんだれ」の漢字はどれか、適当なものを選びなさい。
解答番号 7

① 原
② 度
③ 屈
④ 痛

問四　「東奔西走」の意味として、最も適当なものを選びなさい。
解答番号 8

① 深く考えずにまっすぐ突き進むこと。
② どちらも大して差がないこと。

2024年度

解　答　と　解　説

《2024年度の配点は解答欄に掲載してあります。》

＜数学解答＞

[1] (1) ア 3　イ 5　ウ 1　(2) エ 2　オ 0
(3) カ 2　キ 5　ク 4　ケ 5　コ 8　サ 8　(4) シ 3
(5) ス 7　セ 5　(6) ソ 1　タ 3

[2] (1) ア －　イ 3　ウ 3　エ 6　オ 1　カ 2　(2) キ 2　ク 7
(3) ケ 3　コ 3　サ 3　シ 1　ス 7　セ 2

[3] (1) ア 3　イ 3　ウ 2　(2) エ 1　オ 3
(3) カ 8　キ 3　ク 9

[4] (1) ア 2　イ 1　ウ 6　(2) エ 5　オ 7　カ 6　キ 9　ク 6
ケ 3　コ 8　サ 4　シ 9　ス 6

○推定配点○

[1] (1) 6点　(2) 各3点×2　(3) 各2点×3　(4)～(6) 各7点×3
[2] (1) 各3点×2　(2), (3) 各7点×2　[3] 各7点×3
[4] (1) 6点　(2) 各7点×2　計100点

＜数学解説＞

[1] (因数分解，2次関数の変域，規則性，食塩水の濃度の問題，角度，確率)

(1) $x^2+2x-5=M$とすると，$(x^2+2x-5)^2-4(x^2+2x-5)-60=M^2-4M-60=(M-10)(M+6)$ $=(x^2+2x-5-10)(x^2+2x-5+6)=(x^2+2x-15)(x^2+2x+1)=(x-3)(x+5)(x+1)^2$

(2) $a>0$であり，xの変域に0を含んでいることから，この関数は，$x=0$のとき最小値0をとる。よって，$b=0$　また，$x=3$のとき最大値をとるから，$y=ax^2$に(3, 18)を代入して，$18=a\times 3^2$，$9a=18$，$a=2$

重要 (3) n段目の一番右にある自然数はn^2になっていることから，5段目の一番右にある自然数は，$5^2=25$　$45^2=2025$から，2024は上から45段目にあり，一番右から2番目にある。45段目にある数は，$1+2\times(45-1)=89$から，89個あるので，2024は一番左から88番目にある。

(4) 蒸発させる前の食塩水の濃度をx%とすると，最初の食塩の量は，$500\times\frac{x}{100}=5x$　水のみを蒸発させたら濃度が2倍になったことから，蒸発させた水の量は，$500\div2=250$　10%の食塩水150gの食塩の量は，$150\times\frac{10}{100}=15$　よくかきまぜると7.5%の食塩水ができたことから，$\frac{5x+15}{250+150}\times100=7.5$，$5x+15=30$，$5x=15$，$x=3$

(5) 補助線ADをひき，BDとACの交点をEとする。△AODは正三角形だから，$\angle DAO=\angle ADO=60^\circ$　円周角の定理から，$\angle BAC=\frac{1}{2}\angle BOC=\frac{1}{2}\times30^\circ=15^\circ$　$\angle DAE=60^\circ-15^\circ=45^\circ$　ABは直径だから，$\angle ADB=90^\circ$　$\angle ODE=90^\circ-60^\circ=30^\circ$　$\angle DEA=180^\circ-45^\circ-90^\circ=45^\circ$　よって，△ADEは直角二等辺三角形だから，DA＝DE　また，DO＝DA　したがって，DO＝DEより，△DOEは二等辺三角形だから，$\angle x=\frac{180^\circ-30^\circ}{2}=75^\circ$

(6) 2回のさいころの目の出かたは，$6\times6=36$(通り) そのうち，$(a-4)(b-3)$の値が自然数になる場合は，$a-4>0$のとき$b-3>0$より，$a>4$のとき$b>3$，$a-4<0$のとき$b-3<0$より，$a<4$のとき$b<3$ よって，$(a, b)=(5, 4)$，$(5, 5)$，$(5, 6)$，$(6, 4)$，$(6, 5)$，$(6, 6)$，$(1, 1)$，$(1, 2)$，$(2, 1)$，$(2, 2)$，$(3, 1)$，$(3, 2)$の12通り よって，求める確率は$\frac{12}{36}=\frac{1}{3}$

[2] (図形と関数・グラフの融合問題)

基本 (1) ①と②からyを消去すると，$\frac{1}{3}x^2=x+6$，両辺を3倍して，$x^2=3x+18$，$x^2-3x-18=0$，$(x+3)(x-6)=0$，$x=-3$，6 ②に$x=-3$，6を代入して，$y=-3+6=3$，$y=6+6=12$ よって，A$(-3, 3)$，B$(6, 12)$

(2) $\triangle\text{OAB}=\frac{1}{2}\times6\times(3+6)=27$

重要 (3) 原点を通り②と平行な直線は，$y=x$…③ $6+6=12$から，$(0, 12)$を通り②と平行な直線は，$y=x+12$…④ ①と③，①と④の交点をPとすると，$\triangle\text{PAB}=\triangle\text{OAB}$となる。①と③から$y$を消去すると，$\frac{1}{3}x^2=x$，$x^2=3x$，$x^2-3x=0$，$x(x-3)=0$，$x\neq0$より，$x=3$ ①と④からyを消去すると，$\frac{1}{3}x^2=x+12$，$x^2=3x+36$，$x^2-3x-36=0$，$x=\frac{3\pm\sqrt{3^2-4\times1\times(-36)}}{2\times1}=\frac{3\pm\sqrt{153}}{2}=\frac{3\pm3\sqrt{17}}{2}$ よって，求める点Pのx座標は，$x=3$，$\frac{3\pm3\sqrt{17}}{2}$

[3] (平面図形の計量問題－三平方の定理，面積，三角形の相似，面積比)

(1) BCは直径から，$\angle\text{BAC}=90°$ $\triangle\text{ABC}$において三平方の定理を用いると，$\text{AB}=\sqrt{6^2-3^2}=\sqrt{27}=3\sqrt{3}$ よって，$\triangle\text{ABC}=\frac{1}{2}\times3\times3\sqrt{3}=\frac{9\sqrt{3}}{2}$ 点Aから辺BCに下ろした垂線とBCとの交点をHとすると，$\triangle$ABCの面積から，$\frac{1}{2}\times6\times\text{AH}=\frac{9\sqrt{3}}{2}$ $\text{AH}=\frac{9\sqrt{3}}{2}\times\frac{1}{3}=\frac{3\sqrt{3}}{2}$(cm)

(2) $\triangle$AHCにおいて三平方の定理を用いると，$\text{HC}=\sqrt{3^2-\left(\frac{3\sqrt{3}}{2}\right)^2}=\sqrt{\frac{9}{4}}=\frac{3}{2}$ BD：DC＝1：2から，$\text{BD}=6\times\frac{1}{3}=2$，$\text{DC}=6\times\frac{2}{3}=4$ よって，$\text{DH}=4-\frac{3}{2}=\frac{5}{2}$ $\triangle$ADHにおいて三平方の定理を用いると，$\text{AD}=\sqrt{\left(\frac{5}{2}\right)^2+\left(\frac{3\sqrt{3}}{2}\right)^2}=\sqrt{\frac{52}{4}}=\sqrt{13}$(cm)

重要 (3) $\triangle\text{BED}\backsim\triangle\text{ACD}$で，相似比はBD：AD＝2：$\sqrt{13}$ よって，面積比は，$\triangle$BED：$\triangle$ACD＝$2^2:(\sqrt{13})^2=4:13$…① $\triangle$ACD：$\triangle$ABC＝CD：BC＝2：3…② ①と②から，$\triangle$ACDを13と2の最小公倍数26とすると，$\triangle$BED：$\triangle$ACD：$\triangle$ABC＝8：26：39 よって，$\frac{S_1}{S_2}=\frac{8}{39}$

[4] (空間図形の計量問題－三平方の定理，中心角，体積，表面積)

基本 (1) 円錐Aの母線の長さは，$\sqrt{8^2+6^2}=\sqrt{100}=10$ 求めるおうぎ形の中心角をxとすると，$(2\pi\times6):(2\pi\times10)=x:360°$ $20\pi\times x=12\pi\times360°$ $x=216°$

重要 (2) 求める立体の体積は，底面が底辺12cm，高さ8cmの二等辺三角形で，高さが12cmの三角柱の体積と，円錐Aの体積の和になるから，$\frac{1}{2}\times12\times8\times12+\frac{1}{3}\times\pi\times6^2\times8=576+96\pi$(cm³)
求める立体の表面積は，三角柱の側面積と，円錐Aの表面積の和になるから，$(12+10+10)\times12+\pi\times6^2+\pi\times10^2\times\frac{216}{360}=384+36\pi+60\pi=384+96\pi$(cm²)

★ワンポイントアドバイス★

[4](1)で，中心角は，$360°\times\frac{(\text{底面の円の半径})}{(\text{母線})}$で求めることもできる。この公式を利用すると$360°\times\frac{6}{10}=216°$

<英語解答>

Ⅰ 〔A〕 1 ⑤ 2 ⓪ 3 ③ 4 ⑥ 5 ⑦ 6 ① 7 ④ 〔B〕 ④
〔C〕 ③

Ⅱ 〔A〕 ① 〔B〕 ② 〔C〕 ② 〔D〕 ① 〔E〕 ③ 〔F〕 1 ③ 2 ④
3 ④ 4 ② 5 ①

Ⅲ 1 ⑧, ⑤ 2 ③, ① 3 ⑥, ⑦ 4 ③, ②

Ⅳ 問1 ② 問2 ③ 問3 ①

Ⅴ 1 ④ 2 ③ 3 ① 4 ④ 5 ②

Ⅵ 問1 ③ 問2 ① 問3 ④

Ⅶ 1 ③ 2 ④ 3 ① 4 ①

Ⅷ 〔A〕 1 ④ 2 ② 3 ① 4 ③ 〔B〕 1 ① 2 ① 3 ② 4 ④

○推定配点○

Ⅲ 各4点×4 他 各2点×42 計100点

<英語解説>

Ⅰ (長文読解・物語文:語句補充,指示語,内容吟味)

(全訳) ダラスからニューヨークへのフライト中,中年の白人女性は自分が黒人男性の隣に座ることになったことに気づいた。客室乗務員を呼び出して自分の席について不満を述べた。

「何が問題でしょう?」と客室乗務員が尋ねた。

「わからないの?あなたは私を黒人の男の隣に座らせたのよ。私は彼の隣に座ることはできない。1他の席を見つけて!」と女性は言った。

「落ち着いてください」と客室乗務員は答えた。「このフライトは満席ですが,ビジネスクラスまたはファーストクラスに2利用可能な席があるか確認します」と言った。

女性は隣の3驚いた黒人男性に意地悪な顔をした。周囲の乗客も多くが驚いた。数分後,客室乗務員は良い知らせを持って戻り,それを女性に伝え,彼女は自己満足の笑みを浮かべて周囲の人々を見4ずにはいられなかった。

「申し訳ありませんが,予想通りエコノミークラスは満席です。サービスディレクターと話しましたが,ビジネスクラスも満席です。5しかし,ファーストクラスには空席が1つあります」と客室乗務員は言った。女性が答える6機会を持つ前に,客室乗務員は続けた。「このような変更をすることは非常に珍しいですが,7特別な許可を得ました。機長も,①こんなひどい人の隣に無理やり座らされるのは公平ではないと同意しました」と言い,黒人男性に向かって「それでは,お荷物をお集めください。あなたのための席をご用意しています」と言った。

その時,周囲の乗客は立ち上がって拍手を送り,男性が飛行機の前方へ歩いて行くのを見た。

基本 〔A〕 1 「他の,別の」another 2 「利用可能な」available

3 周囲の乗客も驚いていることから,「驚いた」surprisedが適切。

4 can't help but ~「~せずにはいられない」 5 「しかしながら」however

6 女性に返答する「機会(chance)」が与えられる前に客室乗務員が続けるという文脈から判断する。 7 「特別な許可」permission

〔B〕 「こんなひどい人」は,黒人男性に対してひどいことを言っている女性のことである。

〔C〕 ① 「黒人男性は,文句を言った女性に自分の考えをはっきりと伝えた」 黒人男性は発言をしていないので不適切。 ②「客室乗務員は女性からの苦情を受けたが，それを無視した」第4段落参照。客室乗務員は女性からの苦情を無視していないので不適切。 ③「黒人男性は，悪い気分になることなく，ファーストクラスで良い時間を過ごすことができたであろう」第6段落最終文参照。客室乗務員は，黒人男性をファーストクラスに案内をしているので適切。 ④「文句を言った女性は，要求どおりに席を変更することができた」第6段落参照。客室乗務員は女性を「ひどい人」と言い，黒人男性の席を変更したので不適切。

Ⅱ (長文読解・説明文：語句解釈，語句補充，指示語，要旨把握)

(全訳) 1971年，発達心理学の大学院生であったペニー・パターソンは，ゴリラに人間とのコミュニケーション手段として手話を教えるという考えに興味を持った。彼女はサンフランシスコ動物園から①許可を得て，動物園の赤ちゃんゴリラに手話を教える試みを始めた。その赤ちゃんゴリラは約1歳だ。名前は花火子(ハナビコ)だったが，ココと呼ばれていた。ペニーは，行動と手話を結びつけて教え始めた。例えば，ココを持ち上げる前に「上」と手話をした。彼女はココに飲み物をあげる前に「飲む」と手話をした。彼女はココが「飲む」という手話を使って飲むように教えようとした。

ココが3歳のとき，彼女はまだ幼い子どものようだった。いくつかの手話を学び，いくつかの単語を理解していたが，あまり手話を使ってはいなかった。その時のほとんどの手話は，遊びや食べ物，飲み物を要求するものだった。実際，ペニーは，その時のココの言語の記録を読んだ人は，彼女がほとんど②飢餓状態に近いという印象を受けるかもしれないと言っていた。彼女は「その飲み物を急いで注いで，急いで」「私，私，私，食べる」「あなた，私，クッキー，私，私」といった表現を使っていた。6歳になると，ココはより多くの手話を使うようになり，ペニーによると，感情を表現したり，新しい単語の組み合わせを作ったりするのに手話を使うことができた。

ココがどういう意味で手話(あるいはおそらく偶然のジェスチャー)をしているのかを知るのはしばしば難しい。例えば，訪問者がココに「あなたはかわいいね」という手話をしたとき，ココは「間違い」という意味の手話で応答した。ココの応答は，彼女が謙虚だったのか，訪問者が真実を言っていないと思ったのか，それとも偶然のジェスチャーだったのか，その意味を理解せずに，彼女が誰かがした応答を真似ただけなのか。【C】それらの疑問に答えることは難しい。ココが実際に意味のあるコミュニケーションをしているかどうか，その意図を正確に理解することは難しい。

今日，ペニーはココが2000語以上の③話されている単語を理解し，1000以上の手話を使うことができると信じている。彼女は世界中で有名になり，多くの人々が，彼女が人間とコミュニケーションを取るために人間の言語を使うことができると信じているからだ。彼女はまた，野生のゴリラがどのような危険にさらされているか，そして彼らがどのようにして絶滅に追い込まれているかに注意を喚起するために使われている。

〔A〕 許可を得たあとで，動物園の赤ちゃんゴリラに手話を教える試みを始めたことから判断できる。

重要 〔B〕 ココが食べ物や飲み物を頻繁に要求する言葉を使っていたことから，「飢餓状態」という意味であるとわかる。

〔C〕 直後の名詞 word を修飾する過去分詞の形容詞的用法を用いて，「話されている言語」となる。

基本 〔D〕 ココを通じて，野生のゴリラが直面している危険とそれらが絶滅に向かっている状況に世間の注意を引きつける努力について述べているので，gorillas が適切である。

〔E〕 those questions とあることから，空所の直前に複数の疑問文が書かれている部分が適切である。

重要 〔F〕 1 「ペニーはどのようにココに手話を教えたのか」 第1段落第5文参照。ペニーは行動とそれに対応する手話を結びつけることでココに手話を教えた。 2 「ココは3歳のとき，どのように手話を使ったか」 第2段落第3文参照。3歳のときのココのほとんどの手話は，遊び，食べ物，飲み物を要求するためのものだった。 3 「ココが何を意味しているのかを知ることはなぜ難しいのか」 第3段落参照。ココの手話やジェスチャーは異なる解釈を持つ可能性があるため，彼女が何を意味しているのかを正確に知ることは難しいのである。 4 「この一節の主な話題は何か」 本文の主題は，ココが人間とコミュニケーションを取る方法を学び，本当にコミュニケーションが取れるのかどうかである。 5 「ココは訪問者が『あなたはかわいいね』という手話にどのように反応したか」 第3段落第3文参照。訪問者が「あなたはかわいいね」という手話をしたとき，ココは「間違い」という意味の手話で応答した。

Ⅲ (語句整序問題：間接疑問文，前置詞，不定詞，熟語，分詞，現在完了)

1 Do you know when and where the author was born (?) 間接疑問文は<疑問詞＋主語＋動詞>の語順になる。

2 (Social life) requires a good balance between the individual and (the group.) require「必要とする」という意味である。<between A and B>「AとBの間」

やや難 3 (Computers have made) it possible for us to do telework instead (of going to the workplace.) make it possible to ~「~することを可能にする」という形式目的語を用いた文になる。

やや難 4 (The food) sent from Europe has not reached people who (really need it yet.) sent from Europe は前の名詞を修飾する分詞の形容詞適用法である。

Ⅳ (資料問題)

習志野ガーデンサマーロックフェスティバル

ロック音楽は好きですか？この夏，習志野ガーデンサマーロックフェスティバルで楽しむことができます！これは習志野市噴水公園(習志野市役所から車で15分)で開催される2日間のイベントです。2日間で30以上のバンドが演奏します。

日 時

6月16日(土)&6月17日(日)午前10時～午後10時

◆演奏は午前11時から始まります。
◆雨天決行
◆全席先着順

主要な演奏ステージスケジュール

6月16日	6月17日
午後5時 Five Tastes	午後5時 Bitter Wood
午後8時 Super Alexanders	午後8時 Jordan's Band

◆他のバンドについての詳細は，https://www.nnhs.cst.nihon-u.ac.jp/をご覧になり，オンラインスケジュールを確認してください。

チケットは5月15日から6月17日まで販売されます。

前売りチケット：大人$30 / 学生$20

当日チケット　：大人$35 / 学生$25
チケットはオンラインまたは習志野市役所のフェスティバル事務所で購入できます。

◆チケット価格にはドリンク引換券が含まれています。
◆全てのチケットは1回限りの入場です。そのため，音楽フェスティバルが終わるまで外に出ないようにしてください。

音楽フェスティバルに再入場したい場合は，新たにチケットを購入する必要があります。

問1 「習志野ガーデンサマーロックフェスティバルについて真実なのはどれか」 チケットは習志野市役所またはインターネットで購入できる。

重要 問2 「高校生とその両親からなる家族が6月10日に2日間のチケットを購入する場合，支払う金額はいくらになるか」 前売りチケットの価格は大人2名で$60($30×2)と学生1名で$20，合計$80となる。2日間のチケット購入なので，$80×2日＝$160である。

問3 「音楽フェスティバルを一度出て再び入場したい人は何をしなければならないか」 チケットは1回限りの入場で，一度フェスティバルから出ると再入場には新たにチケットを購入する必要がある。

基本 V （会話文）

1 A：一緒にドライブに行きませんか？
B：31もちろん。
A：わかった，それじゃあ江の島まで行きましょう。
Why not?「もちろん」という意味で，賛成を表すことができる。

2 A：すみません。このスカートを試着してもいいですか？
B：もちろんです。試着室はあの柱の後ろにあります。
（数分後）どうですか？
A：32少し大きすぎます。これでは着られないと思います。
B：残念ながら，このスタイルのものはこれが最後の一つですが，他に小さいサイズのスカートがあります。いくつか持ってきましょうか？
この後で他のスカートを持ってくることを提案しているので，現在試着しているスカートが合わないことを述べているとわかる。

3 A：この図書館から本を借りることはできますか？
B：この町に住んでいればできます。
A：住んでいます。
B：33それではこのカードに記入するだけです。
この街に住んでいると言っているので，本を借りるために必要な手続きを説明している。

4 A：おはようございます。お手伝いしましょうか？
B：はい，お願いします。私の母の誕生日プレゼントを探しています。
A：34何か考えているものはありますか？
B：特にはありません。
A：これらのスカーフは女性にとても人気があります。
「特にない」と答えていることから，何か具体的なものを探しているか尋ねていると判断できる。

5 A：わあ！ここはまるでオーブンみたい！

B：35窓を開けましょうか？
A：ありがとうございます。それで少しましになりました。
オーブンのようだと部屋の温度について不満を述べているので，窓を開けて空気を入れ替えることを提案しているとわかる。

VI （会話文）

●ヨシオ 07：15 a.m.
テツヤとミナミ！英語クラブの学園祭を計画しないといけないよ！
●ミナミ 07：17 a.m.
ヨシオ！なんでこんなに早起きなの？土曜の朝だよ！まだ眠い。
●ヨシオ 07：18 a.m.
でも，あと2週間しかないんだ。何か計画を立てなきゃ。
●テツヤ 10：34 a.m.
みんな，心配しないで！学園祭のために特別な計画があるよ！！
●ミナミ 10：45 a.m.
そうだといいな。私には何のアイデアもないし，ヨシオも心配してる。
●テツヤ 10：47 a.m.
英語の映画DVDをいくつか借りたよ，先生に相談したら，祭りには食べ物も用意した方がいいって。
●ヨシオ 11：25 a.m.
いいね！どんな映画を借りたの？古い映画は見たくないな。
●テツヤ 12：07 p.m.
5種類の映画を借りたよ。誰もが好きなものが見つかるはず。
●ミナミ 1：38 p.m.
ヨシオのことは聞かないで。冗談を言ってるだけだよ！もう映画を借りてくれてありがとう。
●テツヤ 1：42 p.m.
じゃあ，二人で祭りの前日にスーパーマーケットから食べ物を買ってきてくれる？安い食べ物を買わなきゃいけないからね！みんなが買える食べ物を選んでね。
●ミナミ 2：02 p.m.
もちろん，問題ないよ。
●ヨシオ 2：14 p.m.
わかったけど，ビーフステーキはどう？みんな肉が好きだろ？
●ミナミ 2：16 p.m.
本気で言ってるとは思えないけど，ヨシオ。

問1 「ミナミが『土曜の朝だよ！』と言ったときの気持ちはどうか」 彼女の反応から，土曜の朝早くから話し合いを始めなければならないことに対する若干の不満や困惑を感じていると解釈できる。

問2 「テツヤがヨシオとミナミに何をするように言ったか」 テツヤはヨシオとミナミに，祭りの前日にスーパーマーケットから「安い食べ物」を買ってくるように頼んだ。

問3 「この会話について正しいのはどれか」 会話から，英語クラブのメンバーが祭りで食べ物を提供することがわかる。

Ⅶ (単語)

1 make a reservation「予約する」
2 寒く感じるとあることから thin「薄い」が適切。
3 「町や市の政治を導くために選ばれた人」とあるので，mayor が適切。
4 人々が川に落ちないようにするために川沿いに設置されるのは barrier「柵」が適切。

Ⅷ〔A〕(語句補充問題：間接疑問文，単語)

重要 1 <ask＋人＋to ～>「人に～するように頼む」
2 be delayed「遅れる」
重要 3 What do you think ~?「～をどう思いますか」
4 コーヒーやお茶が「濃い」場合には strong を用いる。

〔B〕(正誤問題：単語，関係代名詞)

1 downtown は「繁華街に」という副詞であるため，前置詞 to が不要である。
2 everyone が主語なので動詞には三単現の s が必要となり，makes が正しい。
3 heavy traffic「交通渋滞」
やや難 4 one of the most serious problems that some students have「一部の学生が抱えている最も深刻な問題の一つ」が主語であるので，動詞は is が適切である。

★ワンポイントアドバイス★
例年，資料問題では思考力を問う問題が出題されている。過去問を用いて同じような問題に数多く触れるようにしよう。

＜国語解答＞

一 問一 (ア) ④ (イ) ② (ウ) ① (エ) ④ (オ) ③ 問二 ②
問三 ① 問四 ④ 問五 ① 問六 ③ 問七 ④
二 問一 ④ 問二 ③ 問三 ④ 問四 ② 問五 ① 問六 ②
三 問一 ④ 問二 ② 問三 ③ 問四 ① 問五 ④ 問六 ②
四 問一 (ア) ② (イ) ② 問二 ① 問三 ③ 問四 ③ 問五 ①
問六 ① 問七 ② 問八 ④

○推定配点○
一 各2点×11 二 各4点×6 三 各4点×6
四 問一 各2点×2 問三・問五 各3点×2 他 各4点×5 計100点

＜国語解説＞

一 (漢字の書き取り，用法，部首，熟語，文学史，漢文)

問一 (ア)「当意即妙」とは，即座に場にかなった機転を利かせること，気が利いていること。「即席」とは，その場ですぐにすること，手間ひまのかからないこと。①は束帯，②は迅速，③は督促状。 (イ)「私淑」とは，直接の教えは受けないが，ひそかにその人を先生だと考えて尊敬し，模範として学ぶこと。「淑女」とはしとやかで，品位のある女性。①は萎縮，③は祝福，④は粛清。 (ウ)「臆病」とは，ちょっとしたことにでも恐れおののくこと，気の小さいこと。

「臆面」とは，気おくれした顔つき，臆した様子。②は追憶，③は億万長者，④は廃屋。
(エ)「講評」とは，指導的な立場から理由などを述べながら批評を加えること。「講談」とは，演者が高座におかれた釈台の前に座り，張り扇でそれを叩いて調子を取りつつ，軍記物や政談など主に歴史にちなんだ読み物を観衆に対して読み上げる日本の伝統芸能の一つ。①は構築，②は側溝，③は年功。　(オ)「勧誘」とは，あることをするように勧めて誘うこと。「勧告」とは，ある行動をとるように説きすすめること。①は果敢，②は歓迎，④は一貫。

問二　「高校生だ」の「だ」は，断定の助動詞。①形容動詞の一部，③様態を表す助動詞の一部，④動詞の一部。

問三　がんだれは，「厂」を表す。②まだれ，③かばね，④やまいだれである。

問四　「東奔西走」とは，仕事や用事のため，東へ西へとあちこち忙しく走り回ること。

問五　『鼻』は，芥川龍之介による初期の短編小説で，1916年に『新思潮』の創刊号で発表された。『今昔物語集』の「池尾禅珍内供鼻語」および『宇治拾遺物語』の「鼻長き僧の事」を題材としている。

問六　『平家物語』は，日本における作者不詳の軍記物語。鎌倉時代に成立したとされ，平家の栄華と没落，武士階級の台頭などが描かれている。他の選択肢は，平安時代に成立したものである。

問七　「親父」と読んだ後，一二点の間にある「其」を読み，訓点通りに「子為」と続いて，最後に上下点が付いている「媒不」を読む。

二　(論説文一内容吟味，文脈把握，大意)

問一　傍線部の「実験室における個人的経験」とは，傍線部の前にある「科学の研究成果」であり，「公共的知識」とは，「公共の場で保証する」ことである。つまり，ある特定の空間内だけで起こった出来事が社会一般に広く通じるような事実として認知されていくことを表す。

問二　一七世紀当時は，キリスト教会やアリストテレスの教えが根強く認知されていたため，それらの真理と相反する結果が生じた場合，「証言者の権威によって真理が保証された」と筆者は述べている。

問三　傍線部の後に，「それを証明した論文は画像の修整や捏造が明らかになり，論文が撤回された。このSTAP細胞事件は図像が客観性を保証するという社会的な合意を逆手に取るものだったといえる」と事件の経緯を述べた上で，「現在でも図像は客観性を保証する手段となっている」と，図像がもつ客観性を示している。

問四　傍線部の後に，「偶然による誤差や奇形に満ちた具体的自然ではなく，神が創造した自然が表すはずの美しい真実truth，理念を描くことが求められた」とあることから，神が創造したそのものを描くのではなく，それの理想的な形を描くことが重要とされたのである。

問五　傍線部の前に「自然の理念を描くのではなく，自然そのものを客観的に描こうとするのだ。こうして客観性こそが真理であるという通念が生まれることになる。一九世紀半ばになると，『客観的な』図像をどのように作成するのかが，大きな課題になってくる」と，人々の手から離れて機械に任せることで，より「客観的な」ものになると，松村一志氏の説を受けて筆者は提示している。

重要　問六　「客観的」とはどういうことかについて，一七世紀の近代科学の探究が始まった頃から，一八世紀の自然科学，一九世紀の機械による客観性の証明まで時代変遷を区切って説明している。

三　(小説文－表現技法，心情，文脈把握，内容吟味，大意)

問一　越谷の声が揺れた様子を木枯らしで震える木に喩え，また「痛々しく悲しげに」という表現を倒置法によって説明している。越谷がオーディションに落ちたことについて，今まで必死に練習してこなかったことに原因があると考え，また一年生の茶園が吹奏楽部の部長になり，実力も茶園が自分(越谷)より上であることに気づいた。そして，傍線部の前に「今までだらだら練習してきた自分に気づいて必死になっただけです。もし二年のときに気づいてたら，一年のときから今みたいに必死になれてたら－俺の三年間，全然違うものになったはずなんです」と自分が今までに足りなかったものに対して思うところを吐露している。

問二　不破と越谷が2人で話している所に出くわした茶園は，その会話に入ることができなかった。その証拠に傍線部の後，「部長らしく，越谷をフォローしようとでもしたのか？」という不破の問いに否定することなく，「試みようとはしたんです」と返答していることから，何もできなかった自分(茶園)を面目ないと感じている。

問三　教員採用試験に落ちた不破が，三好先生の誘いで吹奏楽部の外部指導者になったものの，両親はそれに納得していないので，「コンクールが終わったらけじめをつける。つけなきゃいけない。やらなきゃいけない」と思っている。そこまでの内容を茶園に話してしまうと，こしかけの気分で吹奏楽部の指導をしているのかと思われ茶園をがっかりさせてしまうかもしれないと思い，言葉を飲み込んだのである。

問四　傍線部の後に，「先生は，凄く先生です。僕だけじゃなくて，玲於奈も越谷先輩も絶対にそう思ってます。さっき越谷先輩に『全日本で戻って来い』って言った先生を見て，この人は，吹奏楽がなくなったら何もない人じゃないって思ったんです。吹奏楽があるから，先生は先生なんだ」と教員ではない不破に対して，抱いている思いを述べている箇所から読み取る。

問五　傍線部の前に，「半年前まで中学生だったこの眼鏡の少年に，一体何がわかる。自分の進路も見定まっていない子供に，何が判断できる」と茶園の子供っぽさを感じる一方，「でも，だからこそ破壊力は抜群なんだな」と若さゆえのまっすぐな思いに心打たれている。

重要 問六　本文は不破と越谷もしくは茶園の会話で話が進められ，また会話の間に「俺にだってできない」「コンクールが終わったらけじめをつける。つけなきゃいけない。やらなきゃいけない」「何を言っているんだと口走りそうになって」など，不破の心中を言葉にすることで，読者への理解を促している。

四 (古文－語句の意味，和歌，内容吟味，指示語の問題，文脈把握，心情)

〈口語訳〉　昔，東国方面に，ひたすら仏道に心を入れた聖がいた。たった一人でいて，全く周囲に人を寄せ付けずにおりました。ただ自分の意志が赴く時に，時々里に出て，人にも姿を見せた。また，身に持っている物は少しもない。仏像も経典もない。ましてその他の物は，全くない。

死ぬことが近くに感じられたのだろうか，普段自分の死ぬ場所として用意しておいた山に登って，火打笥に歌を書いておりました。

頼りにする人がいない身の上と思うので，もうこれでということで自分が行なった山送りだなあ。

そして，ずいぶん月日が経って，しなければならない用事があって山に入っている人が，これを見付け出していたと。とりわけ心打たれ感動の気持ちを抑えられません。

何も持っていないのが，特に心打たれ好感が持てます。あの天竺の修行僧が，座禅の敷物の他には何もなく，客人の菩薩がいらっしゃった時に，木の葉を掻き集めて，それに座らせ申し上げたことを見ました時から，この話はとても好感が持てます。

「昔，庭先の橘を大事にした人が，蛇となって木の下にいる」なども，『拾遺往生伝』には見えます。また，「釈迦仏が，昔，普通の人でいらっしゃった時に，毒蛇となって，以前に土に埋めていた黄金に纏わりついている」とも『賢愚経』にはございます。

こうであるから，この人は，持っている何かに対して，少しばかりの執着の心も動くはずがありましょうか。やはり羨ましいです。

古代中国に参っておりました時にも，全く何もなくて，袈裟と鉢ばかりを持っている人を，少々目にしました。やはり，釈迦の誕生した国に土地が近い国であるので，すばらしいことにもこのようであるよと，ふと思い当たりました。

また，人から離れることは，とても立派でございます。どういうことにつけても，一人でおりますほど清らかなことはありません。昔の高僧の事跡を調べると，全てこのようなことでばかりなのでしょうか。一層心打たれます。歌までも素晴らしくございます。

問一　(ア)「つゆちり」とは，非常にわずかなことのたとえ。そのわずかな事さえもない，という意味である。　(イ)「ことに」とは，とりわけ，特に，その上，なおという意味を表す副詞である。

問二　和歌を詠む前に，「死ぬことが近くに感じられたのだろうか，普段自分の死ぬ場所として用意しておいた山に登って，火打笥に歌を書いておりました」とあることから，死期を悟って，山へと登って行き，その先で和歌を詠んだのである。

問三　傍線部の前に，「何も持っていないのが，特に心打たれ好感が持てます。あの天竺の修行僧が，座禅の敷物の他には何もなく，客人の菩薩がいらっしゃった時に，木の葉を掻き集めて，それに座らせ申し上げたことを見ました時から」とある事から，できるだけ何も持たずにいることを好んでいる様子が伺える。

問四　橘や黄金に対して，強い執念を持ってしまったあまり，蛇へと生まれ変わってしまったという逸話を述べている。

問五　『拾遺往生伝』や『賢愚経』の内容を紹介した後，この話で出てくる「ひたすら仏道に心を入れた聖」も同様であるとしている。

問六　傍線部のうらやましいと思うことは，その前にある「この人は，持っている何かに対して，少しばかりの執着の心も動くはずがありましょうか。」にあたる。つまり，物に対して全く執着を持たない「ひたすら仏道に心を入れた聖」に羨望の思いを抱いたのである。

問七　傍線部の後に，「全く何もなくて，袈裟と鉢ばかりを持っている人を，少々目にしました。やはり，釈迦の誕生した国に土地が近い国であるので，すばらしいことにもこのようであるよ」と中国に行った際の思い出を語っている。

問八　傍線部の前に，「人から離れることは，とても立派でございます。どういうことにつけても，一人でおりますほど清らかなことはありません。」と，人間関係を絶って一人で生きることは素晴らしいと筆者は述べている。

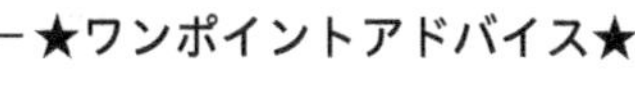

漢字や語句の意味，慣用句など，知識事項をしっかりと学習しておこう！

大切なことはメモしておこうネ！

2023年度
★★★★★★★★★★★★★★★★★★★★★★★★
入　試　問　題

2023年度

日本大学習志野高等学校入試問題

【数　学】（50分）〈満点：100点〉

【注意】1. 定規（三角定規・直定規），コンパス，分度器は使用できません。

2. 解答はすべてマーク方式です。1つの□には1つの数字または符号「－」が入ります。下に書かれた**解答上の注意**に従って，解答カードにマークしなさい。

3. 答が分数のときは，約分した形で表しなさい。

4. 根号の中は最も簡単な形で表しなさい。例えば，$2\sqrt{8}$は$4\sqrt{2}$のように表しなさい。

解答上の注意

例(1). ［ア］［イ］に－3と答えたいときは［ア］欄の㊀と［イ］欄の③をマークする。

解答記号		解答記入欄（マーク）
(1)	ア	● ⓪ ① ② ③ ④ ⑤ ⑥ ⑦ ⑧ ⑨
	イ	㊀ ⓪ ① ② ● ④ ⑤ ⑥ ⑦ ⑧ ⑨

例(2). $\dfrac{\boxed{ウ}\boxed{エ}}{\boxed{オ}}$に$-\dfrac{1}{2}$と答えたいときは［ウ］欄の㊀と［エ］欄の①，［オ］欄の②をマークする。

(2)	ウ	● ⓪ ① ② ③ ④ ⑤ ⑥ ⑦ ⑧ ⑨
	エ	㊀ ⓪ ● ② ③ ④ ⑤ ⑥ ⑦ ⑧ ⑨
	オ	㊀ ⓪ ① ● ③ ④ ⑤ ⑥ ⑦ ⑧ ⑨

[1]　次の□をうめなさい。

(1)　$(1+\sqrt{2})(1+\sqrt{8})\left(1-\dfrac{1}{\sqrt{2}}\right)\left(1-\dfrac{1}{\sqrt{8}}\right)=\dfrac{\boxed{ア}}{\boxed{イ}}$である。

(2)　2次方程式$x^2-6\times17x-2023=0$の解は，$x=\boxed{ウ}\boxed{エ}\boxed{オ}$，$x=\boxed{カ}\boxed{キ}\boxed{ク}$である。
ただし，$\boxed{ウ}\boxed{エ}\boxed{オ}<\boxed{カ}\boxed{キ}\boxed{ク}$とする。

(3)　3つの自然数x，y，$z$$(x<y<z)$があり，$x+y+z=20$，$xyz=60$を満たす。
このとき，$x=\boxed{ケ}$，$y=\boxed{コ}$，$z=\boxed{サ}\boxed{シ}$である。

(4)　右の表は，ある動物園の料金表である。オプション料金とは，入園料の他にかかる料金のことである。

この動物園に370人の団体が入園した。370人のうち，企画展に参加した人が300人，企画展にもふれあい体験にも参加しなかった人が32人であった。この団体が支払った金額が55600円のとき，ふれあい体験に参加した人は［ス］［セ］人である。

（5） 右図のように，△ABC，△BCD，△BCEがある。∠ABEは∠EBDの2倍の大きさで，∠ACEは∠ECDの2倍の大きさである。
∠BAC＝23°，∠BDC＝38°のとき，
∠x＝［ソ］［タ］度である。

（6） 1，2，3，4，5の数字を1つずつ書いた5枚のカードがある。この5枚のカードから同時に3枚のカードを取り出すとき，取り出した3枚のカードに書いてある数の積の一の位が0になる確率は$\frac{［チ］}{［ツ］}$である。
ただし，どのカードが取り出されることも同様に確からしいものとする。

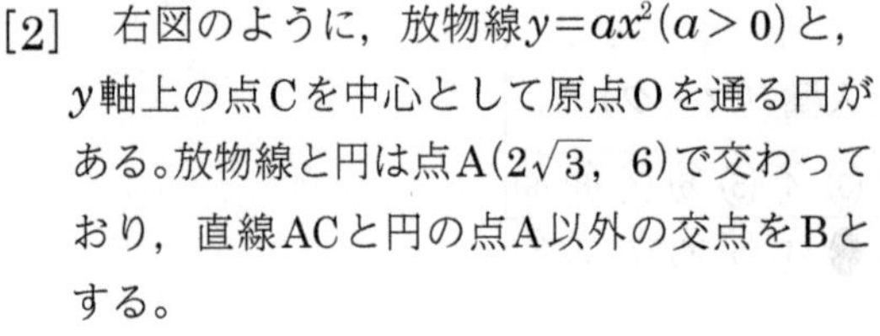

[2] 右図のように，放物線$y=ax^2\ (a>0)$と，y軸上の点Cを中心として原点Oを通る円がある。放物線と円は点A$(2\sqrt{3},\ 6)$で交わっており，直線ACと円の点A以外の交点をBとする。
次の問いに答えなさい。

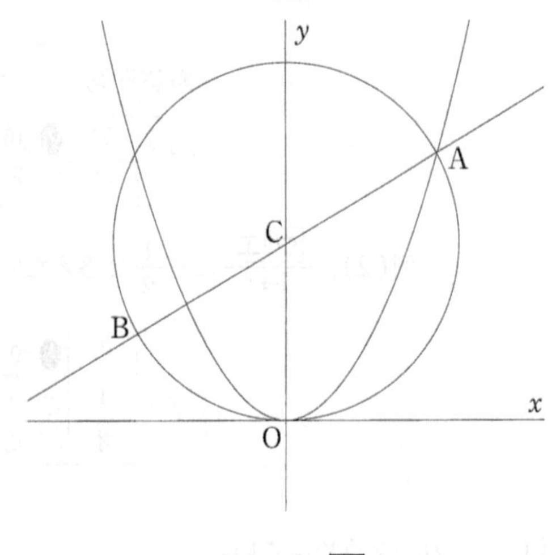

（1） aの値を求めなさい。

答 $\frac{［ア］}{［イ］}$

（2） 円の半径を求めなさい。

答 ［ウ］

（3） 点Bの座標を求めなさい。

答 （［エ］［オ］$\sqrt{［カ］}$，［キ］）

（4） △OABを直線ACのまわりに1回転してできる立体の体積を求めなさい。

答 ［ク］［ケ］π

[3]　右図のように，AD＝$\frac{9}{4}$ cm，BC＝4 cm，∠A＝∠B＝90°の台形ABCDがある。辺ABを直径とする半円Oは，辺CDと点Eで接している。円Pは辺BC，辺CDと半円Oの弧に接している。

次の問いに答えなさい。

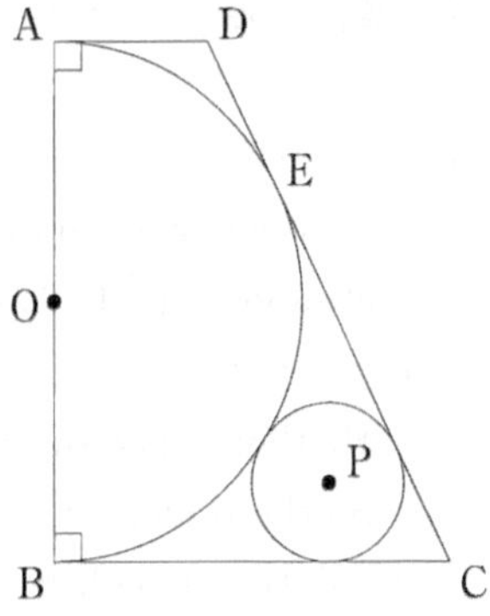

（1）　辺CDの長さを求めなさい。

（2）　半円Oの面積を求めなさい。

（3）　円Pの半径を求めなさい。

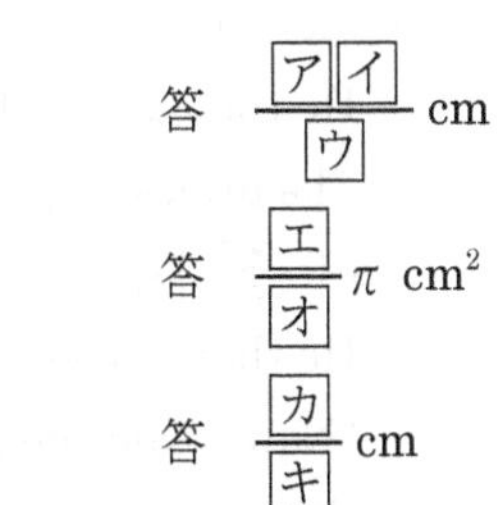

[4]　右図のように，AB＝AD＝18 cm，AE＝6 cmの直方体ABCD－EFGHがある。2点P，Qは同時に点Aを出発し，点Pは，辺AB上を毎秒2 cmの速さで，点Qは，辺AD上を毎秒4 cmの速さで往復する。このとき，次の問いに答えなさい。

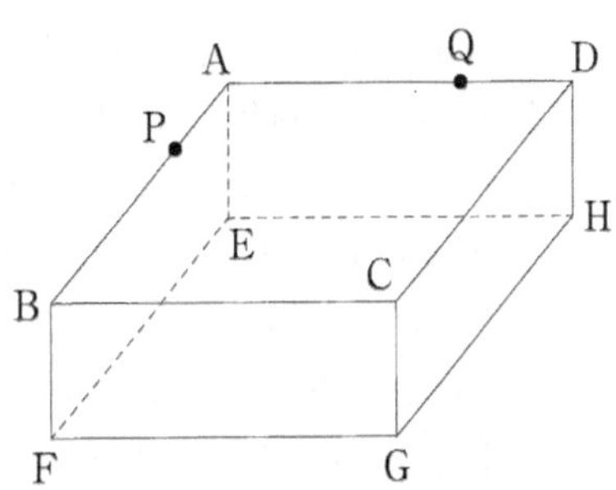

（1）　出発して初めてAP＝AQとなるのは何秒後か求めなさい。

答　$\boxed{ア}$秒後

（2）　（1）のとき，立体APQ－EFHの表面積と体積を求めなさい。

答　表面積　$(\boxed{イ}\boxed{ウ}\boxed{エ}+\boxed{オ}\boxed{カ}\sqrt{\boxed{キ}})$ cm^2

体積　$\boxed{ク}\boxed{ケ}\boxed{コ}$ cm^3

【英　語】（50分）〈満点：100点〉

I　次の英文を読み，〔A〕～〔D〕の問いに答えなさい。

A professor stood in front of his students, behind a table covered with several boxes of rocks and sand, as [1] as a very large, empty *[1] jar. When the class began, without talking, he began to fill the jar with ping-pong ball sized rocks.

He then asked the students if the jar was full. They agreed that it was.

So the professor then picked up a box of smaller rocks and poured them into the jar. He shook the jar lightly. The smaller rocks, of course, [2] down to the spaces between the larger rocks.

He then asked the students again if the jar was full. They agreed that it was.

The professor picked up a box of sand and poured it into the jar. Of course, the sand filled up the [3] spaces in the jar.

He then asked once more if the jar was full. Every student said "①<u>Yes</u>."

"Now," said the professor, "I want you to recognize that this jar *[2] represents your life. The rocks are the important things — your family, your partner, your health, your children — things that if everything else was lost and only they remained, your life would still be full. The smaller rocks are other things that may [4] — like your job, your house, your car. The sand is everything else, the small *[3] stuff."

"If you put the sand into the jar first," he continued, "there is no ②<u>room</u> for the smaller rocks or the larger rocks. The same goes for your life. If you spend all your time and energy on the small stuff, you will never have room for the things that are important to you. Pay [5] to the things that are important to your happiness. Play with your children. Go out together with your partner. Take [6] of yourself. There will always be time to go to work, clean the house, give a dinner party, or fix the kitchen sink."

"Take [6] of the rocks first — the things that really matter. Rank things that are important to you. The [7] is just sand."

*[1] jar 広口びん　　*[2] represent 表す　　*[3] stuff 要素

〔A〕　文中の[1]～[7]に入れるのに最も適当なものを，①～⑨の中から1つずつ選びなさい。ただし，同一の語は1回ずつしか使用できないものとします。

① rest　② well　③ dropping　④ care　⑤ important

⑥ matter　⑦ fell　⑧ remaining　⑨ attention

〔B〕　下線部①が表す内容として最も適当なものを，①～④の中から1つ選びなさい。　[8]

① The jar is full of several rocks and sand.

② What the professor said to students is always right.

③ The jar with rocks and sand is a safe guide in the future.

④ Smaller rocks and sand are more important for you to live the rest of your life.

〔C〕 下線部②の意味として最も適当なものを，①～④の中から1つ選びなさい。 9

① the general character or feeling of a place
② large objects such as chairs, tables, beds, and cupboards
③ space somewhere for a particular thing, person, or activity
④ a part of the inside of a building that has its own walls, floor, and ceiling

〔D〕 本文の内容と一致するものを，①～④の中から1つ選びなさい。 10

① We need to decide the order for your valuable things.
② At first, the professor put small rocks in the jar and filled it little by little.
③ Although work is a necessary part of life, we don't have to think it first as the professor showed it using big rocks.
④ In his class, the professor showed the sand was common with everything and we must take it into consideration first.

Ⅱ 次の英文を読み，〔A〕～〔G〕の問いに答えなさい。

In the dictionary, a restaurant is defined as an eating place. Therefore, according to this *1 definition, the restaurant is as old as *2 civilization.(①), there is evidence of eating places in ancient Roman *3 ruins.

Most ancient eating places were inns, which served simple meals and drinks to travelers. Then, by the middle of the 17th century, a new kind of eating place appeared in many parts of Europe. These were cafés. At first, they served only coffee, but later they began to serve food too. Cafés became popular meeting places for writers and their friends.

The restaurant appeared at the end of the 18th century, in Paris. It was very different from the inn or the café, in that it gave customers a ②choice. Restaurants had menus, so for the first time customers could decide what to eat and how much to eat. Also for the first time, customers knew how much the food cost before they ate it. The menu at a typical *4 Parisian restaurant in the 18th century might have 12 different kinds of soup, 65 meat dishes, and 50 desserts.

Before restaurants *5 emerged, there were different kinds of cooks in France. For example, there were *6 roasters, *7 bakers, and dessert makers. A roaster could not bake anything and a baker could not make a dessert. ③This was the law. Also at this time, the word 'restaurant' had a special meaning. It was a French word for a kind of soup. This soup was restorative, meaning that it made people feel better when they were tired or sick. Eating places served the restorative soup to customers.

In 1765, a man named Boulanger owned one of these soup shops. One day, he broke the law by cooking some meat and putting a sauce on it. This made the sauce makers angry, and they took him to court. Boulanger won, however, and the modern restaurant was born. By 1786, a restaurant was a place to cook and serve all types of food and drinks: soups, meats, salads, desserts, and wines.

Today, the word 'restaurant' can mean many things — a diner, a cafeteria, or a place to eat fast food. There are even restaurants that show movies, restaurants where people eat in the dark, and underwater restaurants. ④<u>Who knows what will happen in the restaurant world of the future?</u>

*1definition　定義　*2civilization　文明　*3ruin　遺跡　*4Parisian　パリの　*5emerge　現れる
*6roaster　肉を焼く人　*7baker　パンを焼く人

〔A〕 文中（　①　）に入れるのに最も適当なものを，①～④の中から1つ選びなさい。 11

① In addition　② As a result　③ By the way　④ For example

〔B〕 下線部②の意味に最も近いものを，①～④の中から1つ選びなさい。 12

① difference　② dish　③ option　④ place

〔C〕 下線部③の表す内容として最も適当なものを，①～④の中から1つ選びなさい。 13

① 飲食店では必ずスープを提供しなければならないと法律で定められていた。
② 料理人は自分の専門以外の料理は作ってはならないと法律で定められていた。
③ 料理人はあらゆる種類の料理に精通していなければならないと法律で定められていた。
④ 飲食店では疲れがたまった人や病気の人を介護しなければならないと法律で定められていた。

〔D〕 下線部④とほぼ同じ内容の意味を表す文を，①～④の中から1つ選びなさい。 14

① Not a few people know about the future of the restaurant world.
② A few people know what will happen in the restaurant world of the future.
③ No one knows what the future of restaurant world will be like.
④ Everyone knows what will happen in the future of the restaurant world.

〔E〕 次の英語の質問の答えとして最も適当なものを，①～④の中から1つずつ選びなさい。

1. According to the text, what is the meaning of a restaurant in the dictionary? 15
① It means a place to eat.
② It means a place to drink coffee.
③ It means a soup that is good for your body.
④ It means a place to meet with writers and their friends.

2. What kind of shop did Boulanger own before he opened a new style of restaurant? 16
① He owned a shop which served some desserts.
② He owned a shop which showed movies in the dark.
③ He owned a shop which served expensive food to customers.
④ He owned a shop which served restorative soups to customers.

〔F〕 各時代における食事の場について，[17]～[20]に入れるのに最も適当なものを，①～⑧の中から1つずつ選びなさい。ただし，同一の語は1回ずつしか使用できないものとします。

Place	What they served	Who visited
[17]	[18]	travelers
cafés	coffee and food	[19]
soup shops	restorative soup	[20]
modern restaurants	all types of food and drinks	

① Roman ruins　② courts
③ inns　④ writers and their friends
⑤ cooks　⑥ people who are tired or sick
⑦ simple meals and drinks　⑧ menus

〔G〕 本文の内容と一致するものを，①～⑥の中から2つ選びなさい。 [21] [22]

① In the 17th century, cafés started to serve food ordered by customers.
② The origin of restaurants goes back as far as that of civilization.
③ Before restaurants appeared, French cooks were allowed to serve various meals.
④ At the end of the 18th century, in a restaurant in Paris, customers could not order what they wanted to eat.
⑤ Because Boulanger lost in court, the modern restaurant was born.
⑥ We can now find restaurants that provide not only food but also entertainment.

Ⅲ 次のページのレストランのメニューを読み，次の問い(問1～3)の[23]～[25]に入れるのに最も適当なものを，①～④の中から1つずつ選びなさい。

問1 According to the menu, it is not possible to [23].
① drink a bottle of Mule Light Beer at lunchtime
② get three Narashino Set Meals for the price of two
③ have a burger, French fries and salad for $4.99
④ have two Narashino Set Meals delivered to your house in Narashino postal district

問2 Which of the options below is the cheapest ? [24]
① A Hawaiian Burger with a bowl of tomato soup.
② A Popeye Burger Narashino Set Meal.
③ A large Tropical Salad with French dressing and a regular tea.
④ A glass of Mule Light Beer and a large tuna salad.

問3 Judging from the menu, it is not likely to happen that [25].
① meals will be delivered to your house in 45 minutes
② a person will order Narashino Set Meals and a Popeye Burger at the same time
③ a group of high school students will order Family Meals
④ they will serve fresh fruit juice after 7:00 p.m.

NARASHINO BURGERS

Delicious hand-made burgers! We only use 100% organic [*1] ingredients!

BURGERS All burgers are served with hand-cut French fries and a small side salad

Popeye Burger	$5.99
Hawaiian Burger	$6.50
Classic Burger	$4.99
Double Burger	$6.00
Deluxe Burger	$7.50

SALADS Salad Dressings: French / Blue Cheese / Low-Calorie

	Medium	Large
Mixed Salad	$3.50	$5.00
Chicken Salad	$5.00	$7.00
Tuna Salad	$5.00	$7.00
Tropical Salad	$6.00	$8.50

SOUPS

	Cup	Bowl
Vegetable Soup	$2.50	$3.50
Creamy Corn Soup	$2.50	$3.50
Spicy Tomato Soup	$2.50	$3.50

DRINKS Our choice of fruit juices varies depending on which fruits are in season — please ask!

Herbal Tea	$2.50	
Regular Tea	$2.00	
Decaffeinated Coffee	$2.50	
Regular Coffee	$2.00	
Fresh Fruit Juice	$3.50	
Mule Light Beer	$4.00 (bottle)	$3.50 (glass)
Belgian Monk Beer	$6.50 (bottle)	

~ Note ~
alcoholic drinks are not served before 7:00 p.m.

NARASHINO SET MEALS

Any burger + any soup (cup) + any hot drink **$9.50**

FAMILY MEALS

Order two Narashino Set Meals and your child gets one for free!
(Offer applies to children under 10 years old only).

We can deliver to any address in Narashino [*2] postal district. Minimum purchase (including additional charge) $20.00. Please give us at least 45 minutes to get to you. And there is a 10% additional charge on delivered items.

[*1]ingredient 材料 [*2]postal district 郵便配達区域

Ⅳ 次の各対話文の[26]～[29]に入れるのに最も適当なものを，①～④の中から1つずつ選びなさい。

1．A : Do you have time later today to check the draft of my speech?
B : No, I'm afraid I don't have time today. I have several appointments this afternoon.
A : I see. Well...[26]
B : Yes. And please send it to me by email so I can read it before you come.
① Are you sure you can skip the appointments?
② Could I come to your office after school tomorrow?
③ Shall I make an appointment with you for today?
④ Would you kindly give me the draft to look at?

2．A : Waiter, I think you've made a mistake with my bill.
B : Really?
A : Look, [27].
B : You're right. I'll make a new bill for the correct amount.
① you should spend your money
② I always try to save money
③ I'll pay the bill later
④ you've charged me too much

3．A : How goes it in your office since your new boss arrived?
B : [28]
A : How come?
B : He always speaks ill of us behind our backs.
① Oh, his work is excellent, and he is loved by everyone.
② It's terrible! Everyone hates him.
③ Only so so. He is paid so much attention to.
④ Splendid! He has the ability to do the job, and is nice to everyone.

4．A : Excuse me, but would you tell me the way to the city hall?
B : Certainly. Take a left at the bank and keep going down four blocks. You can find it on your right.
A : [29]
B : You can manage if you hurry.
① Are you sure I can find the building easily?
② How long do you think it'll take to walk there?
③ Do you think I can get there in ten minutes?
④ What if I should miss it?

V　次のTetsuyaとMinamiの会話を読み，後の問いに答えなさい。

Tetsuya : We haven't seen a movie in a while. There are some great films this week at the NN Theater.

Minami : Let's see this one! The movie shows a beautiful snow-covered part of Denmark. There's an afternoon showing, too.

Tetsuya : I've seen it twice already! You should watch it, though.

Minami : I will. What about this movie? It's another foreign film, and it sounds like a nice family story.

Tetsuya : Great, let's meet for dinner and see the later show.

Minami : Perfect. Do you want to see this movie, too? It's a love story, but it's also really funny. My friend Atsuko saw it.

Tetsuya : It looks great, but I shouldn't. I'm seeing this movie the next night. My friend Greg and I are going to the last show! Do you want to join us?

Minami : I love movies about outer space, but that's too late.

Tetsuya : That's OK. I understand.

Minami : But I'm looking forward to Thursday.

Tetsuya : Me, too!

NN Theater Schedule, May 4-7

	Thursday	Friday	Saturday	Sunday
Movies	The Kite	Happy Heart	Planet ZZ7	Ice Poem
Series	Iranian Films	Romantic Comedies	Sci-Fi Movies	Danish Films
Stories	A little girl builds a kite with her grandfather.	Two friends fall in love.	Astronauts find a strange planet.	Winter falls on a small town.
Showings	7 p.m. / 9 p.m.	7 p.m. / 9 p.m.	7 p.m. / 9 p.m.	2 p.m. / 7 p.m.
Special gifts	Free sodas	Free popcorn	Free movie posters	20% discount on movie postcards

問1　What is the subject of the movie Minami will see by herself?　30

① A little girl builds a kite.　② Astronauts find a planet.

③ Friends fall in love.　④ Winter falls on a town.

問2　Which movie showing will they see together?　31

① Happy Heart at 7 p.m.　② Happy Heart at 9 p.m.

③ The Kite at 7 p.m.　④ The Kite at 9 p.m.

問3　What will be available when Tetsuya sees a movie with Greg?　32

① A discounted item　② A free item

③ Free drinks　④ Free food

Ⅵ　次の文中の 33 ～ 36 に入れるのに最も適当なものを，①～④の中から1つずつ選びなさい。

1．Can you give me 33 for a ten-dollar-bill?
① change　② cash　③ money　④ coin

2．The meaning of 34 is used to describe someone who is paid to work for a person or company; usually when they work for wages or a salary.
① customer　② foreigner　③ employee　④ student

3．Janet is a 35 . She works for a newspaper. She often visits other countries and writes stories about them.
① journalist　② designer　③ guard　④ coach

4．If you are a 36 , you are traveling in a train, plane, boat etc., but are not driving it or working on it.
① captain　② conductor　③ pilot　④ passenger

Ⅶ　次の〔A〕,〔B〕の問いに答えなさい。

〔A〕 次の文中の 37 ～ 40 に入れるのに最も適当なものを，①～④の中から1つずつ選びなさい。

1．In summer, meat 37 bad soon.
① makes　② comes　③ goes　④ has

2．Would you like 38 that work?
① me to do　② to do to me　③ to me do　④ to me to do

3．"Most people can't speak English." means almost the same as " 39 people can speak English."
① No　② Much　③ Neither　④ Few

4．I spent several years in America, 40 I can't speak English well.
① so　② despite　③ yet　④ also

〔B〕 次の各文の下線部には誤りが1ヶ所ずつあります。その部分の番号を，①～④の中から1つずつ選びなさい。

1．You ①shouldn't trust ②a person ③who past you know ④nothing about.　41

2．Why ①don't you write ②down his phone number before you ③don't ④forget it?　42

3．Father ①told me that ②you ③had to clean ④up my own room.　43

4．Tokyo is ①larger ②in population than any ③another ④city in Japan.　44

Ⅷ 次の日本文の意味になるように，下の語(句)を並べかえて文を完成させなさい。ただし，各語群には1つずつ不要なものが入っています。また，文頭に来る語も小文字にしてあります。解答は[45]～[50]に入る番号のみを答えなさい。

1．間違いを恐れずに英語を話せるようにしたらよい。

I advise you to speak [ ] [45] [ ] [ ] [ ] [46] [ ].

① afraid　② without　③ being　④ English
⑤ making　⑥ of　⑦ mistakes　⑧ to make

2．彼らの5分の1は，まだそのスタジアムに行ったことがないそうです。

They say [ ] [47] [ ] [ ] [ ] [48] [ ] [ ] the stadium.

① one　② been　③ five　④ to　⑤ them
⑥ have　⑦ never　⑧ of　⑨ fifth

3．その花は夏の間どれくらいの頻度で水をあげればいいですか。

[ ] [49] [ ] [ ] [50] [ ] the summer?

① gave　② often　③ watered　④ the flowers
⑤ during　⑥ how　⑦ are

とによって、人間の移ろいやすい感情を表現している。

② 自分自身を多くの花の中の一本にたとえることによって、本当の思いを悟られないように隠してきた様子を表現している。

③ 男である自分をか弱い花にたとえることで、本来人前で泣くことが許されない武士が嘆いている様子を表現している。

④ 一族の思いを一身に受け止めていく自分を千草の中に一つだけ咲く花にたとえることで、並々ならぬ覚悟を表現している。

問六　Ⅲの歌の［　］に当てはまる語句はどれか、最も適当なものを選びなさい。**解答番号** 34

① 背けど　② 待てども
③ 咲けども　④ 忍べど

問七　Ⅳの歌の傍線（D）「袖ぞ露けき」とはどのような様子か、最も適当なものを選びなさい。**解答番号** 35

① 袖で花の露を払い湿ってしまった様子。
② 緊張からくる汗が袖にしみている様子。
③ 自分の流した涙で袖がぬれている様子。
④ 酒をこぼして袖がぬれてしまった様子。

問八　本文の内容を説明したものとして、最も適当なものを選びなさい。**解答番号** 36

① 人生経験の豊富な女房が自分の身の上話を交えつつ、兄弟のいずれかが娘と結婚して共に鎌倉で暮らすよう言葉巧みに説得する様子が書かれている。

② 皆が同じように泣く様子が描かれるが、それぞれ異なる悲嘆を胸に行動していたことが、和歌のやりとりから明らかになるように構成されている。

③ 女房が曾我兄弟に肉親の死を語るのは、多くの人に伝えることで死者の魂を鎮めるためであり、当時の仏教的死生観が色濃く反映されている。

④ 登場人物が「花」という同一の題材を意識しながら歌を詠んでいくことによって、互いの感情に寄り添い、深く共感していく様子が描かれている。

Ⅳ もとよりも嘆きの花の色を見て我もろともに袖ぞ露けき(D)
早くから嘆きという木の花の色を拝見していましたから、私もいっしょに

各々、語り慰みて、旅の思ひ出にぞなしにける。

(『曾我物語』より)

(注)＊なさぬ仲……義理の親子の間柄をいう。
＊唐の陽亭……中国王朝の皇帝のことか。
＊我が朝……日本のこと。
＊柴田の玉若……柴田という土地にいた若い男。
＊山鹿の姫……山鹿という土地にいた女性。
＊山賤……身分の低いもの。
＊益荒が旧床……身分の低い男性の古びた寝床。
＊直垂……男性の着物。
＊提……酒を注ぐための器。

問一 二重傍線(ア)・(イ)の本文中の意味として、それぞれ最も適当なものを選びなさい。

(ア)「いとほしき」 **解答番号** 27
① 気の毒な ② 立派な
③ 情けない ④ 無駄な

(イ)「後れし」 **解答番号** 28
① 劣っていた ② 嫌われた
③ 先立たれた ④ 後悔させた

問二 波線(X)「袖を顔に当てければ」・(Y)「さらぬ体にもてなして」は誰の動作か、それぞれ最も適当なものを選びなさい。

(X)は**解答番号** 29 ・(Y)は**解答番号** 30
① 十郎 ② 五郎
③ 女房 ④ 娘

問三 傍線(A)「それ」が指示する内容として、最も適当なものを選びなさい。**解答番号** 31
① 自分を虐げた継母をずっと恨み続けてきてしまったこと。
② 家族の中で自分だけ生き延びてしまったこと。
③ 夫と子を殺した者の死を知って喜んでしまったこと。
④ 死によって苦しみから解放されようと願ってしまったこと。

問四 傍線(B)「鎌倉中にて御物笑ひの種ともなし給へ」とあるが、なぜこのように言うのか、最も適当なものを選びなさい。

解答番号 32
① 貧しい田舎の暮らしはあまりに悲惨であるため、鎌倉に帰っても冗談めかした話として扱ってほしくないから。
② 田舎者の世話になったと鎌倉の人たちに知られては笑われてしまうので、用心してほしいと思ったから。
③ 寂れた宿であるために大したもてなしもできないが、悪い夢を見たとあきらめて笑って許してほしいから。
④ むなしい恨みにとらわれるかわりに、この宿で過ごしたことを楽しい思い出として語ってほしいから。

問五 Ⅰの歌の傍線(C)「千草の花に身をなして」とあるが、この表現の内容を説明したものとして、最も適当なものを選びなさい。

解答番号 33
① 自分の思いを様々な種類の花が咲いている様子にたとえるこ

ものを選びなさい。**解答番号** 26

① 海岸沿いの場面では、「空」の色の変化を丹念に描写することで、親密だった姉妹の関係性が変化していき、次第に互いの心が離れていく未来を暗示している。

② 「貝殻」や「ピアニカ」といった具体的な事物を通して、姉妹それぞれの考え方を鮮明にすることで、はるかの視点から見た世界をより実感的に読者に伝えている。

③ 教室の場面では、「唇を引き結ぶ」や「目を瞬く」など、表情を繊細に描写することで、言葉にしなくても思いを通わせることのできる姉妹の間柄を印象づけている。

④ 第三者の視点で姉妹それぞれの様子を描きつつ、過去と現在の場面を交錯させて描くことで、物語が進むにつれて姉妹がきずなを深めていく過程を重層的に表現している。

四

次の文章を読んで、後の問いに答えなさい。（なお、本文中の和歌の一部には注釈を施してある）

> 『曾我物語』は、幼いころ父を殺された曾我十郎、五郎兄弟が、父親の敵討ちを成し遂げようとする物語である。本文は、曾我兄弟が敵討ちの相手を追って行った先で宿を借りた際、宿の女房と若い娘と共に酒宴を開き、語り合う場面である。

その後、酌をば娘に渡し、座席に居直りて語りけるは、「世の中に物思ふ者多く侍れども、妾に過ぎたる者よもあらじ。その故をいかにと申すに、幼少の時は、継母に憎まれ、*なさぬ仲の悲しみ絶えざりき。盛りなる時は、夫の命に背かじと朝夕営み侍りし中に、男子一人、女子一人、儲けし。妾が年三十七の時、夜討のために夫と子を失はれ、その嘆きいまだ止まざりしに、去々年、不慮に敵の首を目前に見ることあり。(A)それも今思へば罪業ぞかし。由なき事を思ひけり。今はただ念仏の一遍なりとも申して、亡き人どもの為にと存じてこそ過ぎ行き侍へ。かたがたの御有様を見参らするに、(ア)いとほしき御事にこそ侍へ。『*唐の陽亭、父に別れて泣きし涙、時雨の森に留まりし』と承る。《中略》*我が朝にては、*柴田の玉若が父に別れし悲しみ、*山鹿の姫が母に(イ)後れし嘆きも、皆これ、夢幻の恨みにて、さてこそ過ぎ侍ひし。

それよりただ御酒うち召して、御心を取り延べさせ給ひて、御帰り候ひて後、田舎の*山賤が住居、*益荒が旧床の有様も、(B)鎌倉中にて御物笑ひの種ともなし給へ」と言ひながら、(X)袖を顔に当てければ、兄弟も共に涙ぐみてぞ見えける。

十郎、

Ⅰ　嘆きこそ(C)千草の花に身をなして忍べど色は顕れにけり

五郎も*直垂の袖を顔に当てけるが、(Y)さらぬ体にもてなして、

Ⅱ　紅の末摘花の色見えて物や思ふと人の問ふかな

（紅花の色がそれとはっきり分かるように私の嘆きも顔色に表れて、何を思いに沈んでいるのだと人に問われることよ）

女房これを聞きて、「さればこそ、物思ひ給ふ人々にておはしけり」とて、

Ⅲ　野辺に立つ千草の花の色なれば［　　］終に顕れにけり

娘も、持ちたる*提を膝より下にさし置きて、

① はるかは妹であるうみかのことを普段から気遣っているのに、うみかは姉であるはるかの言うことをまったく聞かずに、自分勝手に振る舞っているから。

② はるかは人付き合いを大切にしているのに、うみかは周囲との関係に対して無頓着に見え、その影響ではるかまで不本意な評価を受けていると考えるから。

③ はるかは大人数で行動することを好んでいるのに、うみかが一人で行動することを好んでいるために、はるかまで仲間外れにされることがあるから。

④ はるかの社交的な性格のおかげで、うみかは自分から人間関係を構築する努力をしなくても居心地よく生活しており、その境遇を羨ましく思っているから。

問五　傍線（E）「ピアニカの側面に書かれた平仮名のうみかの名前が、私たちの間で間抜けに浮き上がって見えた」とあるが、ここではどのようなことを表現しているか、最も適当なものを選びなさい。**解答番号** 24

① 互いに良かれと思って取った行動がそれぞれの意図と違う結果になったことを明らかにするとともに、人との関わり方においても自分なりの考えを持つうみかの性格を表現している。

② はるかにうそをついてまで姉の立場を守ろうとしたうみかの行動を見て、これまで思い描いていた姉妹のあり方が独りよがりなものであったとはるかが気づいたことを表現している。

③ はるかの過失によって二人の関係が取り返しのつかないほど悪化してしまった事実を浮き彫りにするとともに、その事実を突きつけられてぼう然とするはるかの心情を表現している。

④ 言葉や行動が素直すぎるあまり周囲から冷ややかな目で見られているうみかの状況をはっきり示すことで、互いに相手のことを思いやる余裕を持てない二人の未熟さを表現している。

問六　傍線（F）「一緒に練習しよう」とあるが、はるかがこのように言ったのはなぜか、最も適当なものを選びなさい。**解答番号** 25

① 逆上がりの問題へ話題を変えることで後ろめたさから目をそらし、頼もしい姉としての振る舞いを見せて、自分のプライドを保とうと考えたから。

② 自分の都合でうみかを振り回したことに罪悪感を抱き、うみかに償いをしたい思いが抑えきれず、言葉だけでなく行動で示して謝ろうと考えたから。

③ うみかの融通が利かない性格を痛ましく感じるとともに、うみかの成長を支えることができるのは自分しかいないという使命感を抱いたから。

④ ピアニカをめぐるうみかの行動をきっかけに、周囲との関係の中で孤立することがないように、うみかのそばで手助けしてあげたいと思ったから。

問七　本文の内容と表現上の特徴を説明したものとして、最も適当なをさせられる姿と重なって、私の胸を締めつけた。

うみかをバカになんかさせない、と強く感じたのだ。

（辻村深月『1992年の秋空』より）

（注）＊『科学』……かつて学研教育出版から刊行されていた小学生向けの学習雑誌。理科と算数を中心とする『科学』と、国語と社会を中心とする『学習』の二種類が刊行されていた。

問一　傍線（A）「私は、うみかの名前が羨ましかった」とあるが、はるかがそのように思うのはなぜか、最も適当なものを選びなさい。**解答番号** 20

① うみかは物事や人間関係に対する想像力に秀でており、名前の優しい響きからもその人柄を感じられるから。

② 遮るもののない壮大な海のイメージを持った名前の方が、姉の名前として、ふさわしいように感じられるから。

③ うみかの論理的な思考を得意とする冷静さが、名前に含まれる冷たいイメージからくるように感じているから。

④ はるかにはうかがい知れない部分のあるうみかの性質が、名前の印象と一致していて魅力的に感じているから。

問二　傍線（B）「我ながら恥ずかしいセリフだったから、私は言い直さずに下を向いた」とあるが、ここからうかがえるはるかの性格はどのようなものか、最も適当なものを選びなさい。

解答番号 21

① 繊細な感性を持ち、自らが感じたことを詩的に表現できる一方で、自分の姿が相手にどのように映るかを気にする性格。

② 情緒豊かなあまり、その時々の気分に流された行動を取りがちで、意識せず周囲に自分の思いを押しつけてしまう性格。

③ 周囲の共感が得られずに自分が傷つくことを恐れるあまり、発言を避けて他者との関わりを持とうとしない消極的な性格。

④ うみかと比較され自信をなくしている姿を見せまいとして、身近な人と接するときは本心を隠そうと取りつくろう性格。

問三　傍線（C）「頭の奥で真っ白い光が弾けた」とあるが、この時のはるかの心情を説明したものはどれか、最も適当なものを選びなさい。**解答番号** 22

① 普段から感じていた自分の精神的な幼さをうみかから指摘されて、妹の方が優秀である事実からくる劣等感に耐えられなくなっている。

② 自分の怒りを察してもらえず、会話が成り立たないことへのいら立ちから、鈍感なうみかに対して不満をあらわにしている。

③ 砂浜での感傷的な気分を共有したいと思っていたのに、科学的な視点から淡々とうみかに反論されて、怒りを抑えきれずにいる。

④ うみかから高圧的に旅の感動を否定されたことで、うみかの生意気な態度を受け止めきれなくなり、とまどいを隠せずにいる。

問四　傍線（D）「不公平だと思う」とあるが、はるかがこのように思うのはなぜか、最も適当なものを選びなさい。**解答番号** 23

肌でひしひし感じてる。それってたぶん、「うみかのお姉ちゃん」だからだ。うみかはひょっとしたら、自分のクラスでも私にするように言い返したり、素直じゃないのかもしれない。

(D)不公平だと思う。

一つしか年の差がないせいで、よく体育の授業が一緒になるけど、学年で組んでやるバスケのパス練習でも、私とやりたがる子は五年にはほとんどいない。だからといって、姉妹で組んで練習することぐらい気まずいことはないから、私は、そういう時にはなるべくうみかと視線を合わせないようにしてる。

外されたり、嫌われたりしてるわけじゃない。

だけど、うちの妹は、たぶん激しく浮いている。

《中略》

うみかは捉えどころがない。

ピアニカを忘れた、その日もそうだった。五年の教室を訪ねて貸してくれるように頼むと、うみかが少しだけ不思議そうな表情を浮かべた。きょとんとしたような、息を呑むような。

だけどすぐに「わかった」と頷いて、水色のピアニカケースを持ってきてくれる。

ひょっとして、ピアニカのホースで間接キスになるのが嫌なのかもしれない。だけど、別にいいじゃないか、姉妹なんだから。他の学年にどれだけ仲がいい友達がいたって、さすがにピアニカは借りられないだろうけど、姉妹だったらそれができる。私は得した気分だった。

びっくりしたのは、授業の後、借りたピアニカを返しに行った時だった。うみかの近くにいた五年生が「あれ、うみかちゃん、ピアニカあったの?」と私たちに声をかけてきた。

「忘れたんだと思ってた。お姉ちゃんが持ってきてくれたのに、間に合わなかったの?」

「うん」

頷くうみかは落ち着いていた。(E)ピアニカの側面に書かれた平仮名のうみかの名前が、私たちの間で間抜けに浮き上がって見えた。私は自分のミスを悟る。あの不思議そうな表情の意味はこれか。

「――同じ時間、だったの?」

「そう」

「言ってくれればよかったのに」

「だって」

短く答えるうみかの口調に怒っている様子はなかったけど、それがよりいっそう私にはこたえた。ピアニカを忘れてみんなの間に黙って座る妹を想像する。六年の教室からも、きっと私たちのピアニカの音が聞こえてきたはずだ。その音を聞きながら、下の階で座り続ける気持ちはどんなものだっただろう。

唇を引き結ぶと同時に、胸の奥がきゅっと痛んだ。素直に言葉で謝ることができないほど、気まずかった。

「逆上がりの練習、してる?」

尋ねていた。うみかがぱちくりと目を瞬く。

私は逆上がり、得意だった。

(F)「一緒に練習しよう」

罪滅ぼし、という意識はそれほどなかった。ただ、一人きりみんなのピアニカ練習を見つめる妹を想像したら、それが逆上がりの居残りなかったはずだ。

「この貝、どのぐらい深いとこに沈んでたのかな。なんで、海の音がするんだろう。貝が記憶して一緒に持ってくるのかな。だとしたら、テープレコーダーみたい」

うみかにも聞かせたくて、貝を手渡す。貝を耳に当てたうみかは、私と同じようにしばらく音を聞いた後で「お姉ちゃん」と呼びかけてきた。

「何？」

「貝の中から聞こえる音は、海の音じゃなくて、自分の耳の音なんだよ」

うみかはにこりともしていなかった。

「よく、貝殻から海の音が聞こえるっていうけど、それを出してるのはお姉ちゃん自身。保健室で、耳の断面図の写真見たことない？耳って、かたつむりの殻みたいな蝸牛(かぎゅう)って器官があるんだ。あの中、聞いた音を鼓膜から脳に伝える役割をする体液が入ってるんだけど、それ、波みたいに揺れて動くんだって。お姉ちゃんが聞いたのは、その、蝸牛の体液が動いて認識した音だよ。普段は小さくて聞こえないんだけど、貝殻にぶつかると耳に跳ね返って聞こえる。――だからこの音は海の音じゃないし、貝殻の記憶でもないよ」

浮かべていた笑みが強張(こわば)って、表情が固まる。うみかが私を見て「その音は――」と続けようとしたところで、(C)<u>頭の奥で真っ白い光が弾(はじ)けた</u>。

猛烈に腹が立った。無言でホテルの方に歩き出す。急に引き返した私を、うみかがびっくりしたように追いかけてくる。

「待ってよ。どうしたの、お姉ちゃん」

「知らない！」

実際、どう言えばいいのかわからなかった。

「あ、貝殻……」

うみかから「返すね、はい」と渡されても、受け取る気がしなかった。

うみかはいっつもそうだ。こういうところが生意気だ。私が何か言うと必ず言い返してくるし、そのことで私が怒っても、自分の何が悪いのかわかってない。他の子の妹はみんな、お姉ちゃんの言うことは素直に聞いてるみたいなのに。

学校で、うみかに特定の仲良しがいるふうじゃないことを、私が気にしてることだって、きっと気づいてない。

あの子の学年の子は、誰もうみかを悪く言ってる様子はない。むしろ「うみかちゃん、おもしろい」って受け入れてる。だけど、教室移動も、トイレに行く時も、姿を見かける時、うみかはいつも一人だ。

うちの学校は小さくて、どの学年もだいたい一クラスか、多くて二クラス。全校生徒がなんとなく互いの顔をわかり合ってる環境の中で、兄弟や姉妹が他の学年にいることの意味は大きい。人気がある子のお姉ちゃんはそれだけで妹の学年から慕われるし、地味な子のお姉ちゃんは、きっと自分の学年でも妹と同じで冴(さ)えないんだろうなって目で見られる。

私は、六年の自分のクラスでは目立つ方だし、スポーツ少年団でバレーやってるせいか友達も多い。誰とでも話せる方だと思うけど、うみかのいる五年の子たちからはなんとなく人気がないらしいことを、の中でどのような経緯で生まれ、何を伝えたかったかを知ることができ、それにより自らの視野が広がっていくような営み。

③ これまで知らなかった土地の文化に触れ、その土地の人々を理解していくにしたがって、最初は聞きなれないと思った音楽に創意工夫を感じることができ、自らの音楽表現を高めていく営み。

④ これまでの価値観ではとらえきれない不快な音楽は、自分の属する歴史や文化にこだわっていては理解できないので、過去の考え方を捨て去って別の文化に同化する覚悟が必要な営み。

三

次の文章を読んで、後の問いに答えなさい。

去年の夏、家族で海に行った。

海岸沿いのホテルに泊まって、両親と私たち、家族四人で夜の浜辺を散歩した。夕日のオレンジ色がだんだんと藍色に押され、空が夜になっていく。遮るもののない視界いっぱいの海と空を見上げていると、いつの間にか、うみかが横に来ていた。

実を言うと、(A)私は、うみかの名前が羨ましかった。

はるかとうみか。似てる名前だけど、一つだけで見た時に、はるかは普通の名前で、うみかの方が個性的でかわいい感じがした。うみかの名前の中には「海」がある。暗い夜の海とうみかは、よく似合ってる。

普段から『科学』*派で、宇宙に関する本だっていっぱい読んでる妹は、私より、今もずっとたくさんのことを考えて、感動しながら星空を眺めているかもしれない。そう考えたら、迂闊(うかつ)に声をかけてはいけない気がした。少し迷ってから、ようやく「いいね」と話しかけた。

「きれいだね。私、絵を描く時、月を黄色く塗ってたけど、本当は白に近い金色なんだって、今、気づいた」

遠い場所に来たことで、ビー玉を散らしたようにきれいな夜空は、自分の家から見る空と違って『宇宙』なのだとはっきり思えた。波の音がしていた。

「空っていうと普通、昼間の水色の空を想像するけど、それって実は薄い膜みたいなもので、こっちの夜の色の空が地球を包んでる本当の空なんだって思えるね。不思議。暗いけど、怖くない。暖かい感じがする」

旅の興奮と、日中海で泳ぎ疲れたことと、何より家族と一緒にいるという気のゆるみが、いつになく暗闇を身近に感じさせてくれた。

うみかが「え?」と短く声を上げ、私を見た。聞き取れなかったのかもしれない。(B)我ながら恥ずかしいセリフだったから、私は言い直さずに下を向いた。

砂浜には、作り物みたいにきれいな形をした貝殻がたくさん落ちていた。ザリガニのハサミのように表面がごつごつした巻き貝を手に取る。耳に当て、そして「うわぁ」と声を上げた。

「海の音がするよ、うみか」

ピンク色につやつや光った貝の内側から、水の底で聞くような遠い音が流れ込んできた。自分がとても贅沢(ぜいたく)なことをしている気分になる。だって、貝が沈んでいた海底では、こんなにはっきりと星は見え

② 同じ時代の人々の間でしか理解されない音楽の状況を表した言葉であり、引用で述べられている長い時間をかけて共有されてきた状況とは異なるものとして、否定的な見方を明示している。

③ 音楽が生まれるために必要な歴史や文化など様々な要素を指す言葉であり、何を重要とするかは人それぞれ異なるため、意味が限定されないように抽象度の高い表現に言い換えている。

④ ある音楽が生み出されるためには、その土地の人々や環境と結びついていなければならないという筆者の主張を含意した言葉であり、特別な意味を込めていることを示している。

問四　傍線（C）「音楽だけを真空状態で聴くことは出来ない」のはなぜか、最も適当なものを選びなさい。**解答番号** 17

① たとえ本来の文化から離れて、別の空間で聴かれることになっても、その音楽が作られた時の文化的な意味は失われることなく、影響を及ぼすから。

② たとえ歴史や文化から完全に切り離されたとしても、音楽は個人の美意識によって様々な解釈が可能であり、その価値が損なわれることはないから。

③ たとえその音楽が生まれた文化とは別の時空で聴かれたとしても、聞き手を取り巻く文化や思考を元にして、様々な形態で受容されることになるから。

④ たとえ本来の意図とは異なる演奏や聴き方をされても、普遍性を持つ音楽作品であれば、時空を越えて共感を呼び起こすものであるはずだから。

問五　傍線（D）「現代の音楽状況をひどく複雑なものにしている、特殊な事情」とあるが、「特殊な事情」の説明として、最も適当なものを選びなさい。**解答番号** 18

① 聴衆の価値観が一つにまとまっていた頃とは違い、それぞれがどのような基準を重視するかに応じて作られた集団の中で、音楽を楽しむことが可能になったということ。

② インターネットなど通信技術の発達によって、様々な文化が一つの方向性にまとまるようになり、音楽は空間を超えたコミュニケーションが可能になったということ。

③ 現代の音楽は様々な文化的背景が混在しており、異なる技法や制度を知らないまま、無自覚に自分たちの好みだけで音楽を聴くことが不可能になったということ。

④ 多様な音楽文化が生まれたことで、それぞれの土地に根差した音楽という考え方が希薄になり、元々背景にあった固有の文化をとらえることが不可能になったということ。

問六　傍線（E）「未知なる他者を知ろうとする営み」とはどういう「営み」か、その説明として最も適当なものを選びなさい。**解答番号** 19

① 自分の好みと合わない音楽文化に遭遇したとしても、いつかは理解できると耐えることで、自らの文化との共通点を見出し、互いの特長を取り入れた多様な音楽性を獲得できるような営み。

② 自分とは異なる立場に身を置くことで、ある音楽が他者集団

＊ショパン……ポーランド出身の作曲家・ピアニスト。
＊涵養……ゆっくりと養い育てること。
＊アーカイヴ……重要な記録や文書を保管すること、また保管する場所のこと。
＊バイヤール……フランスの精神分析家・文芸評論家。
＊第一章で触れたセロニアス・モンクの演奏……セロニアス・モンクはアメリカのジャズ・ピアニスト。第一章ではモンクの即興性を重視した演奏にクラシック・ピアノの教育者が批判的な印象を抱いたことが述べられている。
＊バベルの塔……旧約聖書に登場する巨大な塔。天まで到達する塔を建造しようとした人間に怒った神は、人間の言葉をばらばらにし、意思疎通ができないようにしてしまった。

問一　二重傍線（ア）～（ウ）の本文中の意味として、それぞれ最も適当なものを選びなさい。

（ア）「前衛」**解答番号** 12
① これまでの伝統を守ろうとする古典的な手法
② それぞれの時代の流行を取り入れた大衆向けの営み
③ 時代を越えて評価される普遍性を目指す取り組み
④ 既存の形式にとらわれない思想や技法による試み

（イ）「妙味がある」**解答番号** 13
① 説明できない奇抜さが生まれる
② 本当の面白さが感じられる
③ 本来の性質があらわれる
④ 様々な感慨が入り混じる

（ウ）「恣意的」**解答番号** 14
① 自分勝手な考えで物事を進めていくさま
② 相手に対して悪意を持って行動するさま
③ 自由な考えで特定の立場にとらわれないさま
④ 秩序や道徳から著しく逸脱しているさま

問二　傍線（A）「実はそんなに難しい話ではない」とあるが、なぜ「難しい話ではない」のか、最も適当なものを選びなさい。
解答番号 15
① 音楽に対する詳しい知識がなくても、身近な歴史や文化に照らし合わせて分かりやすいものに変換していく能力を持っているから。
② 普段音楽を聴くときに、自然と湧いてくるどこの誰が作ったかという素朴な疑問は歴史的文化的な理解の端緒ともいえるから。
③ 歴史的文化的背景についてまったく知らないことで、先入観を持たずに、未知の音楽の本質に興味を向けることができるから。
④ どこでどんな音楽を聴いても、人は音楽に潜む歴史・文化文脈を探し出し、既知の情報を塗り替えたいという欲求に駆られるから。

問三　傍線（B）「『場』」とあるが、この表現の説明として、最も適当なものを選びなさい。**解答番号** 16
① 音楽が特定の文化によって生まれるその瞬間を意味した言葉であり、作り出された現場を離れてしまうと本来持っていた臨場感が損なわれるということを読者に印象付けている。

てみる。それは未知の世界からのメッセージだ。すぐには分からなくて当然ではないか。快適な気分にしてもらうことではなく、「これは何を言いたいんだろう?」と問うことの中に意味を見出す、そういう聴き方を考えてみる。「音楽を聴く」とは、初めのうち分からなかったものが、徐々に身近になってくるところに(イ)妙味があると、考えてみるのだ。こうしてみても初めのうちは退屈かもしれない。音楽など自分と波長の合うものだけをピックアップして、それだけを聴いていればいい――それも一つの考え方だろう。だが「徐々に分かってくる」という楽しみを知れば、自分と波長が合うものだけを聴いていることに、そのうち物足りなくなってくるはずである。これはつまり自分がそれまで知らなかった音楽文化を知り、それに参入するということにほかならない。

　確かに忍耐の要る作業ではあろう。「異文化に参入する」とは「文化の作法を知る」ということである。たいして根拠もない煩雑な拘束ばかりあるように感じられて、最初のうちは煩わしくて仕方ないかもしれない。例えば日本の家屋に土足で入ってはならないし、和食をフォークで食べてはならず、刺身にソースをかけてもいけない。同様のことが音楽においても絶えず起きるはずである。ある集団はポリーニが弾くショパンの作品二五―二の「タラ、ララ、ララ」に激昂(げっこう)し、別の集団は熱狂する。ある集団はモンクのドタ足のタッチを賞賛し、別の集団は眉をしかめる。これらはすべて(ウ)恣意的な約束事(場合によっては部外者を排除するただの意地悪)に思えて、なぜそんなものに従わなければならないのか、バカにされたような気になることもなろう。「どちらでも別にいいじゃないか」――それはそうだ。だが初めは理解出来ずとも、まずはそれに従ってみることによって、徐々にさまざまな陰影が見えてくることもある。それらの背後には何らかの歴史的経緯や人々の大切な記憶がある。このことへのリスペクトを忘れたくはない。「こういうものを育てた文化=人々とは一体どのようなものなのだろう?」と謙虚に問う聴き方があってもいい。歴史と文化の遠近法の中で音楽を聴くとは、(E)未知なる他者を知ろうとする営みである。

(岡田暁生(あけお)『音楽の聴き方』より)

(注)
＊ダナ・アーノルド……イギリスの美術史家。
＊アドルノ……ドイツの哲学者・社会学者・音楽評論家・作曲家。
＊シェーンベルクの無調音楽……シェーンベルクはオーストリアの作曲家・指揮者・教育者。音階の中心となる音の存在しない無調音楽を試みた。
＊一縷……ごくわずかであること。
＊小沼純一……日本の音楽・文化批評家。
＊「上を向いて歩こう」……坂本九のヒット曲。「SUKIYAKI」というタイトルでイギリスやアメリカでも大ヒットした。
＊バブル……バブル景気のこと。一九八六年頃から一九九一年頃までに日本で起こった好景気のこと。
＊サントリーホール……東京都港区赤坂にある、クラシック音楽専用に設計されたコンサートホール。
＊マーラー……オーストリアの作曲家・指揮者。
＊コラージュ……絵画の技法の一つ。印刷物、布、針金など様々なものを作品に貼り付けて構成する。
＊ポリーニ……イタリアのピアニスト。

リンやピアノを日本や東南アジアでメンテナンスすることの大変さは、しばしば耳にはいってくることでもあります」。

音楽とは特定の文化の中で時間をかけて形成されてきたもの、そこでしか生まれえないものであり、つまり常に「どこかから来た音楽」なのだ。

もちろん(B)「場」を完全な形で保存することは不可能だし、そんなことを試みるのは無意味でもある。時代が変われば、そして別の文化へ輸送されれば、歴史／文化の文脈は否応（いやおう）なしに変化する。にもかかわらず、たとえ本来の文脈から切断されて別の時空に移動されたとしても(例えば渋谷のホールで演奏されるオペラといった具合に)、またしても音楽はそこで新たな別の文化文脈に嵌（は）め込まれる。例えば*「上を向いて歩こう」がアメリカでは「スキヤキ・ソング」として受容されるとか、*バブル絶頂期に*サントリーホールで*マーラーを聴くことが東京の若者の間で流行したとかいった例は、ある音楽が異郷において*コラージュのように別文脈にはまって開花した例だ。いずれにせよ私たちは、(C)音楽だけを真空状態で聴くことは出来ない。パソコンでシミュレートされ転送される音楽だって、それこそインターネット空間という一つの「場」の中にあると言えるだろう。音楽は必ず文脈の中で鳴り響き、私たちは文脈の中でそれを聴く。歴史／文化とは音楽作品を包み込み、その中で音楽が振動するところの、空気のようなものなのである。

確かに(D)現代の音楽状況をひどく複雑なものにしている、特殊な事情というものもある。それは今日、ある音楽（音楽作品／演奏／ジャンル等々）が時空横断的に、複数の文化文脈に属しているという事実である。例えば*ポリーニの*ショパン演奏にしても、長い受容史の中で形成されてきた楽譜の背後の意味を重視する人もいれば、意味を切り捨てた機能主義的な演奏に熱狂する人もいるし、(ア)前衛音楽かコンピューター・グラフィックのようにショパンが弾かれるのを聴きたいと思う人もいよう。それぞれが時代上の異なった地点で*涵養（かんよう）された、異なる名作／名演の記憶の*アーカイヴを持ち、違った作法や制度や技法を信奉する、目に見えない共同体を形成している。*バイヤールの言う「内なる図書館」を持っているのだ。*第一章で触れたセロニアス・モンクの演奏に対する、ジャズ・ファンとクラシック・ファンの正反対の反応と同じことが、いたるところで*バベルの塔のような意思疎通の不能を惹（ひ）き起こしているわけである。こんなことはおそらく、もっと音楽文化の共同体が小さく、同じ音楽を後の時代に演奏するなどということもなく、聴衆の趣味／様式感も統一されていただろう前近代には、ありえなかった事態だろう。

であればこそ、今の時代にあって何より大切なのは、自分が一体どの歴史／文化の文脈に接続しながら聴いているのかをはっきり自覚すること、そして絶えずそれとは別の文脈で聴く可能性を意識してみることだと、私は考えている。言い換えるなら、「無自覚なままに自分だけの文脈の中で聴かない」ということになるだろう。自分が快適ならば、面白ければそれでいいという聴き方は、やはりつまらない。こうしたことをしている限り、極めて限定された音楽（＝自分とたまたま波長が合った音楽）しか楽しむことは出来ない。時空を超えたコミュニケーションとしての音楽の楽しみがなくなってしまう。むしろ音楽を、「最初はそれが分からなくて当然」という前提から聴き始め

① 北海道　② 岩手県
③ 石川県　④ 山梨県

問六　次の古典文学作品のうち、成立年代が最も古い作品はどれか、適当なものを選びなさい。**解答番号** 10

①『源氏物語』　②『宇治拾遺物語』
③『竹取物語』　④『堤中納言物語』

問七　次の漢文を書き下したとき、傍線部の漢字「足」は何番目に読むか、適当なものを選びなさい。**解答番号** 11

不レ足下為二外人一道上也。

① 三番目　② 四番目
③ 五番目　④ 六番目

二

次の文章を読んで、後の問いに答えなさい。（出題の都合上、本文の一部を省略した）

歴史的文化的に音楽を聴くというのは、(A)実はそんなに難しい話ではない。詳しい知識はなくとも、音楽を聴くとき私たちは常に、何らかの歴史／文化文脈の中で聴いている。逆に言えば、背景についてまったく知らない音楽は、よく分からないことの方が多い。例えば多くの人にとってポピュラー音楽が「分かりやすい」のは、その文脈が人々にとって身近なものだからだろうし、逆にクラシック音楽や雅楽が「難しい」のは、歴史や文化の背景がかなり遠いところにあるからだろう。私たちは美術館で絵を前にして、反射的に作者の名前を見ようとする。人によっては必ずまず作者の名を確認してから作品を見る。*ダナ・アーノルドが言うように、「美術と同様、歴史も探そうとする」。またコンサートで作曲家の名前も作品タイトルも確認しないなどという人は、まずいないだろう。そしてラジオで気になる音楽が流れていたら、最後のアナウンスまで聴いて、誰がそれを歌っていたか知ろうとするはずだ。

*アドルノは*シェーンベルクの無調音楽を、いつの日かひょっとしたら誰かがそれを読んでくれるかもしれないという*一縷(いちる)の希望とともに、ガラス瓶に入れて大海原に流されたメッセージに喩(たと)えた。無調作品だけではない。おそらく私たちにとって多くの音楽は「未知の世界からのメッセージ」であり、それを聴くことは「ガラス瓶の中の手紙を開封すること」なのだ。「どこから来たのだろう？／誰が書いたのだろう？」――「歴史的文化的な文脈の中で音楽を聴く」とは、この問いの延長線上にある行為にほかならない。

実際のところ音楽は、たとえどれだけポータブル化されようとも、それが生まれた歴史／文化の文脈から決して完全に切り離すことは出来ない。このあたりの事情を*小沼純一は、次のように説明している。

「ひとつの音楽が生まれ、何年も何年もかかって育ってゆく、その土地、その場所、その環境、というのがあるわけです。そこから切り離してしまったら多くのもの、大きなものが失われてしまう。それは、音楽が生まれ育つ共同体、共同体をつくっている成員、気候や風土、その他文化的なファクターが何重にもなっている。楽器だって、その土地でとれた植物や動物、あるいは石、土などを用いるし、乾燥させ方なども気温や湿気などと関わってきます。日本の尺八や琵琶(びわ)をアメリカやヨーロッパに持っていったときの苦労、あるいはヴァイオ

【国　語】〈五〇分〉〈満点：一〇〇点〉

一　次の各問いに答えなさい。

問一　次の（ア）～（オ）の傍線部と同一の漢字を用いるものはどれか、それぞれ適当なものを一つずつ選びなさい。

（ア）シショウから芸を受け継ぐ。解答番号 1
① ショウグンの地位につく。
② ショウニンとして裁判に出る。
③ 功労者としてケンショウされる。
④ 映画界のキョショウと呼ばれる。

（イ）フンショク決算が発覚した。解答番号 2
① 友人の態度にフンガイした。
② フンマツの薬を処方される。
③ 明るいフンイキの公園。
④ 議論がフンキュウする。

（ウ）知識は豊富だがユーモアやキチに欠ける。解答番号 3
① 悲しくてもキジョウに振る舞う。
② 箸の扱いがキヨウな人。
③ 人の心のキビに触れる。
④ 交通キソクを守る。

（エ）あらゆるハクガイ行為を許さない。解答番号 4
① ハクシンの演技に胸を打たれる。
② 物価の上昇にハクシャがかかる。
③ 彼女はハクシキで知られる人物だ。
④ ハクネツした試合展開になる。

（オ）流行性のカンボウにかかる。解答番号 5
① 体のボウエイ本能が働く。
② ボウケンの旅に出発する。
③ ビタミンがケツボウする。
④ オウボウな態度をとる。

問二　次の傍線部の語のうち、自動詞として使われているものはどれか、最も適当なものを選びなさい。解答番号 6
① 中学生として最後の行事を大きな問題もなく終えた。
② 友人が飛ばすドローンをぼんやりと眺めていた。
③ 遠くの山々は目が覚めるような美しさで輝いていた。
④ 旅行に出る家族を車で空港まで送るつもりだ。

問三　次の熟語のうち、「湯桶(ゆとう)読み」するものはどれか、最も適当なものを選びなさい。解答番号 7
① 庭園　② 手紙
③ 本棚　④ 雨具

問四　「外見や表面と内容が食い違うこと」という意味の四字熟語はどれか、最も適当なものを選びなさい。解答番号 8
① 羊頭狗肉　② 換骨奪胎
③ 本末転倒　④ 八方美人

問五　宮沢賢治は「イーハトーブ」という架空世界を創造し、そこで起きる出来事を様々な作品として書き記した。その世界に影響を与えたとされる宮沢賢治の生まれ故郷はどこか、適当なものを選びなさい。解答番号 9

2023年度

解　答　と　解　説

《2023年度の配点は解答欄に掲載してあります。》

＜数学解答＞

[1] (1) ア 7　イ 4　(2) ウ －　エ 1　オ 7　カ 1　キ 1　ク 9
(3) ケ 1　コ 4　サ 1　シ 5　(4) ス 5　セ 8
(5) ソ 3　タ 3　(6) チ 1　ツ 2

[2] (1) ア 1　イ 2　(2) ウ 4　(3) エ －　オ 2　カ 3　キ 2
(4) ク 3　ケ 2

[3] (1) ア 2　イ 5　ウ 4　(2) エ 9　オ 2　(3) カ 3　キ 4

[4] (1) ア 6　(2) イ 4　ウ 1　エ 4　オ 9　カ 0　キ 3　ク 6
ケ 8　コ 4

○推定配点○

〔1〕 各6点×6　〔2〕 (1)～(3) 各6点×3　(4) 7点
〔3〕 (1), (2) 各6点×2　(3) 7点　〔4〕 (1) 6点　(2) 各7点×2　計100点

＜数学解説＞

[1] （平方根の計算，2次方程式，方程式の応用問題，角度，確率）

(1) $(1+\sqrt{2})(1+\sqrt{8})\left(1-\frac{1}{\sqrt{2}}\right)\left(1-\frac{1}{\sqrt{8}}\right)=(1+\sqrt{2})\left(1-\frac{1}{\sqrt{2}}\right)(1+\sqrt{8})\left(1-\frac{1}{\sqrt{8}}\right)=\left\{1+\left(\sqrt{2}-\frac{1}{\sqrt{2}}\right)-1\right\}\left\{1+\left(\sqrt{8}-\frac{1}{\sqrt{8}}\right)-1\right\}=\left(\sqrt{2}-\frac{1}{\sqrt{2}}\right)\left(2\sqrt{2}-\frac{1}{2\sqrt{2}}\right)=4-\frac{1}{2}-2+\frac{1}{4}=2-\frac{1}{4}=\frac{7}{4}$

(2) $2023=7\times17^2$　$x^2-6\times17x-2023=0$　$(x+17)(x-7\times17)=0$　$x=-17,\ 119$

(3) $60=2^2\times3\times5$　$x+y+z=20$，$x<y<z$から，$x=1$，$y=4$，$z=15$

(4) オプション料金の合計は，55600－80×370＝26000　ふれあい体験だけ参加した人数は，370－32－300＝38　企画展に参加した人のオプション料金は，26000－200×38＝18400　企画展＆ふれあい体験に参加した人数をx人とすると，$50\times(300-x)+220x=18400$　$170x=3400$　$x=20$　よって，ふれあい体験に参加した人は，20＋38＝58(人)

(5) ∠EBD＝aとすると，∠ABE＝$2a$，∠ECD＝bとすると，∠ACE＝$2b$　右の図のように，ACとBDの交点をO，ACとBEの交点をPとする。∠AODにおいて，内角と外角の性質より，$23°+3a=38°+3b$　$a-b=5°$　∠APEにおいて，$x+2b=23°+2a$　$x=23°+2(a-b)=23°+2\times5°=33°$

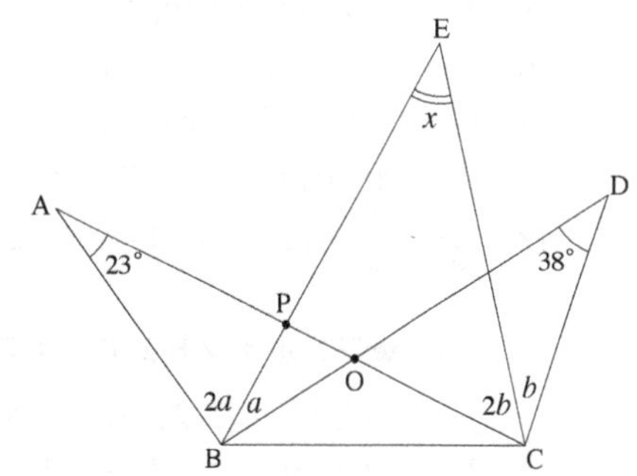

(6) 3枚のカードの取り出し方は，(1, 2, 3)，(1, 2, 4)，(1, 2, 5)，(1, 3, 4)，(1, 3, 5)，(1, 4, 5)，(2, 3, 4)，(2, 3, 5)，(2, 4, 5)，(3, 4, 5)の10通り　そのうち，3枚のカード

に書いてある数の積の一の位が0になる場合は，(1, 2, 5)，(1, 4, 5)，(2, 3, 5)，(2, 4, 5)，(3, 4, 5)の5通り　よって，求める確率は，$\frac{5}{10}=\frac{1}{2}$

[2]　(図形と関数・グラフの融合問題)

基本　(1)　$y=ax^2$に点Aの座標を代入して，$6=a\times(2\sqrt{3})^2$　$12a=6$　$a=\frac{1}{2}$

(2)　円の半径をrとすると，AC^2から，$r^2=(2\sqrt{3})^2+(6-r)^2$　$r^2=12+36-12r+r^2$　$12r=48$　$r=4$

(3)　C(0, 4)　点Bは点Cに関して，点Aと対称な点になるから，点Bのx座標は，$-2\sqrt{3}$　点Bのy座標をbとすると，$\frac{b+6}{2}=4$から，$b=8-6=2$　よって，$B(-2\sqrt{3},\ 2)$

重要　(4)　直線ABの傾きは，$\frac{6-4}{2\sqrt{3}}=\frac{2}{2\sqrt{3}}=\frac{1}{\sqrt{3}}$　よって，直線ABの式は，$y=\frac{1}{\sqrt{3}}x+4$…①　点OからABへ垂線OHをひくと，直線OHの傾きは，$(-1)\div\frac{1}{\sqrt{3}}=-\sqrt{3}$　よって，直線OHの式は，$y=-\sqrt{3}x$…②　①と②からyを消去すると，$\frac{1}{\sqrt{3}}x+4=-\sqrt{3}x$　$\frac{4\sqrt{3}}{3}x=-4$　$x=-4\times\frac{3}{4\sqrt{3}}=-\frac{3}{\sqrt{3}}=-\sqrt{3}$　$y=-\sqrt{3}\times(-\sqrt{3})=3$　よって，$H(-\sqrt{3},\ 3)$　$OH=\sqrt{(\sqrt{3})^2+3^2}=\sqrt{12}=2\sqrt{3}$　$AB=\sqrt{\{2\sqrt{3}-(-2\sqrt{3})\}^2+(6-2)^2}=\sqrt{64}=8$　求める体積は，底面が半径OHの円で高さがAHの円錐の体積と底面が半径OHの円で高さがBHの円錐の体積の和になる。したがって，求める体積は，$\frac{1}{3}\times\pi\times(2\sqrt{3})^2\times8=32\pi$

[3]　(平面図形の計量問題－円と接線，三平方の定理，面積，三角形の相似)

基本　(1)　$CD=EC+DE=BC+AD=4+\frac{9}{4}=\frac{25}{4}$(cm)

(2)　点DからBCへ垂線DHをひくと，$HC=4-\frac{9}{4}=\frac{7}{4}$　△CDHにおいて三平方の定理を用いると，$DH=\sqrt{CD^2-HC^2}=\sqrt{\left(\frac{25}{4}\right)^2-\left(\frac{7}{4}\right)^2}=\sqrt{\frac{576}{16}}=\sqrt{36}=6$　$AB=DH=6$　$OB=3$　よって，半円Oの面積は，$\pi\times3^2\times\frac{1}{2}=\frac{9}{2}\pi$(cm²)

重要　(3)　△OBCにおいて三平方の定理を用いると，$OC=\sqrt{OB^2+BC^2}=\sqrt{3^2+4^2}=\sqrt{25}=5$　点PからOBへ垂線PIをひき，円Pの半径をrとすると，△OPI∽△OCBから，OP：OC＝OI：OB　$(3+r):5=(3-r):3$　$3(3+r)=5(3-r)$　$9+3r=15-5r$　$8r=6$　$r=\frac{3}{4}$(cm)

[4]　(空間図形の計量問題－動点，表面積，体積)

(1)　出発してx秒後に初めてAP＝AQとなるとする。速さから，点Pは点Aから点Bへ，点Qは点Dから点Aへ向かっているときになるので，$2x=18\times2-4x$　$6x=36$　$x=6$(秒後)

重要　(2)　(1)から，$AP=AQ=2\times6=12$　$\triangle APQ=\frac{1}{2}\times12\times12=72$　$\triangle EFH=\frac{1}{2}\times18\times18=162$　(台形APFE)＝(台形AQHE)＝$\frac{1}{2}\times(12+18)\times6=90$　$PQ=12\sqrt{2}$，$FH=18\sqrt{2}$，$PF=6\sqrt{2}$，点PからFHへ垂線PIをひくと，$FI=\frac{18\sqrt{2}-12\sqrt{2}}{2}=3\sqrt{2}$，$PI=\sqrt{(6\sqrt{2})^2-(3\sqrt{2})^2}=\sqrt{54}=3\sqrt{6}$，(台形PFHQ)＝$\frac{1}{2}\times(12\sqrt{2}+18\sqrt{2})\times3\sqrt{6}=90\sqrt{3}$　よって，立体APQ－EFHの表面積は，$72+162+90\times2+90\sqrt{3}=414+90\sqrt{3}$(cm²)　直線FP，EAとHQの交点をOとするとOA：OE＝PA：FE＝12：18＝2：3　OA：AE＝2：1から，$OA=6\times2=12$，$OE=12+6=18$　求める体積は，三角錐O－EFHの体積から，三角錐O－APQの体積をひいたものになるから，$\frac{1}{3}\times\frac{1}{2}\times18\times18\times18-\frac{1}{3}\times\frac{1}{2}\times12\times12\times12=972-288=684$(cm³)

★ワンポイントアドバイス★

[4](2)の体積は，(O－APQ)∽(O－EFH)で相似比は12：18＝2：3から，体積比は$2^3:3^3=8:27$になることを利用して解くと，求める体積は，$\frac{1}{3}\times\frac{1}{2}\times18\times18\times18\times\frac{27-8}{27}=684$(cm³)

＜英語解答＞

Ⅰ 〔A〕 1 ② 2 ⑦ 3 ⑧ 4 ⑥ 5 ⑨ 6 ④ 7 ①
〔B〕 ① 〔C〕 ③ 〔D〕 ①

Ⅱ 〔A〕 ④ 〔B〕 ③ 〔C〕 ② 〔D〕 ③ 〔E〕 1 ① 2 ④
〔F〕 17 ③ 18 ⑦ 19 ④ 20 ⑥ 〔G〕 ②，⑥

Ⅲ 問1 ① 問2 ② 問3 ③

Ⅳ 1 ② 2 ④ 3 ② 4 ③

Ⅴ 問1 ④ 問2 ④ 問3 ②

Ⅵ 1 ① 2 ③ 3 ① 4 ④

Ⅶ 〔A〕 1 ③ 2 ① 3 ④ 4 ③ 〔B〕 1 ③ 2 ③ 3 ② 4 ③

Ⅷ 1 ②，⑤ 2 ⑨，⑦ 3 ②，③

○推定配点○
Ⅷ 各4点×3 他 各2点×44 計100点

＜英語解説＞

Ⅰ （長文読解・説明文：語句補充，要旨把握，語句解釈，内容吟味）

（全訳） 教授は学生の前，石と砂のいくつかの箱，同様に大きな空のびんで覆いつくされたテーブルの後ろに立っていた。授業が始まると，話すことなく，彼はピンポン球サイズの石で瓶を満たし始めた。

それから彼は生徒たちに瓶がいっぱいかどうか尋ねた。彼らはそうであることに同意した。

そこで教授は小さな石の箱を手に取り瓶に注いだ。彼は瓶を軽く振った。もちろん，小さな岩は大きな岩の間のスペースに落ちた。

それから彼は再び生徒たちに瓶がいっぱいかどうか尋ねた。彼らはそうであると同意した。

教授は砂の箱を拾い上げて瓶に注いだ。もちろん，砂は瓶の残りのスペースを埋めた。

それから彼はもう一度瓶がいっぱいかどうか尋ねた。どの生徒も「①はい」と答えた。

「さて，この瓶はあなたの人生を表していることを認識してほしい」と教授は言った。「岩は重要なものだ―あなたの家族，あなたの配偶者，あなたの健康，あなたの子供―他のすべてが失われ，それらだけが残ったとしても，あなたの人生はまだいっぱいだ。小さな岩は，仕事，家，車のように，重要かもしれない他のものだ。砂は他のすべて，ささいなことだ」

「最初に砂を瓶に入れると，小さな岩や大きな岩を入れる②余地はない。同じことがあなたの人生にも当てはまる。すべての時間とエネルギーを小さなものに費やすならば，あなたたちにとって重要なもののための余地が決してないだろう。あなたの幸せにとって重要なことに注意を払ってほしい。あなたの子供と遊びなさい。パートナーと一緒に出かけよう。気をつけてほしい。仕事に行ったり，家を掃除したり，ディナーパーティーを開いたり，台所の流しを修理したりする時間はいつでもある」

「最初に岩―本当に重要なこと―の処理をしよう。あなたにとって重要なものをランク付けしなさい。残りはただの砂だ」

基本 〔A〕 1 as well as ～「～と同様に」 2 fall down「落ちる」 3 remaining「残った」
4 matter「重要である」 5 pay attention to ～「～に注意を払う」
6 take care of yourself「気をつけて」 7 rest「残り」

〔B〕 前に生徒たちが答えている They agree that it was を意味している。

〔C〕 room「余地，あき」

重要 〔D〕 ①「価値のあるものの順番を決める必要がある」 最終段落第2文参照。教授は「重要なものをランク付け」するように言っているので適切。 ②「最初，教授は瓶に小さな石を入れて少しずつ満たした」 第1段落最終文参照。「教授は「ピンポン球サイズの石」を最初に入れたので不適切。 ③「仕事は人生の必要な部分だが，教授が大きな石を使ってそれを示したように，最初に考える必要はない」 第7段落第3文参照。教授は仕事を小さな石で示したので不適切。 ④「授業で，教授は砂がすべてにありふれたものだと示し，私たちは最初にそれを考慮に入れなければならない」 最終段落最終文参照。砂は，残りのものを表しているので不適切。

Ⅱ （長文読解・説明文：空所補充，英文和訳，要旨把握，内容吟味）

（全訳） 辞書では，レストランは食事場所として定義される。したがって，この定義によれば，レストランは文明と同じくらい古い。①たとえば，古代ローマの遺跡に食事の場所があるという証拠がある。

ほとんどの古代の飲食店は旅館で，旅行者に簡単な食事や飲み物を提供していた。その後，17世紀半ばまでに，ヨーロッパの多くの地域に新しい種類の飲食店が現れた。これらはカフェだ。最初はコーヒーだけを出していたが，後に料理も出すようになった。カフェは作家とその友人の人気の待ち合わせ場所になった。

レストランは18世紀の終わりにパリに登場した。旅館やカフェとは大きく異なり，客に②選択肢を与えていた。レストランにはメニューがあったので，初めて何を食べ，どれだけ食べるかを顧客が決めることができた。また，初めて，顧客はそれを食べる前に値段がいくらか知っていた。18世紀の典型的なパリのレストランのメニューには，12種類のスープ，65種類の肉料理，50種類のデザートがある。

レストランが登場する前は，フランスにはさまざまな種類の料理人がいた。たとえば，肉を焼く人，パンを焼く人，デザートを作る人がいた。肉を焼く人は何も焼くことができず，パンを焼く人はデザートを作ることができなかった。③これは法律だった。また，この時，「レストラン」という言葉には特別な意味があった。フランス語でスープの一種という意味だった。このスープは回復力があり，疲れているときや病気になったときに気分が良くなることを意味していた。飲食店は，お客様に回復力のあるスープを提供した。

1765年，ブーランジェという男がこれらのスープ店の1つを所有していた。ある日，彼は肉を調理してソースをかけることで法律を破った。これはソースを作る人を怒らせ，彼らは彼を訴えた。しかし，ブーランジェが勝利し，現代のレストランが誕生した。1786年までに，レストランはスープ，肉，サラダ，デザート，ワインなど，あらゆる種類の食べ物や飲み物を調理して提供する場所になった。

今日，「レストラン」という言葉は，ダイナー，カフェテリア，ファーストフードを食べる場所など，多くのことを意味する。映画を上映するレストラン，暗闇の中で食事をするレストラン，水中レストランもある。④未来のレストランの世界で何が起こるか誰がわかるのか？

基本 〔A〕 For example「たとえば」 ① In addition「加えて」 ② As a result「結果として」 ③ By the way「ところで」

〔B〕 この後の文で「メニューがあったので，何を食べ，どれだけ食べるかを決めることができた」とあることから判断できる。

〔C〕 this の内容は前文の「肉を焼く人は何も焼くことができず，パンを焼く人はデザートを作れない」から判断できる。

〔D〕 Who knows～? は「誰が～を知っているのか，いや誰も知らない」という意味で用いられる。

重要 〔E〕 1 「文章によると，辞書でのレストランの意味は何か」 第1段落第1文参照。レストランは辞書では「食事をする場所」と定義されている。 2 「ブーランジェが新しいタイプのレストランを開く前に，どのような種類の店を所有していたか」 第5段落第1文参照。ブーランジェはスープの店を所有していた。

基本 〔F〕 17 第2段落第1文参照。旅人が訪れたのは「旅館」である。 18 第2段落第1文参照。旅館では「簡単な食事と飲み物」が提供された。 19 第2段落最終文参照。カフェは「作家とその友人」が訪れた。 20 第4段落第7文参照。スープ店は「疲れている人や病気の人」が訪れた。

重要 〔G〕 ① 「17世紀には，カフェは客が注文した料理を提供し始めた」 第3段落第3文参照。客が注文した料理を提供し始めたのはレストランなので不適切。 ② 「レストランの起源は文明の起源にまでさかのぼる」 第1段落第2文参照。レストランは文明と同じくらい古いとあるので適切。 ③ 「レストランが登場する前は，フランスの料理人はさまざまな食事を提供することが許可されていた」 第4段落参照。フランスの料理人は自分の専門以外の食事は提供できなかったので不適切。 ④ 「18世紀の終わりに，パリのレストランでは，客は食べたいものを注文することができなかった」 第3段落第1文参照。18世紀終わりに登場したレストランでは，客に選択肢があったので不適切。 ⑤ 「ブーランジェが裁判で負けたため，現代のレストランが誕生した」 第5段落第4部参照。ブーランジェは裁判で勝ったので不適切。 ⑥ 「今では，食べ物だけでなく娯楽も提供するレストランを見つけることができる」 最終段落参照。今は，映画を見られるレストランなどもあるため適切。

Ⅲ （資料問題）

基本 問1 アルコールは午後7時より前には提供されないことから，①「ランチタイムにミュールライトビールを飲む」ことができないことである。

問2 ① ハワイアンバーガー$6.50＋トマトスープ(ボウル)$3.50＝$10.00 ② 習志野セットミール(ポパイバーガー)$9.50 ③ トロピカルサラダ(L)$8.50＋レギュラーティー$2.00＝$10.50 ④ ミュールライトビール(グラス)$3.50＋ツナサラダ(L)$7.00＝$10.50

問3 ファミリーミールは10歳以下の子どもだけに提供されるので，高校生のグループがファミリーミールを注文することはありそうにないことである。

Ⅳ （会話文）

1 「あなたが来る前に読むことができる」と答えているので，「明日の放課後来てもいいですか」と尋ねている文が適切。

2 「正しい料金の新しい請求書を作ります」と言っているので，「高すぎる値段を請求していますよ」が適切。

3 How goes it? を用いて新しい上司が来てからの様子はどうか尋ねている。上司は陰で悪口を言うと言っていることから判断できる。

4 「急げば何とかなるよ」と答えていることから，10分で着けるか尋ねていることがわかる。

Ⅴ （会話文）

（全訳） Tetsuya：しばらく映画を見てないな。今週はNNシアターで素晴らしい映画がいくつかあるね。

Minami：これ見てみようよ！デンマークの美しい雪に覆われている様子を見られるよ。午後の上映もあるみたい。

Tetsuya：もう2回見たんだ！でも，きみは見るべきだね。

Minami：そうするね。この映画はどう？これも外国映画で，素敵な家族の物語のようだよ。
Tetsuya：よし，夕食に落ち合って，後の上映を見よう。
Minami：完璧だね。あなたはこの映画も見たい？ラブストーリーだけど，本当に面白いよ。友だちのAtsukoがそれを見たんだって。
Tetsuya：よさそうだけど，やめておくよ。次の夜この映画を見る予定なんだ。友だちのGregとぼくは最後の上映に行くんだ！一緒に見たい？
Minami：宇宙を題材にした映画は好きだけど，遅すぎるな。
Tetsuya：わかったよ。
Minami：でも木曜日が楽しみだね。
Tetsuya：そうだね。

問1 「Minamiが一人で見る映画の題材は何か」 Tetsuyaに「デンマークの美しい雪に覆われた様子を描いた映画」は見るべきだと言われていることから判断できる。

問2 「彼らが一緒に見るのはどの上映か」「外国映画で，素敵な家族の物語」に関する映画なので，The Kite だとわかる。また，後の方の上映を見るので9p.m.開始の方である。

問3 「Tetsuya が Greg と映画をいっしょに見るとき何が可能か」 Tetsuya と Greg は「宇宙を題材にした映画」を見るので，Planet ZZ7 を見る予定で，「無料の映画のポスター」とあることから判断する。

Ⅵ （単語）

1 change「小銭，くずした金」 2 employee「従業員」
3 journalist「ジャーナリスト，新聞記者」 4 passenger「乗客」

Ⅶ 〔A〕（語句補充問題：不定詞，接続詞）

1 go bad「腐る」
2 <would like A to～>「Aに～してほしいと思う」
3 few「ほとんど～ない」という否定を表す語である。
4 yet「それにもかかわらず，それなのに」

やや難 〔B〕（正誤問題：関係代名詞，接続詞，比較）

1 past「経歴，過去」という名詞があるため，③は所有格の関係代名詞whoseが適切である。
2 「忘れる前に」が適切なので，③のdon't が不要である。
3 父は「私」に部屋をきれいにするように言ったので，②はIが適切である。
4 <比較級＋than any other＋単数名詞>「他のどの～よりも…だ」となるため，③は other が適切である。

Ⅷ （語句整序問題：動名詞，現在完了，受動態）

1 (I advised you to speak) English without being afraid of making mistakes(.)
without ~ing「～せずに」 make mistakes「間違える」
2 (They say) one fifth of them have never been to (the stadium.)
one fifth「5分の1」 have been to ～「～に行ったことがある」
3 How often are the flowers watered during (the summer?) How often で回数を尋ねる疑問文になる。

★ワンポイントアドバイス★

時間数の割に，問題数が多くなっている。文法問題は比較的取り組みやすい問題であるため，すばやく解いて長文読解問題に十分な時間を確保しよう。過去問で傾向をつかみたい。

＜国語解答＞

一　問一　(ア)　④　(イ)　②　(ウ)　③　(エ)　①　(オ)　②
問二　③　問三　④　問四　①　問五　②　問六　③　問七　③

二　問一　(ア)　④　(イ)　②　(ウ)　①　問二　②　問三　④　問四　③
問五　①　問六　②

三　問一　④　問二　①　問三　③　問四　②　問五　①　問六　④　問七　②

四　問一　(ア)　①　(イ)　③　問二　(X)　③　(Y)　②　問三　③　問四　④
問五　②　問六　④　問七　③　問八　④

○推定配点○

一　問一　各1点×5　他　各2点×6　二　問一　各1点×3　他　各4点×5
三　各4点×7　四　問一・問二　各2点×4　他　各4点×6　計100点

＜国語解説＞

一　(漢字の読み書き，熟語，語句の意味，品詞・用法，文学史，返り点)

問一　(ア)「師匠」は，学問・技芸などを教える人。特に，日本的な遊芸を教える人。④「巨匠」は，芸術の分野できわだって優れた人。①「将軍」。②「証人」。③「顕彰」は，表彰して広く世間に知らせること。　(イ)「粉飾」は，外見をよくするために，物事のうわべを飾りたてること。「粉飾決算」は，実際以上に利益があったように見せること。②「粉末」。①「憤慨」は，ひどく腹を立てること。③「雰囲気」。④「紛糾」は，複雑にもつれ乱れて，まとまらないこと。　(ウ)「機知」は，その場に応じてすばやく働く，鋭い才知。③「機微」は，表面からはわかりにくい，微妙な趣・事情。①「気丈」は，理性を失わず，気持ちがしっかりしている様子。②「器用」。④「規則」。　(エ)「迫害」は，圧迫して，苦しめ悩ますこと。①「迫真」は，真に迫っていること。②「拍車」は，乗馬靴のかかとにつける金具。小さな歯車が付いていて，馬の腹を蹴って速度を上げる。「拍車をかける」は，物事の進行に一段と力を加えるの意味。③「博識」は，広く物事を知っていること。④「白熱」は，物事が熱気を帯びて最も激しい状態になること。　(オ)「感冒」は，おもにウイルスによって起こる呼吸器系の炎症の総称。とくにインフルエンザウイルスによって起こる急性伝染病を「流行性感冒」という。②「冒険」。①「防衛」は，防ぎ守ること。③「欠乏」は，必要なものが不足すること。④「横暴」は，人の気持ちも構わず，無理を押し通して自分勝手なことをすること。

基本　問二　主語の動作や作用を表すのが自動詞。動作や作用がおよぶものを表す「～を」という修飾語をともなうのが他動詞。③「覚める」の主語は「目が」。①「行事を……終えた」で他動詞。②「友人がドローンを飛ばす」ということなので他動詞。④「家族を……送る」で他動詞。

やや難　問三　④「雨具」は「雨(あま・訓読み)」＋「具(グ・音読み)」で湯桶読み。①「庭園」は「庭(テイ・音読み)」＋「園(エン・音読み)」。②「手紙」は「手(て・訓読み)」＋「紙(かみ・訓読み)」。③「本棚」は「本(ホン・音読み)」+「棚(たな・訓読み)」で重箱読み。

基本 問四 ①「羊頭狗肉」は「羊頭を掲げて狗肉を売る」ということで，看板には羊の肉を出しておきながら，実際には狗(犬)の肉を売ること。見かけだけ立派で内容の伴わないこと。②「換骨奪胎」は，骨を取り換え，胎(=胎児)を取って使うという意味。古人の作った詩文の作品の意図や内容を生かしながら，表現形式や語句などに新たな工夫を加えて別の新しい作品を作ること。③「本末転倒」は，大切なことと，つまらないこととが反対になること。④「八方美人」は，誰からもよく思われるように立ち回る人。

問五 宮沢賢治は，明治29年(1896)に岩手県花巻市に生まれている。亡くなったのは，昭和8年(1933)。

やや難 問六 ①『源氏物語』は平安中期の成立。②『宇治拾遺物語』は鎌倉時代の成立。③『竹取物語』は平安時代前期の成立。④『堤中納言物語』は平安時代後期の成立。

基本 問七 一・二点，上下点の順に読む。「不足為外人道也」は「外人の為に道ふ(言う)に足らざる也と」と訓読する。「足」の部分は五番目に読む。現代語訳は「外部の人たちに話すには及ばない」となる。出典は，陶潜の『桃花源記』(5世紀前半)である。

二 (論説文一要旨，内容吟味，文脈把握，語句の意味)

やや難 問一 (ア)「前衛」は，芸術活動で，伝統にとらわれず，時代の先頭に立つ傾向。 (イ)「妙味」は，非常に優れた，微妙な味わい。「妙味がある」は，そこに本当の面白さがあるということ。 (ウ)「恣意」は，自分だけの勝手な考え。「恣意的」は，そのように物事を進めていく様子。

基本 問二 直後に「音楽を聴くとき私たちは常に，何らかの歴史/文化文脈の中で聴いている」とあり，段落の最後に「作曲家の名前も作品タイトルも確認しないなどという人はまずいないだろう。そしてラジオで気になる音楽が流れていたら，最後のアナウンスまで聴いて，誰がそれを歌っていたか知ろうとするはずだ」とある。音楽を聴くときには「どこの誰が作ったかという素朴な疑問」をもち，知ろうとするというのである。

問三 直前の段落の「ひとつの音楽が生まれ，何年も何年もかかって育ってゆく，その土地，その場所，その環境というのがある……音楽が生まれ育つ共同体，共同体をつくっている成員，気候や風土，その他文化的なファクターが何重にもなっている」という状況を「場」という表現で表している。「 」をつけることで「特別な意味を込めていることを示している」のである。

やや難 問四 文頭の「いずれにせよ」は，直前で説明されている「(音楽が)本来の文脈から切断されて別の時空に移動された」具体例の幾つかを指している。そのような場合にも「音楽はそこで新たな別の文化文脈(=聞き手を取り巻く文化や思考)に嵌め込まれる」というのである。そして，インターネット空間という「場」で聴かれる例を加えて「様々な形態で受容されることになる」というのである。

問五 直後に「それは」とあって，「特殊な事情」について説明している。具体例を挙げた後に，「それぞれが時代上の異なった地点で涵養された，異なる名作/名演奏の記憶のアーカイブを持ち，違った作法や制度や技法を信奉する，目に見えない共同体を形成している」とあって，「どのような基準を重視するかに応じて作られた集団」という説明をしている。そして，その集団は「聴衆の趣味/様式感も統一されていただろう前近代(=聴衆の価値観が一つにまとまっていた頃)」とは異なった形で音楽を楽しむことが可能になったというのである。

重要 問六 「未知なる他者を知ろうとする営み」とは，「歴史と文化の遠近法の中で音楽を聴くこと」である。直前の段落に「(『音楽を聴く』とは)自分がそれまで知らなかった音楽文化を知り，それに参入するということ」とあり，続く段落で「初めは理解出来ずとも，まずはそれに従ってみることによって，徐々にさまざまな陰影が見えてくる……それらの背後には何らかの歴史的経緯や人々の大切な記憶がある」と説明している。それらを知ることによって「自らの視野が広がっていく」というのである。

三 （小説一情景・心情，内容吟味，主題）

基本 問一 「暗い夜の海とうみかは，よく似合ってる」とあるのに着目する。うみかについては，「うみかは捉えどころがない」とある。捉えどころがなく個性的な，「はるかにはうかがい知れない部分のあるうみかの性質」と様子を捉えることのできない「暗い夜の海」の性質に共通するところがあり，魅力的に感じているのである。

やや難 問二 はるかのセリフは，空を地球を包む薄い膜にたとえて，昼間と夜との色の違いについて「詩的に表現」したものである。その一方で，そのセリフを「我ながら恥ずかしい」と客観視している。さらに，自分を「うみかのいる五年の子たちからはなんとなく人気がないらしいことを，肌でひしひし感じてる」と「自分の姿が相手にどのように映るかを気にする」面もある。

問三 直後に「猛烈に腹が立った」とある。問二で捉えたように，詩的な感性のあるはるかは，貝殻から海の音が聞こえてきて「感傷的な気分」になっている。うみかにも聞かせて，感傷的な気分を「共有したいと思っていたのに，科学的な視点から淡々とうみかに反論されて，怒りを抑えきれずにいる」のである。

問四 問二と関連させて考える。「うみかのいる五年の子たちからはなんとなく人気がないらしいことを，肌でひしひし感じてる」とあるが，その原因を「うみかはひょっとしたら，自分のクラスでも私にするように言い返したり，素直じゃないのかもしれない」と推測している。うみかの言動によって自分が低く評価されてしまっていることを「不公平」と感じている。

重要 問五 はるかは，妹だからこそピアニカを借りられるという姉妹であることの良さを，うみかも納得して貸してくれたと考えている。一方，うみかは自分の都合よりも姉を助けることを優先して，ピアニカを貸している。結果的にはるかは，姉妹であることの良さとは裏腹に，ピアニカがないためにみんなの間に黙って座っているうみかの様子を想像して辛い気持ちになっている。良かれと思ってピアニカを貸したことがはるかを苦しませてしまったわけである。このエピソードの初めに，「うみかは捉えどころがない」とあるように，うみかの「人との関わりにおいても自分なりの考えを持つうみかの性格」によって引き起こされたすれ違いを描いている。③が紛らわしいが，「二人の関係が取り返しのつかないほど悪化してしまった事実」は描かれていない。

問六 直後に「一緒に練習しよう」と言ったときの，はるかの意識が描かれている。「一人きりみんなのピアニカ練習を見つめる妹を想像したら，それが逆上がりの居残りをさせられる姿と重なって，私の胸を締めつけた。うみかをバカになんかさせない，と強く感じたのだ」とあり，問五で捉えたように，ピアニカがないためにみんなの間に黙って座っているうみかの様子と重ねて，「周囲との関係の中で孤立しないように，うみかのそばで手助けしてあげたいと思った」のである。②が紛らわしいが，「罪悪感」や「償い」の気持ちについての表現はない。

重要 問七 ②については，本文は，はるかの視点で描かれている。エピソードは「貝殻」(問二・問三)「ピアニカ」(問五・問六)という具体的な事物をめぐって姉妹の考え方の違いが描かれている。具体的な事物を通したエピソードによって，二人の違いを読者に実感的に印象づけている。①「姉妹の関係性」や「未来の暗示」と結び付けてはいない。時間を示すための情景描写である。③「言葉にしなくても思いを通わせることのできる姉妹の間柄」が誤り。問五で捉えたように，意図の食い違いが起きている。④「第三者の視点」ではない。

四 （古文一主題，内容吟味，文脈把握，指示語，語句の意味，和歌の鑑賞）

〈口語訳〉 その後，酒の酌を娘に渡すと，(女房が)座席に座り直して語ったのは「世の中に思い悩む者は多くいますが，私以上に思い悩む者はまさかいないでしょう。その理由は何かと申すに，幼少の時は，継母に憎まれ，義理の親子の間柄の悲しみが絶えなかった。成人してからは，夫の命令に背いてはいけないと朝夕振る舞っています中に，男子一人，女子一人を産みました。私が三十七歳の時に，夜討ちのために夫と子を奪われて，その嘆きはいまだに止んでいない折に，おととし，思いがけず敵の首を目前に見ることがありました。その時の喜びは，天へも上るばかりでした。それも今思えば罪業でした。つまらないことを思いました。今はただ念仏の一遍でも申して，亡くなった人たちの為にと思って過ごしております。あなたがたのありさまを拝見するに，気の毒なことです。『中国の皇帝は，父に別れて泣いた涙は，時雨の森に留まっている』と承ります。《中略》日本では，柴田の玉若が父と別れた悲しみ，山鹿の姫が母に先立たれた嘆きも，皆これは，夢幻の恨みであって，そうしてこそ過ぎていきます。それよりもただ酒を飲み，お心をのびのびとおさせになって，お帰りしました後，田舎の身分の低い者の住居，身分の低い男性の古びた寝床のありさまも，鎌倉中で物笑いの種ともなさってください」と言いながら，(女房は)袖を顔に当てて(涙を流したので)，曽我の兄弟もともに涙ぐんで見えた。

十郎，

嘆く気持ちを様々な種類の花の中に(人々の中に)紛れて隠してきたが，その様子ははっきりと表れていたのだなあ

五郎も直垂の袖を顔に当てて(涙を流して)いたが，何でもないふうに振る舞って，

紅花の色がそれとはっきりわかるように私の嘆きも顔色に表れて，何を思いに沈んでいるのだと人に問われることよ

女房はこれを聞いて，「そうであればこそ，思いに沈んでいる人々でいらっしゃいます」と言って，

野辺に立つ様々な種類の花の色ならば隠そうとしてもついには表れます

娘も，持っていた提を膝より下に置いて，

早くから嘆きという木の花の色を拝見していましたから，私もいっしょに自分の流した涙で袖がぬれていることだなあ

おのおの，語り慰みして，旅の思い出にしたのである。

基本 問一 (ア) 「いとほし」には，弱い者，苦境にある者に同情する思いを表す意味がある。「気の毒だ」ということ。 (イ) 「送る」は，特に親しい人に先に死なれるという意味を表す。「先立たれる」ということ。

やや難 問二 (X) 女房が自分の境遇を話した後に，涙を流しているのである。 (Y) 五郎も涙を流しているのだが，何でもないふうに振る舞って歌を詠んでいる。

やや難 問三 直前で話されている，夫と子を殺した者の首(＝頭部)を見て，その死を喜んだことを指している。

問四 問三と関連させて捉える。夫と子を殺した者の死を喜んだことを「罪業(＝罪となる悪い行い)」と捉えている。敵の死を喜ぶことは罪となる悪い行いであるから，敵討ちなどしようとは思わず，この宿で過ごし語り合ったことを楽しい思い出としてほしいというのである。

問五 傍線部に続く部分に着目する。「忍ぶ」は，思いをこらえる，隠すの意味。「色」は，様子ということ。敵討ちの思いがあることを，多くの花の中の一本(＝人々の中の一人)となって隠してきたが，表に表れていたのだなということである。

問六 十郎の歌の「忍べど色は顕れにけり」を踏まえて，「忍べど終に顕れにけり」と受けているのである。

問七 和歌で「袖」が使われる場合は，涙でぬれた袖の意味を持たせていることが多い。「露」は，

涙・涙のしずくのたとえである。

重要 問八　④については，十郎が「千草の花」という題材を用いて，敵討ちについての心情を表現したことを踏まえて，五郎・女房・娘という他の登場人物も「花」を題材に歌を詠み，敵討ちについての感情を歌にしているのである。①「娘と結婚して」という内容はない。②「異なる悲嘆」ではなく，敵討ちについての感情を歌にしている。③女房は，自分の思いを「罪業」として，曽我兄弟にも敵討ちの空しさを話している。「死者の魂」や「仏教的死生観」については触れていない。

★ワンポイントアドバイス★

論説文は，音楽についての筆者の考えや主張をどのように論を展開しているか，具体例や事例との関係はどうかという視点でとらえる。小説は，会話と場面・出来事の描写を手がかりに状況や人物像，人物の内面の思いを読み取る。古文は，出来事と人物の考えとの関係を読み取る。

大切なことはメモしておこうネ！

2022年度

★★★★★★★★★★★★★★★★★★★★★★★★

入　試　問　題

2022年度

日本大学習志野高等学校入試問題

【数　学】（50分）〈満点：100点〉

【注意】1. 定規（三角定規・直定規），コンパス，分度器は使用できません。

2. 解答はすべてマーク方式です。1つの□には1つの数字または符号「－」が入ります。下に書かれた**解答上の注意**に従って，解答カードにマークしなさい。

3. 答が分数のときは，約分した形で表しなさい。

4. 根号の中は最も簡単な形で表しなさい。例えば，$2\sqrt{8}$は$4\sqrt{2}$のように表しなさい。

解答上の注意

例(1). ア イ に－3と答えたいときは ア 欄の⊖と イ 欄の③をマークする。

解答記号		解答記入欄（マーク）
(1)	ア	● ⓪ ① ② ③ ④ ⑤ ⑥ ⑦ ⑧ ⑨
	イ	⊖ ⓪ ① ② ● ④ ⑤ ⑥ ⑦ ⑧ ⑨

例(2). $\dfrac{\boxed{ウ}\boxed{エ}}{\boxed{オ}}$ に$-\dfrac{1}{2}$と答えたいときは ウ 欄の⊖と エ 欄の①， オ 欄の②をマークする。

(2)	ウ	● ⓪ ① ② ③ ④ ⑤ ⑥ ⑦ ⑧ ⑨
	エ	⊖ ⓪ ● ② ③ ④ ⑤ ⑥ ⑦ ⑧ ⑨
	オ	⊖ ⓪ ① ● ③ ④ ⑤ ⑥ ⑦ ⑧ ⑨

[1] 次の□をうめなさい。

(1) $(\sqrt{28}+\sqrt{27})(\sqrt{63}-\sqrt{12})-\dfrac{15\sqrt{7}}{\sqrt{3}}=\boxed{ア}\boxed{イ}$である。

(2) $x=2-3\sqrt{2}$のとき，$x^2-4x-15=\boxed{ウ}\boxed{エ}$である。

(3) 37で割ったときに商と余りが同じになるような3桁の自然数は，全部で オ カ 個ある。

(4) ある川に沿って，20 km離れた上流と下流の2地点間を往復する船がある。今，船が下流から出発した。川を上る途中でエンジンが停止し，そのまま20分間流された後，再びエンジンが動き出した。この船が川を往復するのに，上りに2時間40分，下りに1時間20分かかった。このとき，船の速さは時速 キ ク km，川の流れの速さは時速 ケ kmである。ただし，静水時における船の速さは一定であるものとする。

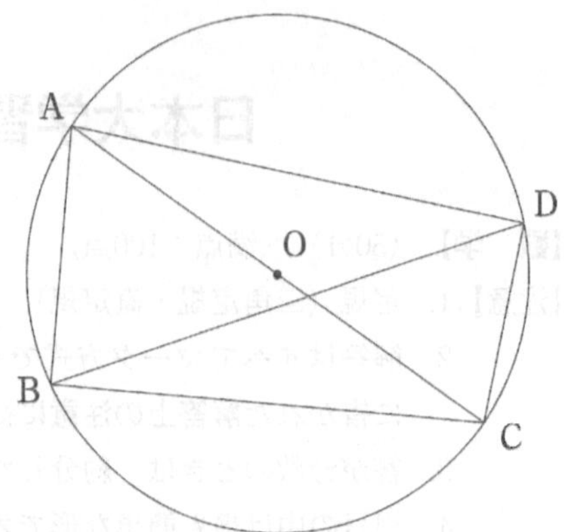

（5） 右図のように，四角形ABCDがACを直径とする半径5 cmの円Oに内接している。
AB＝5 cm，CD＝$2\sqrt{5}$ cmのとき，
∠ADB＝[コ][サ]度，
BD＝$\sqrt{[シ]}$（[ス]＋[セ]$\sqrt{[ソ]}$）cmである。

（6） 3人でじゃんけんをするとき，
・1回で勝者が決まらない確率は$\frac{[タ]}{[チ]}$
・1回で2人の勝者が決まる確率は$\frac{[ツ]}{[テ]}$である。

［2］ 右図のように，3つの放物線
$y=3x^2$ ……①，$y=-2x^2$ ……②，
$y=-3x^2$ ……③がある。
また，2つの直線$y=2x$ ……④，
$y=-3x$ ……⑤がある。直線④と放物線①，②の交点で，原点以外の点をそれぞれA，Bとする。
また，直線⑤と放物線①，②の交点で，原点以外の点をそれぞれC，Dとする。
次の問いに答えなさい。

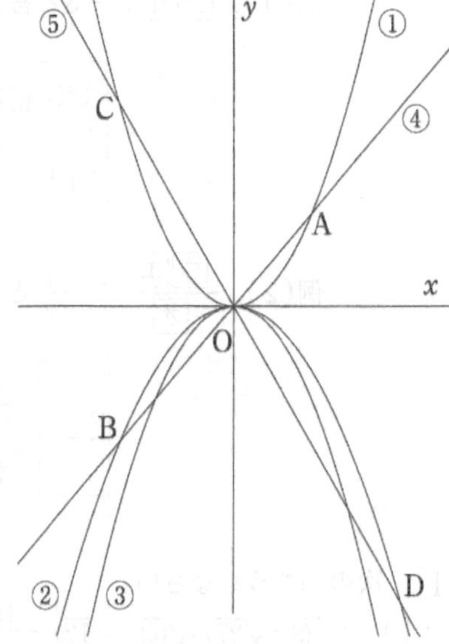

（1） 2点A，Bの座標を求めなさい。

答 A$\left(\frac{[ア]}{[イ]}, \frac{[ウ]}{[エ]}\right)$
B（[オ][カ]，[キ][ク]）

（2） △OACと△OBDの面積の比を，最も簡単な整数の比で表しなさい。

答 [ケ]：[コ]

（3） 直線⑤と放物線③の交点で，原点以外の点をEとする。
放物線①，③と直線AEで囲まれた図形の面積をS，放物線①と直線⑤で囲まれた図形の面積をT，放物線③と直線④で囲まれた図形の面積をUとする。このとき，3つの面積の和$S+T+U$の値を求めなさい。

答 $S+T+U=\frac{[サ]}{[シ]}$

[3] 右図のように，1辺の長さが1 cmの正五角形ABCDEがある。対角線ACとBEの交点をF，ACとBDの交点をG，BDとCEの交点をH，ADとCEの交点をI，ADとBEの交点をJとする。

次の問いに答えなさい。

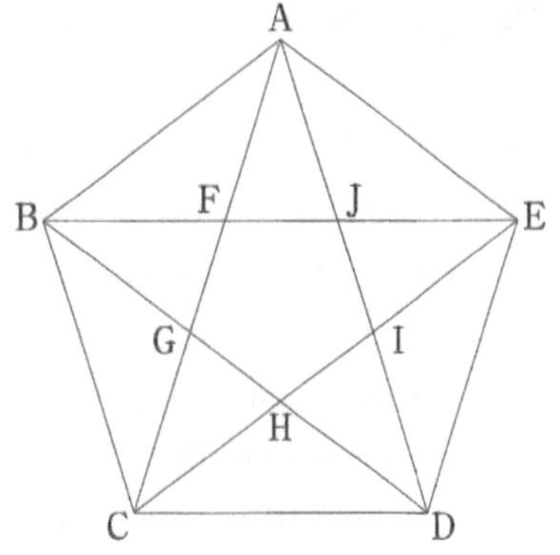

（1） ∠BFCの大きさを求めなさい。

答 [ア][イ]度

（2） 線分FC，ACの長さをそれぞれ求めなさい。

答 FC＝[ウ] cm

$AC = \dfrac{[エ]+\sqrt{[オ]}}{[カ]}$ cm

（3） 五角形ABCDEの面積をS cm^2，五角形FGHIJの面積をT cm^{2}とするとき，$S:T$を求めなさい。

答 $S:T=$[キ]:([ク]−[ケ]$\sqrt{[コ]}$)

[4] 右図のように，1辺の長さが5 cmの立方体ABCD－EFGHがある。

次の問いに答えなさい。

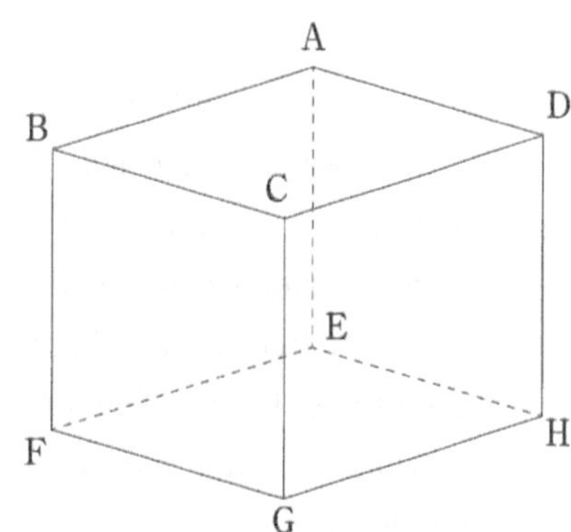

（1） 4点B，E，F，Gを頂点とする四面体BEFGの体積と表面積を求めなさい。

答 体積 $\dfrac{[ア][イ][ウ]}{[エ]}$ cm^3

表面積 $\dfrac{[オ][カ]([キ]+\sqrt{[ク]})}{[ケ]}$ cm^2

（2） 線分FD上の点Oを中心とする球がある。この球は，面ABCDに接し，かつ，3点B，E，Gを通る平面にも接する。3点B，E，Gを通る平面と球の接する点をPとするとき，$\dfrac{OP}{OD}$の値を求めなさい。

答 $\dfrac{OP}{OD}=\dfrac{\sqrt{[コ]}}{[サ]}$

【英　語】（50分）〈満点：100点〉

I　次の英文を読み，〔A〕～〔D〕の問いに答えなさい。

People have always wanted to fly. For hundreds of years they watched birds in the sky. They had a [1] of flying like birds. It is very easy [2] birds to fly. Birds can fly through the air [3] using their wings.

People knew [4] to make kites hundreds of years ago. Kites could stay in the air for many hours. Some people thought, "If birds and kites can stay up in the air, maybe (あ) we can!"

At first, they made wings like birds'. Then, they jumped from high places and tried to fly. Many people did this but they all fell straight to the ground. Some were [5] and some were hurt. After many times people knew flying with wings was impossible, so they [6] trying to do so.

Two Frenchmen, the Montgolfier brothers, tried another way. Can you guess [7] way? They tried balloons. "Hot air goes up because it is lighter than cold air," they said. "If we fill a balloon with hot air, it will go up." They built a large balloon of cloth and paper in 1783. They made a fire under the balloon. The balloon began to go up into the air! It went up 1,800 meters. Then, the air inside the balloon became cool. It finally came down slowly until it [8] the ground.

A few months later, the brothers sent up another balloon. This time there was a basket under the balloon. There were three animals in the basket. The balloon traveled through the air to a place two and a half kilometers away. It didn't go up as high as the first one.

Now, it was time for people to fly! In October 1783, the brothers tried another balloon. This time a man went in a basket. The balloon did not rise very far. It went up only twenty-five meters and stopped. It was tied to the ground by a rope, so it could not fly away.

The first free balloon flight was in December 1783. Two other Frenchmen went up in a balloon full of hot air. This time there was no rope! The balloon went up 900 meters and flew for 25 minutes. It traveled about nine kilometers. It was the first time for people to travel through the air.

〔A〕 文中の[1]～[8]に入れるのに最も適当なものを，①～⓪の中から1つずつ選びなさい。ただし，同一の語は1回ずつしか使用できないものとします。

① by　② for　③ airplane　④ arrived　⑤ killed
⑥ which　⑦ how　⑧ dream　⑨ stopped　⓪ reached

〔B〕 下線部(あ)の指すものとして最も適当なものを，①～④の中から1つ選びなさい。[9]

① 私たちにも凧を作ることができる。
② 私たちも空に浮かんでいることができる。
③ 私たちは鳥よりも上手に空を飛ぶことができる。
④ 私たちもいつか飛行機を作ることができる。

〔C〕 ア～オの英文の出来事が本文中に述べられている順に並べかえるとき，最も適当なものを，①～⓪の中から１つ選びなさい。 10

ア A balloon which was not tied to the ground went up with two men.

イ A balloon was sent up with three animals in a basket.

ウ A balloon made of cloth and paper flew.

エ People tried to fly with wings like birds.

オ A man traveled in a basket under the balloon which was tied to the ground.

① オ→ア→ウ→イ→エ　② オ→イ→ウ→ア→エ

③ イ→ウ→エ→ア→オ　④ イ→エ→ウ→オ→ア

⑤ ウ→エ→イ→ア→オ　⑥ ウ→エ→ア→オ→イ

⑦ ウ→エ→オ→イ→ア　⑧ エ→ウ→イ→オ→ア

⑨ エ→ウ→イ→ア→オ　⓪ エ→ウ→オ→イ→ア

〔D〕 本文の内容と一致するものを，①～⑥の中から2つ選びなさい。 11 12

① People didn't know the way of flying until the nineteenth century.

② Cold air is lighter than hot air.

③ A balloon will rise if the air inside gets hotter.

④ The first balloon with a man in a basket went up 1,800 meters.

⑤ Of all the four balloons that flew in 1783, the first one went up the highest.

⑥ The Montgolfier brothers were the first people to travel through the air.

Ⅱ 次の英文を読み，〔A〕～〔J〕の問いに答えなさい。

The 'peace sign,' the two-fingered gesture that many Japanese children make when they are being photographed, (①) to have been invented by the British Prime Minister, Winston Churchill. Churchill used it to mean 'V for Victory' during World War Ⅱ. After the time of the Vietnam War, President Nixon also used the gesture to mean victory. But people *1protesting against the Vietnam War started to use the gesture to mean 'peace.' 【 A 】

During a visit to Australia in the 1990s, the first President Bush tried to give the peace sign to the crowd of Australians welcoming him at the airport. (②), he held his hand the wrong way round. In the United States that doesn't matter very much. But in England and Australia, if the back of your hand faces the audience, the gesture becomes very ③<u>offensive</u> and is used to insult people. 【 B 】 The Australians were very shocked!

Photographs of President Bush's mistake were widely *2distributed, but few people know that Churchill also used the gesture the wrong way round in the early days of World War Ⅱ. However, people quickly (④) out his mistake, so Churchill reversed it, inventing the gesture that came to be known as the peace sign.

Another common gesture in the West, the 'thumbs-up' sign, can also be misunderstood. In England and the United States, it means that 'everything is O.K.' or 'job well done.' But you should avoid 'giving the thumbs-up' in Latin America, West Africa, Greece, Russia, and southern Italy, where it is a very offensive gesture. 【 C 】 In particular, you shouldn't use it at all in Arab countries (⑤) you may be challenged to a fight!

One other gesture can cause trouble. To call someone over to you in Japan and the Philippines you extend your hand with the palm facing downwards and wave your hand up and down. 【 D 】The Japanese aren't upset by this gesture. But in the Philippines, calling someone over with one finger held up is very offensive. It is a gesture that is only used for dogs. In the old days, ⑥children using it to call adults sometimes had their fingers broken as a punishment.

*1protest 反対する *2distribute 配信する

〔A〕 文中(①)に入れるのに最も適当なものを，①～④の中から１つ選びなさい。 13

① says ② said ③ saying ④ is said

〔B〕 文中(②)に入れるのに最も適当なものを，①～④の中から１つ選びなさい。 14

① Probably ② Unfortunately ③ Successfully ④ Finally

〔C〕 下線部③の意味として最も適当なものを，①～④の中から１つ選びなさい。 15

① 侮辱的な ② 本能的な ③ 悲観的な ④ 宗教的な

〔D〕 文中(④)に入れるのに最も適当なものを，①～④の中から１つ選びなさい。 16

① kept ② got ③ paid ④ pointed

〔E〕 文中(⑤)に入れるのに最も適当なものを，①～④の中から１つ選びなさい。 17

① so ② but ③ because ④ although

〔F〕 下線部⑥の意味として最も適当なものを，①～④の中から１つ選びなさい。 18

① 子どもたちを呼ぶのにそれを使った大人たちは，罰としてときどき指を折られた。
② 子どもたちにそれを使って呼ばれた大人たちは，不幸にもときどき指を骨折した。
③ 指を骨折したことがある子どもたちは，大人を呼ぶのにときどきそれを使った。
④ 大人を呼ぶためにそれを使っていた子どもたちは，ときどき罰として指を折られた。

〔G〕 次の英語の質問の答えとして最も適当なものを，①～④の中から１つ選びなさい。 19

1．Who started to use the two-fingered gesture as the 'peace' sign?

① President Nixon ② Winston Churchill
③ The crowd of Australians ④ People who were against the Vietnam War

2．What is true in England below? 20

① People use the thumbs-up sign to show 'Good job.'
② Using the thumbs-up sign can cause trouble.
③ It is polite for people to held up their first finger when they call someone.
④ It is a good habit that the back of the hand faces the audience when people make the peace sign.

〔H〕 本文の内容と一致するものを，①～⑥の中から2つ選びなさい。 21 22

① The peace sign originally means 'peace.'
② Many Japanese children make the peace sign to mean victory.
③ The thumbs-up sign can be trouble in Arab countries.
④ It is said that the first President Bush invented the peace sign.
⑤ In Philippines, the thumbs-up sign is sometimes used to call someone.
⑥ The same gesture has different meanings from country to country.

〔I〕 次の中から本文中で<u>述べられていない</u>gestureを，①～④の中から1つ選びなさい。 23

①

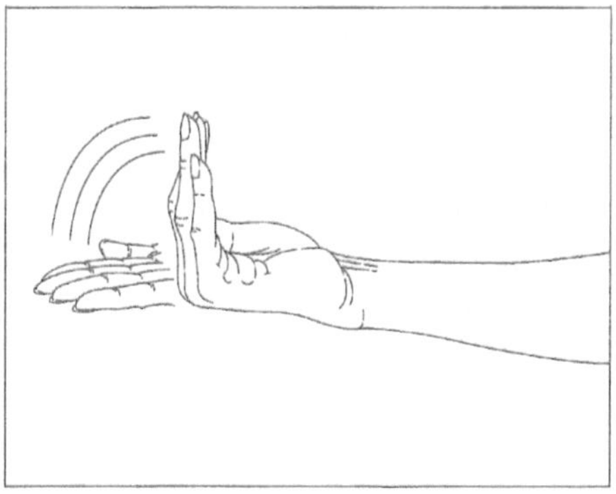

②

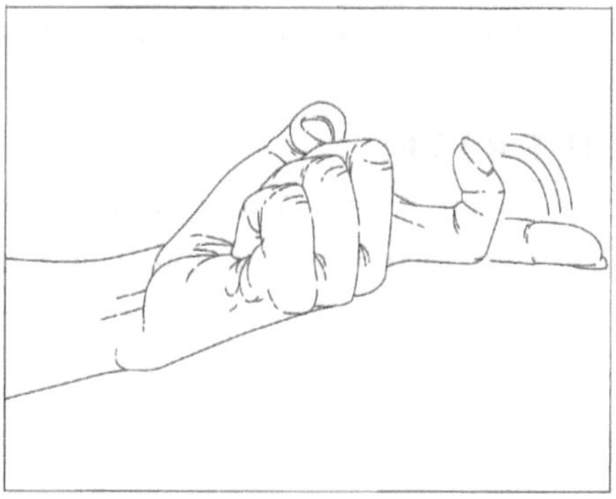

③

④

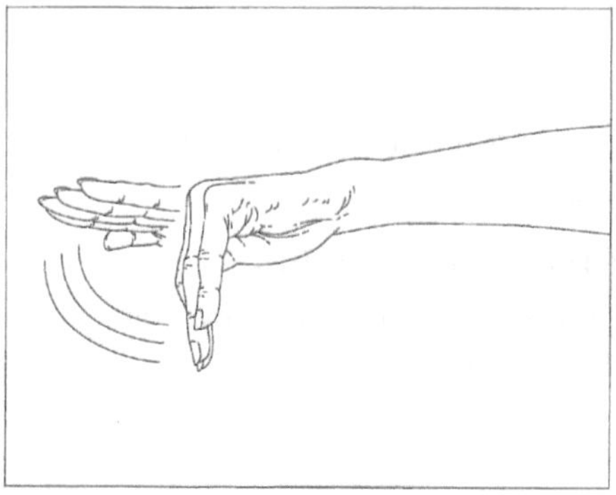

〔J〕 次の一文を本文中の【 A 】～【 D 】に入れるのに最も適当なものを，①～④の中から1つ選びなさい。 24

In England and the U.S. people use only the first finger with the hand facing upwards.

① 【 A 】　② 【 B 】　③ 【 C 】　④ 【 D 】

Ⅲ 次のページの広告に関する1～3の問いを読み，その答えとして 25 ～ 27 に当てはまるものとして最も適当なものを，①～④の中から1つずつ選びなさい。

問1 25 would be given in exchange for an all-day ticket returned at 11:30 a.m.

① Nothing　② The right to use the lifts for a half day

③ Twenty-four dollars in cash　④ A free drink ticket for café

問2 A family with two adults in their thirties and a ten-year-old and a twelve-year-old children will pay 26 dollars to use lifts for night skiing.

① 14　② 26　③ 30　④ 36

問3 According to the advertisement, which statement is true? 27

① A skier who uses the lifts at midnight can get a special discount.

② If a fifteen-year-old boy pays 120 dollars, he can use the lifts for three days straight.

③ More than half of the ski area at Prince Five Ski Resort is intended for expert alpine skier.

④ The charge for an all-day lift ticket for 60-year-old skier is 12 dollars.

PRINCE FIVE SKI RESORT

Prince Five Ski Resort offers about 500 ※1ha of alpine skiing on three different mountain peaks. Our slopes are rated for difficulty – 25% are rated beginner, 40% ※2intermediate, and 35% advanced.

LIFT RATES

Lifts operate 9 a.m. - 4 p.m. weekdays, 8 a.m. - 4 p.m. weekends and holidays, and 4 - 10 p.m. on Fridays and Saturdays for night skiing (weather permitting).

	Adult	Children under 13
*All Day (9 a.m.-4 p.m.)	$ 48	$12
Half Day (1 p.m.-4 p.m.)	$ 28	$ 7
Night Skiing (4 p.m.-10 p.m.)	$ 14	$ 6
Two ※3 Consecutive days	$ 90	$20
Three Consecutive days	$120	$25

*A half-day coupon is given on a ticket returned before noon.

Savings for Families

This is your chance to enjoy skiing and snowboarding with your entire family! Save up to 35% off each ticket.

35% off each ticket for families of 6 or more

25% off each ticket for families of 3,4 or 5

15% off each ticket for 2 family members

Create new memories this winter!

※1ha　ヘクタール　　※2intermediate　中級の　　※3consecutive　連続した

Ⅳ　次の各対話文の［28］～［30］に入れるのに最も適当なものを，①～④の中から１つずつ選びなさい。

1．Doctor：Well, John. What seems to be the problem?
Patient：I lost my voice a few days ago, and now I have a bad cough.
Doctor：［28］
Patient：Yesterday morning, but it seems to be getting worse today.

① How did it begin?　　② How did you catch it?
③ When did it start?　　④ When did you lose it?

2．A：Have you got any plans for summer vacation?
B：Yes, I'm thinking of visiting Vancouver.
A：Really? I lived there before I moved to New York.
B：［29］
A：Oh, there are so many places worth visiting.

① What would you recommend that I should see?
② Which part of the city did you live in?
③ When are you going back there?
④ Where did you go in your free time?

3．A：Your dress is so cool. Where did you buy it?
B：[30]
A：She has good taste.
B：Yeah, she really knows all the latest fashions.
① My sister works at ABC department store.
② I gave it to my sister for her birthday.
③ My father bought it on the Internet.
④ Actually it is not mine, but my sister's.

V　次の職員室での２人の先生の会話を読み，後の問いに答えなさい。

Mr. Yamada：Mr. Nagase, look at the results for last term's exams, please.
Mr. Nagase：Sure.
Mr. Yamada：Many of them are interested in math, but the problem is history.
Mr. Nagase：The history score of class 2 is only half that of math. All the other classes have very low scores too.
Mr. Yamada：What do you think we should do?
Mr. Nagase：Well, I think we have to explain the reason why they should study history, and make them study it harder.
Mr. Yamada：Why is the average chemistry score of class 2 twice that of class 4?
Mr. Nagase：Many students in class 2 want to study science in university, but their score in home economics is really bad.
Mr. Yamada：Speaking of home economics, the average score of class 1 is 10 points higher than that of class 3. It has a lot to do with the fact that the class 1 is a home economics course.
Mr. Nagase：I think so.

Average Scores of the Last Term's Exams

	Class 1	**Class 2**	**Class 3**	**Class 4**
Math	82	80	71	81
History	52	[31]	45	48
Chemistry	60	[32]	62	35
Home Economics	[33]	49	80	72

問１　表の[31]～[33]に当てはまる数字を，次の①～⑥の中から１つずつ選びなさい。
① 40　② 50　③ 60　④ 70　⑤ 80　⑥ 90

問２　会話と表の内容に一致するものとして，最も適当なものを①～④の中から１つ選びなさい。

34

① The average all subjects of class 4 is over 60.
② The average Math score of all classes are over 80.
③ Many students in class 2 want to study History in university.
④ The students in class 1 get the highest average of Home Economics because they belong to a home economics course.

Ⅵ　次の空欄に入れるのに最も適当なものを，①～④の中から１つずつ選びなさい。

1．This library is a really good [35]. Don't you think so?
① environment　② envelop　③ convenient　④ entrance

2．There is an extra [36] for mailing packages by express.
① cost　② price　③ charge　④ pay

3．The [37] of the paper is very poor because it was really cheap.
① wealth　② quality　③ culture　④ ceremony

4．[38] is a special building or room that has equipment for doing physical exercise or playing sports.
① Stadium　② Gym　③ Ground　④ Office

Ⅶ　次の〔Ａ〕，〔Ｂ〕の問いに答えなさい。

〔Ａ〕　次の文中の[39]～[41]に入れるのに最も適当なものを，①～④の中から１つずつ選びなさい。

1．Please wait in this room [39] you are called.
① who　② why　③ until　④ by

2．There are a large [40] of people in the park.
① number　② numbers　③ amount　④ amounts

3．He [41] in the middle of the night because the telephone rang suddenly.
① awake　② has woken　③ wakes　④ awoke

〔Ｂ〕　次の各文の下線部には誤りが１ヶ所ずつあります。その部分の番号を，①～④の中から１つずつ選びなさい。

1．①Jogging used to ②being my main sport, but I've ③taken up ④swimming lately.　[42]

2．I ①have just moved ②to Tokyo two months ago, so I ③have not yet had time ④to get a good look at the city.　[43]

3．I ①still remember ②to hit a homerun in the last game ③held ④in this stadium.　[44]

Ⅷ 次の日本文と同じ意味になるように，下の語(句)を並べかえて文を完成させなさい。ただし，各語群には1つずつ不要なものが入っています。解答は［45］～［50］に入る番号のみを答えなさい。

1．冷蔵庫にあるもので欲しいものは何でも自由に召し上がってください。

Please［　］［　］［45］［　］［46］［　］［　］the fridge.

① anything　② help　③ you　④ to
⑤ in　⑥ want　⑦ yourself　⑧ for

2．ご都合の良い時に折り返しお電話ください。

Please call me［47］［　］［　］［　］［48］［　］［　］.

① when　② for　③ convenient　④ are
⑤ is　⑥ it　⑦ back　⑧ you

3．私が留守の間，私の犬を見ていてくれませんか。

［　］［49］［　］［　］［50］［　］［　］［　］［　］while I am away from home.

① do　② care　③ could　④ I　⑤ if
⑥ my dog　⑦ of　⑧ take　⑨ wonder　⓪ you

問六　傍線（D）「脇かいとりて、いきまへ、ひざまづきたり」とあるが、どのような様子を表しているか、最も適当なものを選びなさい。解答番号 35

① 主人の言いつけを守ることができて、誇らしい様子。
② 自身の起こした過ちに気付き、落胆している様子。
③ 自分の行動に対する主人の判断を静かに待っている様子。
④ 命令に従ったのにも関わらず、非難されて不満げな様子。

問七　傍線（E）「とく立ちね」とあるが、なぜこのようなことを言ったのか、最も適当なものを選びなさい。解答番号 36

① 自分のために忠誠を尽くしてくれた男をいたわり、早く休ませようとしたから。
② 自分の意図をくみ取れなかった男に場を台無しにされ、面目を失ってしまったから。
③ 招待客たちの歌の出来がひどく、歌会を催した本来の目的も果たせなかったから。
④ 自分がこれ以上恥を重ねないため、招待客たちに早く帰ってもらいたかったから。

問八　本文から読み取れる教訓は何か、最も適当なものを選びなさい。解答番号 37

① 人をばかにせず、謙虚になるべきだ。
② 他人に恩恵を施す心を持つべきだ。
③ 主従関係を重んじ、実直であるべきだ。
④ 何事に対しても思慮深くあるべきだ。

（注）＊祭主三位輔親……大中臣輔親。平安中期の歌人。伊勢神宮の神職の長。
＊ささざりけり……格子戸を下ろさなかった。
＊宿直……夜間、警備などのために勤務すること。
＊あなかしこ……決して。
＊神頭をはげて……先のとがっていない矢をつがえて。

問一　二重傍線（ア）～（ウ）の本文中の意味として、それぞれ最も適当なものを選びなさい。

（ア）「ありがたく」**解答番号** 27
①　ふさわしいと　②　かわいらしいと
③　めずらしいと　④　感謝したいと

（イ）「いつしか」**解答番号** 28
①　夜通し　②　早くから
③　ようやく　④　何としても

（ウ）「いふかひなく」**解答番号** 29
①　情けなくも　②　即座に
③　何もできずに　④　無粋にも

問二　二重傍線（a）・（b）の解釈として、それぞれ最も適当なものを選びなさい。

（a）「なじかは遣はし候はむ」**解答番号** 30
①　どうやって鶯を呼び寄せたらよろしいでしょうか
②　なぜ私にこのような役割を命じられたのでしょうか
③　どうして鶯をよそへやったりいたしましょうか
④　どうして鶯を矢で射るようなことができましょうか

（b）「こともおろかなり」**解答番号** 31
①　ひどく大げさな言い方である
②　言い尽くせないほどのことである
③　どうにも筋が通らない話である
④　この上なく痛ましいことである

問三　傍線（A）「かかること」とはどのようなことか、最も適当なものを選びなさい。**解答番号** 32
①　有名な歌詠みたちが、鶯の声を聞くために集まってくること。
②　美しく整えた自慢の庭に、鶯が願い通りにやってきたこと。
③　軒先の梅の枝に、鶯がいつも決まった時間に現われて鳴くこと。
④　月光を入れるため戸を開けていたら、鶯が寄り付きはじめたこと。

問四　傍線（B）「うめきすめきしあひたるに」とあるが、歌人たちのどのような様子を表しているか、最も適当なものを選びなさい。**解答番号** 33
①　あれこれと苦心して歌を作っている様子。
②　我先に鶯を見ようとひしめき合っている様子。
③　なかなか鶯が鳴かないので退屈している様子。
④　歌会はいつ始まるのかとそわそわしている様子。

問五　傍線（C）「立ちぬ」の動作の主体として、最も適当なものを選びなさい。**解答番号** 34
①　輔親　②　鶯
③　時の歌よみども　④　伊勢武者

れもなく自分たち家族の元にあることを実感している。

③ 一方的に自由を奪われてしまい、そこから逃れることのできない自分たちの境遇を、諦めの気持ちで受け止めている。

④ 家族と平穏に過ごす日々が、今後も変わらずに続くかどうかわからないという、漠然とした不安の中に身を置いている。

問七 本文の表現上の特徴として、最も適当なものを選びなさい。

解答番号 26

① 比喩表現を要所に用いることによって、主人公の受けた視覚的な印象を読者にわかりやすく伝えるという効果を生んでいる。

② 過去のエピソードを挿入することによって、理想と現実のはざまで絶えず揺れ動く主人公の心理を巧みに描写している。

③ 主人公の呼び方を「彼」・「父親」と変えることによって、話が平板な展開とならないように工夫を凝らしている。

④ 主人公とその家族以外の登場人物は、読者の視点に立って物語を客観視する存在として位置づけられている。

四 次の文章を読んで、後の問いに答えなさい。

七条の南、室町の東一町は、＊祭主三位輔親（すけちか）が家なり。丹後の天の橋立をまねびて、池の中嶋をはるかにさし出して、小松をながく植ゑなどしたりけり。寝殿の南の廂（ひさし）をば、月の光入れむとて、＊ささざりけり。

春のはじめ、軒近き梅が枝（え）に、鶯（うぐひす）のさだまりて、巳（み）の時ばかり来て鳴きけるを、(ア)ありがたく思ひて、それを愛するほかのことなかりけり。時の歌よみどもに、(A)「かかることこそ侍（はべ）れ」と告げめぐらして、「明日の辰（たつ）の時ばかりに渡りて、聞かせ給（たま）へ」と、ふれまはして、伊（い）勢武者（せ）の＊宿直（とのゐ）してありけるに、「かかることのあるぞ。人々渡りて、聞かむずるに、＊あなかしこ、鶯うちなんどして、やるな」といひければ、この男、(a)「なじかは遣はし候はむ」といふ。輔親、「とく夜の明けよかし」と待ち明かして、(イ)いつしか起きて、寝殿の南面をとりしつらひて、営みゐたり。

辰の時ばかりに、時の歌よみども集まり来て、いまや鶯鳴くと、(B)うめきすめきしあひたるに、さきざきは巳の時ばかり、必ず鳴くが、午（うま）の刻の下がりまで見えねば、「いかならむ」と思ひて、この男を呼びて、「いかに、鶯のまだ見えぬは。今朝はいまだ来ざりつるか」と問へば、「鶯のやつは、さきざきよりもとく参りて侍りつるを、帰りげに候ひつるあひだ、召しとどめて」といふ。「召しとどむとは、いかん」と問へば、「取りて参らむ」とて(C)立ちぬ。

「心も得ぬことかな」と思ふほどに、木の枝に鶯を結ひつけて、持て来たれり。おほかたあさましともいふはかりなし。「こは、いかにかくはしたるぞ」と問へば、「昨日の仰せに、鶯やるなと候ひしかば、(ウ)いふかひなく逃し候ひなば、弓箭（ゆみや）とる身に心憂くて、＊神頭をはげて、射落して侍り」と申しければ、輔親も居集まれる人々も、あさましと思ひて、この男の顔を見れば、(D)脇かいとりて、いきまへ、ひざまづきたり。祭主、(E)「とく立ちね」といひけり。人々をかしかりけれども、この男の気色におそれて、え笑はず。一人立ち、二人立ちて、みな帰りにけり。

興さむるなどは、(b)こともおろかなり。

（『十訓抄』より）

問二　傍線（B）「バケツを提げて出かけること」とは、「父親」にとってどういうことか、最も適当なものを選びなさい。

解答番号 21

① 準備万端整えた状態で、未経験のものに挑戦してみること。
② 疲れを押して家族で外出し、そのきずなを再確認すること。
③ 無為に過ごす状態から遠ざかり、未知の経験のために行動すること。
④ たとえ無意味な行動でも、何もしないよりはましだということ。

問三　傍線（C）「電車の切符を買うようなことを云って」とあるが、「父親」のどのような様子が描かれているか、最も適当なものを選びなさい。**解答番号** 22

① 不慣れな場所であるため、利用する際に不愛想で事務的な言い方になってしまう様子。
② 初めての利用なのに相手が事務的な態度で接してきたため、感情を抑えて対応している様子。
③ 勝手がわからないとはいえ、特別な場所でもないので気兼ねなく代金を支払う様子。
④ 利用する人数と頼んだ竿の数が合わないことを追及されないかと、不安に感じている様子。

問四　傍線（D）「あれと同じこと」は何を指しているか、最も適当なものを選びなさい。**解答番号** 23

① 全く興味の持てないことでも我慢強く向き合えば、必ず新たな発見があるということ。
② 他人の言動に惑わされず、自分の目標に対していちずに向かう姿勢が大切だということ。
③ たとえ心が伴わなくても、初志貫徹しようとする姿を他人に見せれば十分だということ。
④ 未経験のものは、先人の言葉に従って行動するところから始めるのが良いということ。

問五　傍線（E）「父親は男の子をたしなめたが、顔は笑っていた」には、「父親」のどのような心情がうかがえるか、最も適当なものを選びなさい。**解答番号** 24

① 子供が周囲に迷惑をかけてしまったため、その場を取り繕おうとしている。
② 大した釣果でもないのに大げさに喜ぶ子供を見て、内心ではあきれている。
③ 子供につまらない思いをさせることもなく、無難に過ごせてほっとしている。
④ 初めての釣果に子供が喜ぶ姿を見て、自分も親としての喜びを感じている。

問六　傍線（F）「釣針にかけられたことがまるで嘘であるかのように金魚は水の中に浮んだ」とあるが、ここには「父親」のどのような心情が映し出されているか、最も適当なものを選びなさい。

解答番号 25

① 日常性とかけ離れた特殊な環境の中で、試行錯誤の末にようやく目標を達成することができ、喜びをかみしめている。
② 思いもかけず手にすることのできたささやかな幸せが、まぎ

だな」

「ああ、(D)あれと同じことをおれは子供に云い聞かせようとしているん

と今は父親になっている彼が思った。

男の子はそれまでよりは騒がなくなったが、自分たちのいるところではちっとも変化がないし、他の人のところではちょいちょい魚を引き上げるので、その度に、

「ちょっと見て来る」

と云って走って行った。

父親の方はもうずっと自分の茂みを離れずにいたが、水の底に魚がいるのか、いないのか、それさえ分らなかった。

「駄目らしいな」

彼はとなりで自分の浮きを見つめている女の子に云った。

「やっぱり、難しいものだ」

釣堀の前の道を時々買物籠をさげた女の人が通った。中にはちょっと立ち止って、こちらを見ている人もいる。

一度、父親が道の方を眺めていて、眼(め)をもとに戻すと、浮きが動いていた。彼は少し慌てて竿(さお)を上げた。すると、糸の先に赤い、小さいものがくっついて来た。

「釣れた!」

と女の子が云った。

その声を聞いて、よその中学生のそばで見ていた男の子が走って来た。

「釣れた。釣れた」

と男の子は叫んだ。

「(E)静かに。そんな大きい声、出すな」

父親は男の子をたしなめたが、顔は笑っていた。釣針にくっついて来たのは、実に小さな金魚であった。それは目高のようなと云ってもいいくらい、小さかった。

男の子が持って来たバケツが初めて役立った。(F)釣針にかけられたことがまるで嘘(うそ)であるかのように金魚は水の中に浮んだ。

(庄野潤三『静物』より)

(注) *あの日……妻が重篤な状態に陥り、病院に運ばれた日。その日、妻は「女の子」と添い寝をしていた。

*細君……妻。

*灌木……低木。人間の身長以下の高さの木。

問一 傍線(A)「気の弱いことを彼は云ったものだ」には、「父親」のどのような思いがにじみ出ているか、最も適当なものを選びなさい。**解答番号 20**

① 子供たちの励ましを素直に受け入れることができず、本心とは裏腹に否定的な言葉を口にしてしまった態度を悔やむ思い。

② 自分を何とか力づけようとする子供たちの気持ちを察することなく、無下に拒絶してしまった大人気のなさを恥じる思い。

③ 父親という立場にありながら、子供たちの望みをかなえる力に乏しいふがいなさを、心からわびるような思い。

④ 積極的に行動を促す子供たちとは対照的に、父親であるにも関わらず消極的な発言でそれをかわしてしまったことへの苦々しい思い。

初めて入場した父親は、(C)電車の切符を買うようなことを云って、一時間分の代金を払い、えさと貸し釣竿を二本貰った。前に使った者がいい加減なことをして戻して行ったので、糸が滅茶苦茶に巻きついている。針が引っかかっているので、どうして解いていいか分らない。釣れないので気を悪くして帰って行った客の釣竿ではないかと思われる。

釣堀の小母さんが解いてくれた。

「大丈夫ですか」

「ええ、釣れますよ」

小母さんが笑いながら答えた。

男の子は糸が解けるのが待っていられなくて、あっちへ走って行ったかと思うと、すぐ戻って来て、「早く、早く。あそこがいいよ、お父さん」と叫んだ。

男の子が「あそこがいい」と云ったのは、しかし、専門家の池の方であった。そちらでは彼等が借りたようなちっぽけな釣竿を持っている人は一人もいない。それに料金も高いのだ。

「だめなの、あっちは」

と女の子が云った。

「だって、大きい魚がいるんだから。来てごらん」

「だめなの」

小さな声で女の子が云った。

「あっちは難しいの。初めて釣る人はこっちでやるの」

「なーんだ」

父親は小母さんにえさの附け方を教わって、子供たちが釣っている場所へ行った。そこには夫婦者や大人の男もかなりいた。

二本の釣竿で三人が釣ったが、一向にかかって来る様子がなかった。男の子はあちらで釣れるとあちらへ走って行き、こちらで釣れるとこちらへ走って来、その度に大きな声で、「こっちがいいよ。お父さん」と呼んだ。

「いいかい」

と父親は男の子に云った。

「釣れても、釣れなくても、最初に坐ったところにいるものだ。ほかの人が釣ると、そこがよく釣れるように見えるけれども、それは間違いで、そんな気がするだけのことなんだ。うまい人もあれば、下手な人もある。うまい人だって、自分の場所を動かずに根気よく待っているからかかるんだ。じっとしていることが出来ないようでは、とても釣りはやれないよ」

話しているうちに父親は、中学校の時に習った英語の教科書に「スティック・トゥ・ユア・ブッシュ」というのがあったことを思い出した。

みんなで山へ苺つみに行く。方々に茂みがある。思い思いに探し始めると、そのうちにあっちでもこっちでも「苺を見つけた！」という嬉しそうな声が聞える。まだひとつも見つけることの出来ない少年は、その度に声のした方へ飛んで行く。そして、他の者が籠にいっぱい取った頃に、少年の籠の中にはまだほんの少ししか苺がなかった。

「それでは駄目だ。自分の茂みにくっついていなさい」

と教えられる。何ごとをやるにしてもそうだと云う話であった。その時は、何だか無味乾燥な、面白味のない話のように聞えた。

小学一年生の男の子はそう云った。

「いや」

と父親は云った。

「やったことがないんだ。海で釣ったことがちょっとあるだけだ。あいう釣堀のようなところは、一回も行ったことがない」

(A)気の弱いことを彼は云ったものだ。

「やってみたら、釣れるかも知れないわ」

今度は小学五年生の女の子が云った。

「一回、やってみたら? 釣れなくてもいいじゃないの。面白いわ」

「そうだな」

と彼は云った。

「やってみないことには分らんわけだ。お前の云う通りだ」

「三人行けば、誰か釣れるかも知れない」

女の子は腰の重い父親が行く気になったのを見て、そう云った。彼女は父親がためらっている時とか、何か心配している時など、よくこんな風に云って励ます子である。不思議にそういうところのある子供である。

*あの日の朝、部屋の隅っこに縫いぐるみの仔犬(こいぬ)と一緒にころがっていた。何が起ったかを知らないで、みなし子のようにころがっていた。あの時は生れてからまだ一年とちょっとの子供であったのだ。

「行っていらっしゃい」

と*細君が云った。

「おなかを空(す)かして来て頂戴、みんな」

三つになる下の男の子は、細君と一緒に家で留守番だ。仕方がない。釣堀へついて行くにはまだ小さ過ぎる。

父親は家を出ると、気持がよくなっていた。何でも新しいことをやりに行く時の気持はいいものだ。それに子供が意気込んでいる。男の子は水遊びに使うブリキのバケツを提げて来た。

「何でもこういう風にやる方がいいな。この方がいさぎよい感じでいいな」

子供のバケツを見て父親は考えた。

釣れるか釣れないかが問題ではない。(B)バケツを提げて出かけることが大事なのだ。何でもないようなことに見えるが、こういうのがもしかするとこつかも知れない。

何にもしないというのが、だいいちよくない。休みの日は大抵彼はぐずぐずして過すのだ。今度の日曜日はひとつ何処(どこ)へ出かけようという風に計画を立てることをしない。

無論、出かけもしない。子供と細君に相済まない気がすることもあるが、この父親はもうずっとそんな具合にやって来たのだ。そうして、子供の方でもそれに馴(な)れている。休みの日は家にいて、自分らで遊ぶものと決めている。それで結構楽しんでいる。

だが、物ぐさはよくない。釣堀までは歩いて十分くらいで行けるのだ。

前は田圃(たんぼ)で、その向うに*灌木(かんぼく)の茂みのある丘の斜面が見える。小さな魚を釣る初心者の池と、大きな魚を釣る専門家の池と二つに分れている。

日曜日なので、どちらも満員であった。

「大人一人、子供一人」

ること。

④ 日常的な読書によって、体に活力が与えられたかのように錯覚すること。

問六 傍線（E）「まったくないわけではないのです」とあるが、筆者がこのように言うのはなぜか、最も適当なものを選びなさい。

解答番号 18

① 日本人は歴史的に本を読む行為を好ましく受け止めており、読書に親しみやすい環境も安定的に維持されているから。

② 読書行為は、どんな新しいメディアにも替え難い価値をもつものとして、日本人の意識の中で脈々と受け継がれているから。

③ 読書によって得られる恩恵を享受し続けてきた日本人は、読書習慣の喪失に対して漠然とした不安を覚えているから。

④ 主体的な読書によって関心と知見を広げてきた日本人は、インターネットによる受動的な情報取得では満足できないから。

問七 本文の表現上の特徴として、最も適当なものを選びなさい。

解答番号 19

① 筆者の具体的な経験に基づいて自説を展開し、読み手に問いかけるような表現を用いることによって、その関心をひきながら書物文化の特徴を解明している。

② 平仮名表記を意識的に用いるとともに、先行する研究に解説を加えながら論を進めることによって、書物文化に対する読み手の抵抗感を軽減している。

③ 終始平易な言葉遣いで述べながら、書物に関する他の作家の見方を取り入れて論を展開することによって、書物文化に対する自らの見解を補完している。

④ 書物に対する自身の意見を論の中心としながらも、専門家の視点も織り交ぜながら考察を進めることによって、書物文化の窮状をわかりやすく述べている。

三 次の文章を読んで、後の問いに答えなさい。

「釣堀に行こうよ」

と云い出したのは、男の子であった。

その日は日曜日で、三月の初めであったが、もう春がすぐそこまで来ているかと思うような天気の日であった。

有難いことに風が無かった。

「釣りは駄目だよ。とても釣れやしないよ」

と父親が云った。

「だめなことなんかないよ。子供でも釣ってるよ。ます子ちゃんは五匹釣ったよ」

「何を釣ったんだ」

「きんぎょ」

「金魚か」

父親はがっかりしたような声を出した。

「金魚じゃ、つまらないよ」

「つまらなくないよ。大きい魚を釣ってる子供もいるよ」

「そうか」

「お父さんなら大丈夫だよ」

問一　傍線（A）「はたしてそう簡単にいいきってしまえるのかどうか」とあるが、筆者がこのように考えるのはなぜか、最も適当なものを選びなさい。**解答番号** 13

① 電子メディアの利便性に魅せられた人々が〈紙の本〉への信頼感を失いつつあるという指摘があるが、それは電子メディアに批判的な立場をとる一部の人々の偏った見方に過ぎないから。

② ゲームやSNSの普及による人々の生活の表面的な変化ばかりにとらわれ、電子メディアの隆盛が若者の「本ばなれ」を招いた背景を歴史的な視点から捉えきれていないから。

③ 読書習慣の衰退は、革新的な電子メディアの普及する以前から起きていたものであり、人々の〈紙の本〉そのものに対する意識の変化にその原因を求める方が妥当だといえるから。

④ 電子メディアの登場を機に人々の読書環境が劇的に変化したと一般的には認識されているが、〈紙の本〉の登場以来、読書環境は常に悪化し続けており、現代特有の現象とは言い難いから。

問二　傍線（B）「カレル・チャペック」の見解を筆者はどのように捉えているか、最も適当なものを選びなさい。**解答番号** 14

① 新たな映像文化の性質を好意的に受け止めながらも、映像文化にはない読書行為の価値を明確に認識している。

② 本を読む人と映像を楽しむ人の特徴を比較することによって、現代の映像文化の優位性を明らかにしている。

③ 読書を愛好する人々は老年世代に限定されるので、書物文化はやがて衰退の一途をたどっていくと考察している。

④ 映像作品の流行は一時的なものに過ぎず、いずれは現代人も「概念的タイプ」に戻っていくと予想している。

問三　本文中の空欄［　］に当てはまる語として、最も適当なものを選びなさい。**解答番号** 15

① 熟慮する人間　② 忍耐強い人間

③ 逃亡する人間　④ 進歩する人間

問四　傍線（C）「『飽和状態』」とあるが、これはどういうことか、最も適当なものを選びなさい。**解答番号** 16

① 膨大な情報を慌ただしく取り込み続けた結果、精神的な余裕がなくなってしまったこと。

② 当初は関心の高かった情報であったが、手にした途端に興味を失ってしまったこと。

③ 有益な情報だけを選別していくうちに、物事の真価を見極められなくなってしまったこと。

④ 瞬時に情報が手に入ることに満足して、書物に傾けていた情熱がさめてしまったこと。

問五　傍線（D）「体を伴った読書」とあるが、これはどういうことか、最も適当なものを選びなさい。**解答番号** 17

① 読書に没頭する内に、体ごと物語に取りこまれたかのように感じること。

② 過去の読書行為が、身体的な感覚や経験と深く結びついていること。

③ 読書に熱中した当時を懐かしく思い起こし、追憶にとらわれ

「たっぷり息を吸うために、映像〔情報〕の急流から逃れ、本に戻る人」のひとりだったのです。

チャペックと津村記久子――。

この二人の作家の百年の時をへだてた体験をならべてみると、〈読書の黄金時代〉としての二十世紀が、じつは終始、かならずしも安定したものでありつづけていたわけではないことがわかります。いかにも私たちは、いまデジタル革命の衝撃で〈紙の本〉がはじめて危機にさらされているように感じている。でもちがうんですね。チャペックによると、すでに前世紀の二〇年代、〈読書の黄金時代〉がその盛期にさしかかろうとするころには、映画の成熟によって、かれ自身をふくむ本好きたちまでが、いち早く、その危機を予感するようになっていたらしい。

そして、この点にかかわってもうひとつ見すごしてならないのが、この危機が同時に〈紙の本〉の力を人びとが発見しなおす機会になったということです。

日用品としての本に慣れすぎて、私たちはともすればそのありがた味を忘れてしまう。そんなとき、ふいに衝撃的ななにごとかにぶつかり、忘れていたありがた味を新鮮なものとして見つけなおす。〈読書の黄金時代〉前半期での「なにごとか」は映画でしたが、それに匹敵する後半期のできごとがインターネットの出現です。そして映画の場合と同様に、今回も新しい「なにごとか」に震撼（しんかん）させられた〈紙の本〉が、逆に、あわただしい情報ラッシュに疲れはてた人間がそこに戻ってゆく代替のきかない強力な場として再発見される。それがチャペックの「本に戻る」だったし、津村記久子のいう「読書を再び求める」でもあるのでしょう。

《中略》

――明治の終わりから大正にかけて、人びとが年齢や地域や性別や学歴の差をこえていっせいに本を読むようになり、そこから〈読書の黄金時代〉としての二十世紀がはじまった。

以前、私はたしかにそうのべました。

ところが、その二十世紀が終わって、つぎの世紀にはいると、おなじく年齢や地域や性別や学歴の差をこえて、おおくの日本人がやはりいっせいに本を読まなくなっていた。どんな本好きも、いや本好きであればあるほど、さまざまな調査や本の売れ行きの急激な減少から、なによりも日常の実感として、その変化をみとめざるをえなくなったのです。その結果、いつのころからか、私たちは「遠からずわれわれの社会から日常的に本を読む習慣が失われてしまうかもしれない」という、ぼんやりした不安をいだくようになった。

しかし、たとえそうだとしても、幼いころからの「体を伴った読書」の記憶が消えてしまうわけではありません。その個人的な記憶に、紫式部や菅原孝標の女（むすめ）にはじまる日本人の読書の集団的な記憶がかさなり、そのことが、ふだんあまり本を読まない人たちをも辛うじて本にむすびつけている。したがってこのさきも、そこに行けばかならず多様な本があり、じぶんの関心をどんな方向にでも深めてゆけるような環境が安定的に確保されつづけるなら、<u>いちどは本を読まなくなった人びとがふたたび本を読みはじめる可能性だって、まったくないわけではないのです。</u>（E）

（津野海太郎『読書と日本人』より）

読書タイプの人間は忍耐強い。周囲の状況を認識し、事件の記録のなかに腰を据え、話を最初から最後までたどっていくだけの十分な時間を取る。

視覚的タイプはそれほど忍耐強くありません。状況を一目で把握し、時間をかけずに話の筋を飲み込んでしまいたがります。そして、次の瞬間にはもう新しい何かを物色しているのです。しかし、もしかしたら、たっぷり息を吸うために、映像の急流から逃れ、本に戻る人も出てくるかもしれません。（略）多分ね、そんなこと誰にわかるのです？——多分、書物はだんだんと死に絶えていくでしょう。もしかしたらバビロンの文字の書かれた煉瓦のように奇妙な記念碑になるでしょう。でも、芸術は死に絶えることはありません。

（「目の世代」）

文脈がすこし混乱しているので、チャペックが「本に戻る人」に批評的な距離をおいているようにも読めます。でも、たぶんそうじゃないな。かれが人間をつくりかえる映画特有のスピード感に魅せられていたのは事実でしょうが、それと同時に、ねばりづよく「周囲の状況を認識」し、十分な時間をかけて「最初から最後まで」話につきあうという「読書タイプの人間」の習性にも、おなじくらい、もしくはそれ以上につよく共感していた。チャペックが同時期に書いたいくつかのエッセイから見ても、かれのうちに「□」とならんで、ひとりの確信的な「本に戻る人」がいたことはあまりにもあきらかなのです。

そして、このチャペックのうちなる「読書タイプの人間」と「視覚型人間」との葛藤の劇が、百年後、映画をインターネットに、「視覚型人間」を「デジタル型人間」におきかえて、そっくりそのまま繰りかえされます。私の場合でいえば、数年まえ、たまたま雑誌で津村記久子の「咳と熟読」という文章を読み、おや、おれは以前、これと似たようなことをどこかで読んだことがあるぞと、チャペックのこのエッセイのことを思いだした。

津村の「咳と熟読」によると、いっとき本をはなれてインターネットに熱中した彼女は、やがてネット情報の「瞬間湯沸かし」的な収集に疲れて、ふたたび本を読むようになったらしい。「情報」をいそがしく「脳味噌に注入」するかのごとき(C)「飽和状態」のなかで「逆説的に、自分が本から得ていた主な栄養は「情報」ではないのだな」と気づいたというのです。

本を読み始めた頃、読むことは、ひたすら体験だった。図書室で借りてきた本のぼろぼろさ加減とその物語は、一体のものとなって記憶されている。喘息の発作の後、親に隠れて本を読んでいる自分自身もまた、物語の一部だったように思える。ああ、『チム・ラビットのぼうけん』はおもしろかったなあ、と思い出す時は、必ず、小学二年の時に住んでいたマンションの六畳の寝室と、窓から差し込む昼間の光と、苦かった薬と裏腹に魅力的だった吸入器の味のことを思い出す。

そういう、(D)体を伴った読書を再び求める。

ネット情報とのつきあいに疲弊して「読書を再び求める」ようになった。つまりはそういうこと。彼女もまた、チャペックがいう

問五　次の文の傍線部「で」と同じ意味（働き）のものはどれか、最も適当なものを選びなさい。**解答番号** 9

「吾輩は猫である。」

① 彼は大らかな性格なので好かれている。
② この地名は開拓者にちなんでつけられた。
③ 包丁で野菜をみじん切りにする。
④ 兄は大学生で、弟は高校生だ。

問六　森鷗外の作品として、最も適当なものを選びなさい。

解答番号 10

① 『浮雲』　② 『杜子春』
③ 『高野聖』　④ 『山椒大夫』

問七　「閑かさや岩にしみ入る蟬の声」と同じ季節の俳句はどれか、最も適当なものを選びなさい。**解答番号** 11

① 古池や蛙飛び込む水の音
② 五月雨を集めて早し最上川
③ 荒海や佐渡によこたふ天の河
④ 旅に病んで夢は枯野をかけめぐる

問八　「勿以善小而不為」を「善小なるを以て為さざること勿かれ」と書き下す場合、返り点の付け方として最も適当なものはどれか、次の中から選びなさい。**解答番号** 12

① 勿(下)以(二)善小(一)而不(上レ)為。
② 勿(下)以(二)善小(一)而不(レ)為(上)。
③ 勿(下)以(二)善小而(一)不(上レ)為。
④ 勿(下)以(二)善小(一)而不(上)為。

二　次の文章を読んで、後の問いに答えなさい。

人が本を読まなくなった。あれほど堅固に見えた〈紙の本〉への信頼感がぐらりと揺らいだように思える。このさき私たちの読書環境はどう変わってしまうのだろうか。

こうした不安をもたらした犯人はデジタル革命だという説があります。ゲームやSNSのせいだとか、なにもかもインターネットがわるいのだとか――。

でも、(A)はたしてそう簡単にいいきってしまえるのかどうか。

だいいち若者の「本ばなれ」が顕著になった七〇年代末には、デジタル時代はまだ緒についたばかり。戦後はじめて本の総売上が下降に転じたのも、インターネットや携帯電話が広く定着したのも、すべて九〇年代が終わり近くなってからのことなのです。であるからには、どう考えても読書習慣のおとろえの責任をまるごとデジタル革命に負わせることにはむりがある。それよりも、このおとろえは二十世紀後半、デジタル革命の開始以前に、〈紙の本〉の世界の内側で徐々に醸成されてきたと考えておくほうが、よほど自然なのではないだろうか。

もうひとついえば、新しく興隆したメディアが〈紙の本〉をほろぼすという危機の構図にしても、それ自体は新しいものではなく、すでに出版産業化が本格化した一九二〇年代にはすがたを現していました。このときの本の敵は映画（無声映画）です。たとえばチェコの人気作家でジャーナリストの(B)カレル・チャペック。かれは一九二五年に、早くも成熟期に足を踏み入れた映画の力をたたえて、これからは本を読む「概念的タイプ（老年世代）」にかわって映画で再教育された「視覚型人間（現代の人間）」が増えてゆくだろう、と予言していた。

【国語】〈五〇分〉〈満点：一〇〇点〉

一 次の各問いに答えなさい。

問一 次の（ア）～（オ）の傍線部と同一の漢字を用いるものはどれか、それぞれ適当なものを一つずつ選びなさい。

（ア）裁判官をダンガイする。 解答番号 1

① カンダン差の大きい気候。
② シャダン機のない踏切。
③ ダンカイ的に強化する。
④ ダンリョクのある素材。

（イ）医者にオウシンしてもらう。 解答番号 2

① 武道のオウギを極める。
② 人のオウライが激しい。
③ 契約書にオウインする。
④ オウヘイな言葉遣い。

（ウ）ボランティア活動をショウレイする。 解答番号 3

① ケイショウ地へ赴く。
② カンショウ的な気分。
③ ショウガク金を申し込む。
④ 政権をショウアクする。

（エ）ザユウの銘。 解答番号 4

① シユウを決する。
② 王をユウヘイする。
③ 一刻のユウヨもない。
④ サユウ対称の建物。

（オ）ミツヤクを交わす。 解答番号 5

① キュウヤク聖書から引用する。
② ジョヤクに任命される。
③ サイヤクに見舞われる。
④ 英文学をホンヤクする。

問二 「教」の字の部首は何と呼ばれるか、最も適当なものを選びなさい。 解答番号 6

① がつへん
② ぼくにょう
③ おいかんむり
④ ほこづくり

問三 「社会的少数者」を表す外来語として、最も適当なものを選びなさい。 解答番号 7

① レアリティ
② ダイバーシティ
③ マイノリティ
④ アイデンティティ

問四 □内に入る語が一致する慣用句の組み合わせはどれか、最も適当なものを選びなさい。 解答番号 8

① □が痛い ―□がおどる ―□をすませる
② □を立てる ―□をつぶす ―□に来る
③ □が利く ―□が高い ―□を折る
④ □が高い ―□がない ―□をひそめる

2022年度

解 答 と 解 説

《2022年度の配点は解答欄に掲載してあります。》

＜数学解答＞

[1] (1) ア 2 イ 4 (2) ウ － エ 1 (3) オ 2 カ 4
(4) キ 1 ク 2 ケ 3 (5) コ 3 サ 0 シ 5 ス 1 セ 2
ソ 3 (6) タ 1 チ 3 ツ 1 テ 3

[2] (1) ア 2 イ 3 ウ 4 エ 3 オ － カ 1 キ － ク 2
(2) ケ 4 ク 9 (3) コ 5 サ 3

[3] (1) ア 7 イ 2 (2) ウ 1 エ 1 オ 5 カ 2
(3) キ 2 ク 7 ケ 3 コ 5

[4] (1) ア 1 イ 2 ウ 5 エ 6 オ 2 カ 5 キ 3 ク 3
ケ 2 (2) コ 3 サ 3

○配点○
[1] (1)～(4) 各5点×4 他 各4点×4 [2] (1) 各4点×2 他 各7点×2
[3] (3) 7点 他 各5点×3 [4] (1) 各6点×2 (2) 8点 計100点

＜数学解説＞

[1] (平方根の計算，式の値，数の性質，連立方程式の応用問題，平面図形の計量問題，確率)

基本 (1) $(\sqrt{28}+\sqrt{27})(\sqrt{63}-\sqrt{12})-\frac{15\sqrt{7}}{\sqrt{3}}=(2\sqrt{7}+3\sqrt{3})(3\sqrt{7}-2\sqrt{3})-\frac{15\sqrt{21}}{3}$
$=42-4\sqrt{21}+9\sqrt{21}-18-5\sqrt{21}=24$

基本 (2) $x^2-4x-15=(x-2)^2-19=(2-3\sqrt{2}-2)^2-19=(-3\sqrt{2})^2-19=18-19=-1$

(3) 3桁の自然数をXとすると，$100\leqq X\leqq 999$ Xを37で割ったときの商と余りをrとすると，$X=37r+r=38r$ $100\leqq 38r\leqq 999$から，$\frac{100}{38}\leqq r\leqq\frac{999}{38}$ rは整数より，$3\leqq r\leqq 26$ $26-3+1=24$から，rの個数は24個 よって，Xの個数も24個

重要 (4) 船の速さを時速 x km，川の流れの速さを時速 y kmとする。20分$=\frac{1}{3}$時間 2時間40分$=\frac{8}{3}$時間 1時間20分$=\frac{4}{3}$時間 川に流された距離は，$\frac{1}{3}y$ 上りにかかった時間から，$\left(20+\frac{1}{3}y\right)\div(x-y)+\frac{1}{3}=\frac{8}{3}$ $\left(20+\frac{1}{3}y\right)\div(x-y)=\frac{7}{3}$ $20+\frac{1}{3}y=\frac{7}{3}(x-y)$ $60+y=7x-7y$ $7x-8y=60$…① 下りにかかった時間から，$\frac{20}{x+y}=\frac{4}{3}$ $x+y=15$…② ②×8＋①から，$15x=180$ $x=12$ これを②に代入して，$12+y=15$ $y=3$

(5) ACは円の直径なので，∠ABC＝90° AC＝5×2＝10 AC：AB＝10：5＝2：1から，△ABCは∠ACB＝30°の直角三角形になる。円周角の定理から，∠ADB＝∠ACB＝30° △ADCも直角三角形なので，三平方の定理から，$AD=\sqrt{10^2-(2\sqrt{5})^2}=\sqrt{80}=4\sqrt{5}$ 点AからBDへ垂線AHを引くと，△ADHは∠ADH＝30°の直角三角形になるので，$AH=\frac{4\sqrt{5}}{2}=2\sqrt{5}$ HD＝

$2\sqrt{5}\times\sqrt{3}=2\sqrt{15}$　△ABHにおいて三平方の定理から，$BH=\sqrt{5^2-(2\sqrt{5})^2}=\sqrt{5}$　よって，$BD=BH+HD=\sqrt{5}+2\sqrt{15}=\sqrt{5}(1+2\sqrt{3})$(cm)

(6)　3人のじゃんけんの手の出し方は全部で，$3\times3\times3=27$(通り)　そのうち，1回で勝者が決まらない場合は，グーをグ，チョキをチ，パーをパと表すと，(グ，グ，グ)，(チ，チ，チ)，(パ，パ，パ)，(グ，チ，パ)，(グ，パ，チ)，(チ，グ，パ)，(チ，パ，グ)，(パ，グ，チ)，(パ，チ，グ)の9通り　よって，求める確率は，$\frac{9}{27}=\frac{1}{3}$　1回で2人の勝者が決まる場合は，(グ，グ，チ)，(グ，チ，グ)，(グ，パ，パ)，(チ，チ，パ)，(チ，パ，チ)，(チ，グ，グ)，(パ，パ，グ)，(パ，グ，パ)，(パ，チ，チ)の9通り　よって，求める確率は，$\frac{9}{27}=\frac{1}{3}$

[2]　(図形と関数・グラフの融合問題)

基本　(1)　①と④からyを消去すると，$3x^2=2x$　$3x^2-2x=0$　$x(3x-2)=0$　$x=0,\ \frac{2}{3}$
$x=\frac{2}{3}$を④に代入すると，$y=2\times\frac{2}{3}=\frac{4}{3}$　よって，$A\left(\frac{2}{3},\ \frac{4}{3}\right)$
②と④からyを消去すると，$-2x^2=2x$　$x^2=-x$　$x^2+x=0$　$x(x+1)=0$　$x=0,\ -1$
$x=-1$を④に代入すると，$y=2\times(-1)=-2$　よって，$B(-1,\ -2)$

(2)　①と⑤からyを消去すると，$3x^2=-3x$　$x^2=-x$　$x^2+x=0$　$x(x+1)=0$　$x=0,\ -1$
$x=-1$を⑤に代入すると，$y=-3\times(-1)=3$　よって，$C(-1,\ 3)$　②と⑤からyを消去すると，$-2x^2=-3x$　$2x^2=3x$　$2x^2-3x=0$　$x(2x-3)=0$　$x=0,\ \frac{3}{2}$　$x=\frac{3}{2}$を⑤に代入すると，$y=-3\times\frac{3}{2}=-\frac{9}{2}$　よって，$D\left(\frac{3}{2},\ -\frac{9}{2}\right)$　直線ACの傾きは，$\left(\frac{4}{3}-3\right)\div\left\{\frac{2}{3}-(-1)\right\}=\left(-\frac{5}{3}\right)\div\frac{5}{3}=-1$　直線BDの傾きは，$\left\{-\frac{9}{2}-(-2)\right\}\div\left\{\frac{3}{2}-(-1)\right\}=\left(-\frac{5}{2}\right)\div\frac{5}{2}=-1$　よって，直線ACとBDの傾きが等しいので，AC//BD　△OAC∽△OBDで相似比は，$OA:OB=\frac{2}{3}:1=2:3$　よって，$△OAC:△OBD=2^2:3^2=4:9$

重要　(3)　①と③はx軸に関して対称なグラフなので，Tは③と⑤で囲まれた図形と合同になり，Uは①と④で囲まれた図形と合同になるので，S+T+Uは△AOEの面積と等しくなる。直線ACの式を$y=-x+b$として点Cの座標を代入すると，$3=-(-1)+b$　$b=2$　よって，直線ACの式は$y=-x+2$　点Eは原点に関して点Cと対称な点だから，$△AOE=△AOC=\frac{1}{2}\times2\times\left(1+\frac{2}{3}\right)=\frac{5}{3}$

[3]　(平面図形の計量問題－角度，図形の相似，面積比)

基本　(1)　正五角形の一つの角度の大きさは，$\frac{180^\circ\times(5-2)}{5}=108^\circ$　△ABEは頂角が108°の二等辺三角形だから，$\angle ABE=\frac{180^\circ-108^\circ}{2}=36^\circ$　同様に$\angle BAC=36^\circ$　△ABFにおいて内角と外角の関係から，$\angle BFC=\angle ABF+\angle BAF=36^\circ+36^\circ=72^\circ$

(2)　$\angle CBF=108^\circ-36^\circ=72^\circ$　$\angle BFC=\angle CBF$より，△CBFは二等辺三角形になるから，$FC=BC=1$　底角が等しい二等辺三角形だから，△BAC∽△FAB　$AC:AB=BA:FA$　$AC=x$とすると，$x:1=1:(x-1)$　$x(x-1)=1$　$x^2-x-1=0$　二次方程式の解の公式から，$x=\frac{1\pm\sqrt{(-1)^2-4\times1\times(-1)}}{2\times1}=\frac{1\pm\sqrt{5}}{2}$　$x>0$から，$x=\frac{1+\sqrt{5}}{2}$

重要　(3)　$FG=AC-AF-GC=\frac{1+\sqrt{5}}{2}-\left(\frac{1+\sqrt{5}}{2}-1\right)\times2=\frac{1+\sqrt{5}}{2}-(1+\sqrt{5}-2)=\frac{1+\sqrt{5}}{2}+1-\sqrt{5}=\frac{3-\sqrt{5}}{2}$　(五角形ABCDE)∽(五角形FGHIJ)で，相似比は，$AB:FG=1:\frac{3-\sqrt{5}}{2}=2:(3-\sqrt{5})$　よって，$S:T=2^2:(3-\sqrt{5})^2=4:(9-6\sqrt{5}+5)=4:(14-6\sqrt{5})=2:(7-3\sqrt{5})$

[4]　(空間図形の計量問題－体積，表面積，球，三平方の定理，三角形の相似)

(1)　体積は，$\frac{1}{3}\times\triangle EFG\times BF=\frac{1}{3}\times\frac{1}{2}\times5\times5\times5=\frac{125}{6}$(cm³)　　$\triangle EFG=\triangle BFG=\triangle BFE=\frac{1}{2}\times5\times5=\frac{25}{2}$　　△BEGは1辺の長さが$5\sqrt{2}$の正三角形だから，$\triangle BEG=\frac{1}{2}\times5\sqrt{2}\times5\sqrt{2}\times\frac{\sqrt{3}}{2}=\frac{25\sqrt{3}}{2}$　　よって，表面積は，$\frac{25}{2}\times3+\frac{25\sqrt{3}}{2}=\frac{25(3+\sqrt{3})}{2}$(cm²)

やや難　(2)　EGとFHはお互いの中点で交わり，その交点をIとすると，BIとDFの交点が△BEGと球の接点Pとなる。球の中心OからBDへ垂線OQを下ろすと，点Qは球と面ABCDの接点となる。$FD=\sqrt{FH^2+DH^2}=\sqrt{(5\sqrt{2})^2+5^2}=\sqrt{75}=5\sqrt{3}$　　△ODQ∽△FDBから，$OD:OQ=FD:FB=5\sqrt{3}:5=\sqrt{3}:1$　　球の半径より，OQ＝OPだから，$OD:OP=\sqrt{3}:1$　　よって，$\frac{OP}{OD}=\frac{1}{\sqrt{3}}=\frac{\sqrt{3}}{3}$

★ワンポイントアドバイス★

【2】(3)のような問題は，等積移動して一つの図形にまとめられないかを考えてみよう。

＜英語解答＞

Ⅰ　〔A〕　1　⑧　　2　②　　3　①　　4　⑦　　5　⑤　　6　⑨　　7　⑥　　8　⓪
　〔B〕　②　　〔C〕　⑧　　〔D〕　③，⑤

Ⅱ　〔A〕　④　　〔B〕　②　　〔C〕　①　　〔D〕　④　　〔E〕　③　　〔F〕　④
　〔G〕　1　④　　2　①　　〔H〕　③，⑥　　〔I〕　①　　〔J〕　④

Ⅲ　問1　②　　問2　③　　問3　②

Ⅳ　1　③　　2　①　　3　④

Ⅴ　問1　31　①　　32　④　　33　⑥　　問2　④

Ⅵ　1　①　　2　③　　3　②　　4　②

Ⅶ　〔A〕　1　③　　2　①　　3　④　　〔B〕　1　②　　2　①　　3　②

Ⅷ　1　④，③　　2　⑦，③　　3　⑨，③

○推定配点○

Ⅰ〔D〕・Ⅱ〔H〕・Ⅲ問3・Ⅴ問2　各3点×6　　他　各2点×41　　計100点

＜英語解説＞

Ⅰ　(長文読解・説明文：語句補充，指示語，文整序，内容吟味)

(全訳)　人々は常に飛びたいと思っていた。何百年間も，彼らは空に鳥を見ていた。彼らは鳥のように飛ぶことを[1]夢見ていた。鳥[2]にとって飛ぶのはとても簡単だ。鳥は翼を使うこと[3]で空中を飛ぶことができる。

人々は何百年も前に凧を作る[4]方法を知っていた。凧は何時間も空中にとどまることができる。「鳥や凧が空中にとどまり続けるなら，たぶん(あ)私たちもできる！」と思う人もいた。

最初，彼らは鳥のような翼を作った。その後，彼らは高い場所から飛び降りて飛ぼうとした。多くの人々はこれをしたが，彼らはみんな地面にまっすぐ落ちた。[5]亡くなった人もいれば，傷ついた人もいる。何度も行ったあと，人々は翼を持って飛ぶことは不可能だと知ったので，彼らはそうしようとするのを$_6$やめた。

2人のフランス人，モンゴルフィエ兄弟は別の方法を試みた。あなたは$_7$どの方法かわかるか？彼らは風船を試した。「熱い空気は冷たい空気よりも軽いので上にのぼる」と言った。「風船を熱気で満たせば上がるだろう。」彼らは1783年に布と紙の大きな風船を作った。彼らは風船の下で火を起こした。風船が空中に上がり始めた！それは1,800メートル上がった。その後，風船の中の空気が冷たくなった。ようやく地面に$_8$着くまでゆっくりと降りてきた。

数ヶ月後，兄弟は別の風船を送り出した。今回は風船の下にバスケットがあった。かごの中に3匹の動物がいた。気球は空中を2.5キロ離れた場所に移動した。それは最初のものほど高く上がらなかった。

まさに，人々が飛ぶ時だった！ 1783年10月，兄弟は別の風船を試した。今度は人がバスケットに入った。風船はあまり遠くに上がらなかった。たった25メートル上がって止まった。ロープで地面に縛られていたので飛び去ることができなかったのだ。

最初の気球飛行は1783年12月だった。他の2人のフランス人が熱気でいっぱいの風船で上がった。今回はロープがなかった！気球は900メートル上がり，25分間飛んだ。それは約9キロを飛んだ。人々が空を旅するのは初めてだった。

重要 〔A〕 1　人々は何百年も空を飛ぶ鳥を見て，鳥のように飛ぶ「夢」を持っていたのである。
2　<It is ~ for A to …>「Aが…するのは～だ」 3　<by + ～ing>「～することで」
4　how to ~「～する方法」 5　高いところから飛ぼうとしたが，「亡くなった」り傷ついたりしたのである。 6　stop ~ing「～するのをやめる」 7　もう一つの方法が「どの」方法か推測できるか尋ねている。 8　地面に「到達する」まで，ゆっくり下りてきたのである。

〔B〕 we can の後には stay up in the air が省略されている。

〔C〕 エ「鳥のような翼を作った」→ウ「風船を試した」→イ「気球のかごの中に3匹の動物がいた」→オ「ロープで地面に縛られていたので飛び去ることができなかった」→ア「2人のフランス人が風船で上がり，25分間飛んだ」 の順となる。

〔D〕 ①「19世紀まで人々は飛ぶ方法がわからなかった」 第6段落第1文参照。1783年に人々は空を飛んだので不適切。 ②「冷たい空気は暖かい空気よりも軽い」 第4段落第4文参照。「熱い空気は冷たい空気よりも軽いので上にのぼる」ので不適切。 ③「中の空気が暖かくなったら，風船は上がる」 第4段落第5文参照。「風船を熱気で満たせば上がる」ので適切。 ④「かごに人が乗った最初の気球が1800m上がった」 第6段落第5文参照。人が乗った気球は25mしか上がらなかったので不適切。 ⑤「1783年に飛んだすべての4つの気球の中で，最初の気球が最も高く上った」 第4段落第9文参照。1783年の最初の気球は1800m上がったので，適切。 ⑥「モンゴルフィエ兄弟は，空中を旅した最初の人々だった」 第7段落第2文参照。モンゴルフィエ兄弟とは異なる，「別の2人のフランス人」が空を旅したので不適切。

II **（長文読解・説明文：空所補充，英文和訳，要旨把握，内容吟味）**

（全訳） 多くの日本人の子供たちが写真を撮っているときに行う「ピースサイン」は，イギリスの首相，ウィンストン・チャーチルによって発明されたと$_①$いわれている。チャーチルが第二次世界大戦中に「勝利のV」を意味するためにそれを使用した。ベトナム戦争の後，ニクソン大統領も勝利を意味するジェスチャーを使用した。しかし，ベトナム戦争に抗議する人々は，このジェスチャーを使って「平和」を意味し始めた。

1990年代のオーストラリアを訪問中，初代のブッシュ大統領は空港で彼を歓迎するオーストラリア人の群衆にピースサインを与えようとした。$_②$残念ながら，彼は間違った方法で手を握った。米国では，それはあまり問題ではない。しかし，イギリスとオーストラリアでは，もしあなたの手の後ろを観客に向けたら，ジェスチャーは非常に③侮辱的になり，人々を侮辱するために使用される。オーストラリア人は非常にショックを受けた！

ブッシュ大統領の間違いの写真は広く配信されたが，チャーチルが第二次世界大戦初期に間違った方法でジェスチャーを使用したことを知っている人はほとんどいなかった。しかし，人々はすぐに彼の間違いを④指摘したので，チャーチルはそれを逆にし，平和のしるしとして知られるようになるジェスチャーを発明した。

西洋のもう一つの一般的なジェスチャー「親指を立てる」サインも誤解される可能性がある。イギリスとアメリカでは，「すべてがOKだ」または「お疲れ様」を意味する。しかし，ラテンアメリカ，西アフリカ，ギリシャ，ロシア，南イタリアで「親指を立てる」ことを避けるべきだ。というのも，それは非常に侮辱的なジェスチャーであるからだ。特に，戦いに挑まれるかもしれないので，アラブ諸国ではまったく使うべきではない！

もう一つのジェスチャーはトラブルを引き起こす可能性がある。日本とフィリピンで誰かがあなたを呼ぶために，手のひらを下向きにして手を伸ばし，手を上下に振る。Dイギリスとアメリカの人々は，手を上向きにして人差し指だけを使用する。日本人はこのジェスチャーに動揺しない。しかし，フィリピンでは，1本の指で誰かを呼び出すことは非常に侮辱的だ。犬に対してしか使わないジェスチャーなのだ。昔，⑥大人を呼ぶためにそれを使う子供たちは，罰として指を折られた。

〔A〕 主語はThe ‘peace sign’であり，「ピースサインは～発明されたと言われている」となるので，受け身の形になる。

〔B〕 間違った方法でピースサインをしてしまったので，「残念ながら」unfortunatelyが適切。

〔C〕 傍線部の後に，「人々を侮辱するために使われる」とあることから判断できる。

〔D〕 point out「指摘する」

〔E〕 空所の後に「アラブ諸国で使うべきではない」理由が書かれているので，becauseが適切。

〔F〕 <had＋A＋過去分詞>「Aを～される」

〔G〕 1 「誰が『平和』のサインとしてピースサインを使い始めたか」 第1段落最終文参照。ベトナム戦争に反対する人々が使い始めたとある。 2 「以下でイギリスにおいて正しいものはどれか」 第4段落第2文参照。「親指を立てる」サインを「すべてがOKだ」または「お疲れ様」を意味するとある。

重要 〔H〕 ① 「ピースサインは元々『平和』を意味する」 第1段落第2文参照。第2次世界大戦中に，勝利を意味するために使われたので不適切。 ② 「多くの日本の子どもたちは勝利を意味するためにピースサインをする」 第1段落第1文参照。多くの日本の子どもたちは，写真を撮るときにピースサインをするので不適切。 ③ 「親指を立てるサインはアラブ諸国ではトラブルになり得る」 第4段落第3文参照。アラブ諸国では，非常に侮辱的なジェスチャーとなるため適切。 ④ 「初代のブッシュ大統領がピースサインを発明したと言われている」 第1段落第1文参照。ピースサインはイギリスの首相のチャーチルによって発明されたので不適切。 ⑤ 「フィリピンでは，親指を立てるサインは誰かを呼ぶために使われる」 第5段落第2文参照。フィリピンで誰かを呼ぶために，手のひらを下向きにして手を伸ばし，手を上下に振るため不適切。 ⑥ 「同じジェスチャーでも国々によって異なる意味を持っている」 最終段落参照。イギリスやアメリカで人を呼ぶジェスチャーはフィリピンでは侮辱的になるため適切。

〔I〕 ②はイギリスやアメリカで人を呼ぶジェスチャー，③はチャーチル首相によって発明されたピースサイン，④は日本やフィリピンで人を呼ぶために使うジェスチャーである。

〔J〕 「イギリスやアメリカでは，人々は手を上に向けて人差し指だけ使う」 1本の指を使って人を呼ぶことについては，最終段落第5文に書かれているためDが適切。

基本 III （資料問題）

プリンス ファイブ スキー リゾート

プリンスファイブスキーリゾートは，3つの異なる山頂に約500ヘクタールのアルペンスキーを提供しています。私たちの斜面は難易度25%が初心者，40%が中級，35%が上級と評価されています。

リフト料金

リフトは平日午前9時-午後4時，週末と休日午前8時-午後4時，およびナイトスキーのために金曜日と土曜日の午後4時-10時で運航しています(天候が許す限り)。

	大人	13歳以下
*終日(午前9時-午後4時)	48ドル	12ドル
半日(午後1時-4時)	28ドル	7ドル
ナイトスキー（午後4時-10時）	14ドル	6ドル
2日間連続	90ドル	20ドル
3日間連続	120ドル	25ドル

*正午までに返却したチケットには半日クーポンが付いています。

家族のための割引

これは，あなたの家族全員とスキーやスノーボードを楽しむためのチャンスです！各チケットを最大35%の節約です。

6人以上の家族の場合，各チケットを35%割引

または3～5人家族の場合，各チケットの25%割引

2人家族の場合，各チケット15%割引

この冬新しい思い出を作りましょう！

問1　午前11:30に返却された終日チケットと引き換えに与えられるものは,「半日クーポン」である。

問2　30代の大人2人と10歳と12歳の子供を持つ家族は，夜間スキーにリフトを使用するために支払うのは，大人2人分の14ドル×2と子供2人分の6ドル×2で，合計40ドルとなり，4人家族なので25%割引の30ドルである。

問3　①「夜にリフトを使用するスキーヤーは，特別割引を得ることができる」 夜の割引については触れられていないので不適切。　②「15歳の男の子が120ドルを支払うと，3日間リフトを使用することができる」 15歳は大人料金で,3日連続の使用は120ドルであるため適切。 ③「プリンスファイブスキーリゾートのスキー場の半分以上は，専門家のアルペンスキーヤーを対象としている」 上級者用は35%なので不適切。　④「60歳のスキーヤーの終日リフト券の料金は12ドルである」 60歳以上の割引について触れられていないので不適切。

基本 IV （会話文）

1 「数日前に声が出なくなり，今はひどい咳が出る」とあり，その後「昨日の朝で，今日はよくなってきているようだ」とあるので,「いつから始まったのか」を尋ねているとわかる。

2　there are many places worth visiting「訪れる価値のある多くの場所がある」とあるので,「お

勧めの場所」を尋ねているとわかる。

3 She has good taste.「彼女はセンスがいいね」とあるので，自分のドレスではないということがわかる。

基本 **V** （会話文）

（全訳） ヤマダ先生：ナガセ先生，前期の試験の結果を見てください。

ナガセ先生：いいですよ。

ヤマダ先生：数学に興味を持っている人も多いのですが，問題は歴史です。

ナガセ先生：2組の歴史点数は数学の半分に過ぎません。他のすべてのクラスも非常に点数が低いです。

ヤマダ先生：どうしたらいいと思いますか？

ナガセ先生：歴史を学ぶ理由を説明し，もっと勉強させなければならないと思います。

ヤマダ先生：2組の化学の平均点は，なぜ4組の2倍なのでしょうか？

ナガセ先生：2組の多くの生徒は大学で理科を学びたいのですが，家庭科の点数は本当に悪いです。

ヤマダ先生：家庭科といえば，1組の平均点は3組より10点高いです。1組が家政科のコースであるという事実と大いに関係があります。

ナガセ先生：わたしもそう思います。

問1 31 2組の歴史の得点は数学の得点の半分とあるので40点である。 32 2組の化学の平均点は4組の3倍とあるので70点である。 33 1組の家庭科の得点は3組より10点高いため90点である。

問2 ① 「4組のすべての科目の平均点は60点以上である」 歴史と化学が60点未満なので不適切。 ② 「すべてのクラスの数学の平均点は80点以上である」 3組の数学の平均点は71点なので不適切。 ③ 「2組の多くの生徒は大学で歴史を勉強したいと思っている」 2組の多くの生徒は大学で理科を勉強したいと思っているので不適切。 ④ 「1組の生徒は家政科なので，家庭科の平均点が最も高い」 1組の家庭科の得点が3組より10点高い理由は，1組が家政科であるという事実によるところが大きいので適切。

重要 **VI** （単語）

1 environment「環境」 envelop「封筒」 convenient「便利な」 entrance「入口」

2 extra charge「追加(割り増し)料金」 3 the quality of the paper「その紙の質」

4 gym「体育館，ジム」

VII 〔A〕（語句補充問題：接続詞，熟語，動詞）

1 「呼ばれるまでこの部屋で待っていてください」「～まで(ずっと)」は until を用いる。

2 a number of ～「たくさんの～」

3 awake「目が覚める」 because 以下が過去形を用いているため，空欄も過去形を用いる。

やや難 〔B〕（正誤問題：助動詞，現在完了，動名詞）

1 <used to + 動詞の原形>「かつてはよく～したものだ」となるため，being → be が正しい。

2 ago を用いている文は過去形の文になるので，have just moved → just moved が正しい。

3 <remember ~ing>「～したことを覚えている」となるので，to hit → hitting が正しい。

やや難 **VIII** （語句整序問題：関係代名詞，接続詞，仮定法）

1 (Please) help yourself to anything you want in (the fridge.) help oneself to ~「～を自由にとって食べる」 you want in the fridge は anything を修飾している。

2 (Please call me) back when it is convenient for you(.) convenient は「人」を主語にしないので注意が必要である。

3 I wonder if you could take care of my dog (while I am away from home.) I wonder if you could ~「~していただけませんか」を意味する仮定法の文である。

★ワンポイントアドバイス★

長文読解，資料問題，会話文問題は分量が多いが，比較的読みやすい内容なので，数多くの文章に触れてすばやく読む練習を重ねたい。

<国語解答>

一 問一 (ア) ④ (イ) ② (ウ) ③ (エ) ④ (オ) ① 問二 ②
問三 ③ 問四 ③ 問五 ④ 問六 ④ 問七 ② 問八 ①

二 問一 ③ 問二 ① 問三 ④ 問四 ① 問五 ② 問六 ②
問七 ③

三 問一 ④ 問二 ③ 問三 ① 問四 ② 問五 ④ 問六 ②
問七 ①

四 問一 (ア) ③ (イ) ② (ウ) ① 問二 a ③ b ② 問三 ③
問四 ① 問五 ④ 問六 ① 問七 ② 問八 ④

○推定配点○

一 各2点×12 二 問六・問七 各4点×2 他 各3点×5

三 問六・問七 各4点×2 他 各3点×5

四 問一・問二 各2点×5 問七・問八 各4点×2 他 各3点×4 計100点

<国語解説>

一 (漢字の読み書き，部首，語句の意味，慣用句，品詞・用法，表現技法，文学史，返り点)

問一 (ア)「弾劾」は，罪科や不正などを調べ，責任を追及すること。④「弾力」は，物が外から加わった力に抵抗してもとの状態にかえろうとする力。①「寒暖」。②「遮断」。③「段階」。(イ)「往診」は，医者が患者の家へ行って(往く)診察すること。②「往来」は，往くと来る。①「奥義」は，学問・武芸・芸術などの奥深い最も大事な点。③「押印」は，はんを押すこと。④「横柄」は，えらそうにして，相手を見くだす様子。(ウ)「奨励」は，すすめ励ますこと。③「奨学」は，学問をすすめ励ますこと。①「景勝」は，景色がすぐれていること。②「感傷」は，寂しくなったり悲しくなったりしやすいこと。④「掌握」は，物事を，自分の思いどおりに動かせるようにすること。(エ)「座右」は，身近な場所。「座右の銘」は，いつもおぼえていて，日常のいましめとする言葉。④「左右」。①「雌雄」は，めすとおす。また，勝ちと負け。「雌雄を決する」は，戦って勝負をつける。②「幽閉」は，人をある場所に閉じこめること。③「猶予」は，決められた日時をのばすこと。(オ)「密約」は，秘密の約束・条約を結ぶこと。①「旧約聖書」は，ユダヤ教とキリスト教の聖典。「新約聖書」は，キリスト教の聖典のひとつ。イエス・キリストの生涯の記録，キリストの弟子による伝道の記録，使徒たちの手紙などによる。「新約」は，神と人との新しい契約という意味。②「助役」は，主任者を助ける役の人。③「災厄」は，不幸な出来事。④「翻訳」。

問二 「教」や「攻」の部首「攵」は「ぼくにょう」。打つ・強制するなどの意味がある。 ①「がつへん」は「歹」。死体やほねを意味して「死」や「残」の部首。 ③「おいかんむり」は「老」や「考」の部首。としよりの意味。 ④「ほこづくり」は「戈」。武器を表し，「戦」や「戒」の部首。

問三 ③「マイノリティ（minority)」は，少数，少数派の意味。「政治的マイノリティ」「性的マイノリティ」などの言い方をする。 ①「レアリティ（reality)」は，現実，現実性，現実感の意味。「レアリティのあるドラマ」などと使う。 ②「ダイバーシティ（diversity)」は，多様性の意味。「ダイバーシティを重視する企業が増えた」などと使う。 ④「アイデンティティ（identity)」は，自己同一性の意味。自分が自己自身であると感じる場合の，その感覚や意識を言う語。「アイデンティティが失われる」などと使う。

基本 問四 ③ 共通して入る語は「鼻」。「鼻が利く」は，他人が気づかず見逃すようなことを，すばやく見つけ出す感覚的な能力があるの意味。「鼻が高い」は，得意気だの意味。「鼻を折る」は，相手の慢心をくじくの意味。①は，「耳が痛い(自分の弱点にふれられて，聞くのがつらい)」，「胸がおどる(心がわくわくする)」，「耳をすませる(注意して聞こうとする)」。②は，「顔を立てる(相手の面目が保たれるようにする)」，「顔をつぶす(名誉を傷つける)」，「頭に来る(非常に腹が立つ)」。④は，「目が高い(人やものの本質を見抜く力がある)」，「目がない(あるものに夢中になり，思慮分別がなくなるほどである)」，「眉をひそめる(心配事などのために，顔をしかめる)」。

やや難 問五 「吾輩は猫である」は「吾輩は猫だ」と言い換えても意味は同じ。④も，「兄は大学生だ」と言い換えることができる。二つの「で」は，断定の助動詞「だ」の連用形。 ①「なので」は，断定の助動詞「だ」の連体形「な」に確定の順接を表す「ので」が接続したもの。「で」は「ので」の一部。 ②「ちなんで」は，動詞「ちなむ」の撥音便形の「ちなん」に接続助詞「て」が接続して，「て」が濁音化したもの。 ③「包丁で」の「で」は，手段を表す格助詞「で」。

やや難 問六 『山椒大夫』は，1915(大正4)年に発表された森鷗外の小説。 ①『浮雲』は，1890(明治23)年に完結した二葉亭四迷の小説。 ②『杜子春』は1920(大正９)年に発表された芥川龍之介の小説。 ③『高野聖』は，1900(明治33)年に発表された泉鏡花の小説。

基本 問七 「閑かさや岩にしみ入る蝉の声」の季語は「蝉」で，季節は夏。 ②「五月雨を集めて早し最上川」の「五月雨」が夏の季語。 ①「古池や蛙飛び込む水の音」の季語は「蛙」で季節は春。 ③「荒海や佐渡によこたふ天の河」の季語は「天の河」で季節は秋。俳句の季節は旧暦を基準にしているので，七夕に関係する語の季節は秋である。 ④「旅に病んで夢は枯野をかけめぐる」の季語は「枯野」で季節は冬。

問八 書き下し文の漢字の順になるように返り点を付ける。初めに「善小」を読むので「一点」を付ける。次に「以」に返るので「二点」を付ける。「上下点」は，間に「一・二点」を挟む形になるので，「為さざる」を読む。「為」からすぐ上の「不」に返って読むので「上点」と「レ点」を組み合わせる。最後に「勿かれ」を読むので「下点」を付ける。

二 **(論説文―要旨，内容吟味，脱語補充，文脈把握)**

問一 直後の段落の「だいいち」は「なによりも」という意味で，読書環境の変化をデジタル革命のせいだと言い切れるのかと筆者が疑問を投げかける第一の理由を述べようとしている。「若者の『本ばなれ』が顕著になった七〇年代末には，デジタル時代はまだ緒についたばかり」は「読書習慣の衰退は，革新的な電子メディアの普及する以前から起きていたもの」と対応している。そして，「このおとろえ(＝読書習慣の衰退)は二十世紀後半，デジタル革命の開始以前に，〈紙の本〉の世界の内側で徐々に醸成されてきたと考えておくほうが，よほど自然なのではないだろうか」と述べている。これは，「人々の〈紙の本〉そのものに対する意識の変化にその原因を求める方が妥当だと言える」と対応している。

基本 問二　カレル・チャペックの見解については，チャペックの文章を引用した後に説明されている。「かれが人間をつくりかえる映画特有のスピード感に魅せられていたのは事実でしょう」とあり，「新たな映像文化の性質を好意的に受け止め」と対応している。また，「『読書タイプの人間』の習性にも，おなじくらい，もしくはそれ以上につよく共感していた」とあり，「読書行為の価値を明確に認識している」と対応している。映像文化と読書行為のどちらも認めて優劣はつけていない。

問三　ここで対比されているのは「読書タイプの人間」と「視覚型人間」である。「読書タイプの人間」は「本に戻る人」と表現されている。「視覚型人間」については，「現代の人間」であり，「人間をつくりかえる映画特有のスピード感に魅せられている」人間と説明されている。このような人間は「進歩する人間」である。

やや難 問四　「飽和」は，含みうる最大限度まで満ちていること。「情報」が頭の中で最大限度まで満ちているというのは，頭が情報でいっぱいになり「精神的な余裕がなくなってしまったこと」を表現している。

問五　「そういう」が指す直前の文章の最初に「本を読み始めた頃，読むことは，ひたすら体験だった」とある。その後に述べられている内容からは，「体験」とは「身体的な感覚や経験と深く結びついていること」であることが読み取れる。

重要 問六　直前の「いちどは本を読まなくなった人びと」の例として，チャペックと津村記久子が挙げられている。二人が「ふたたび本を読みはじめる」いきさつは「〈紙の本〉が，逆に，あわただしい情報ラッシュに疲れはてた人間がそこに戻ってゆく代替のきかない強力な場として再発見される」ことによると説明されている。そして，この内容は最後の段落で「幼いころからの『体を伴った読書』の記憶が消えてしまうわけではありません。その個人的な記憶に……日本人の読書の集団的な記憶がかさなり，そのことが，ふだんあまり本を読まない人たちをも辛うじて本にむすびつけている」と言い換えられている。この内容を説明しているのは，読書行為を日本人の意識と結びつけている②である。

重要 問七　語りかける口調で，日常的な言葉を使って表現されている。また，カレル・チャペックと津村記久子という二人の作家の文章を引用して自分の論の補完をしている。　①「筆者の具体的な経験」でなく，「他の作家の見方」を紹介している。　②　紹介されているのは「研究」ではなく，作家の経験による考えである。　④　紹介されているのは「専門家の視点」ではない。

三 （小説―情景・心情，内容吟味，主題）

やや難 問一　男の子が「釣堀に行こうよ」と誘っているのに，「とても釣れやしない」としり込みをしている。さらに「お父さんなら大丈夫だよ」と，大きい魚も釣れるからと行動を促しているのに，「やったことがない」「釣堀のようなところは，一回も行ったことがない」と消極的な発言をしている。そのように，子どもの誘いをかわしている自分を「気の弱い」人物だと自己批判するような，苦々しい思いでとらえている。

問二　「何にもしないというのが，だいいちよくない」とある。「何にもしない」とは「無為に過ごす」ということである。よくないから，「バケツを提げて出かけることが大事」というのである。「未知の経験のために行動」しようというのである。

問三　駅の窓口で切符を買う場合は，大人か子どもか，そして枚数を伝える。切符を買うことが目的なので，言い方は不愛想で事務的になる。釣堀は初めての場所で不慣れであるために，電車の切符を買うような言い方になってしまったのである。

基本 問四　父親が男の子に云った「釣れても，釣れなくても，最初に坐ったところにいるものだ。……じっとしていることが出来ないようでは，とても釣りはやれないよ」という内容は，父親が中学校の時に習った英語の教科書にあった「スティック・トゥ・ユア・ブッシュ（＝自分の茂みにくっついていろ)」という苺つみの少年の話の内容と同じことだというのである。その内容は「他人の言動に惑わされず，自分の目標に対していちずに向かう姿勢が大切だということ」である。

やや難 問五　金魚が釣れたことを無邪気に喜ぶ男の子を見て，自分もうれしくなっている。その気持ちが笑顔に表れているのである。

重要 問六　「釣針にかけられたことがまるで嘘であるかのよう」は，釣られた金魚がバケツの中でいきいきと泳ぐ姿が，えさにだまされて釣られたことなど全く気にかけずにいるように見えたことを表現している。「駄目らしいな」「やっぱり，難しいものだ」と半ばあきらめていたところに釣れて，しかも，金魚がいきいきと泳ぐ姿にささやかな幸せを感じているのである。そして，それが子どもたちに促され，家族でやって来たからこそもたらされたものであることで，さらに幸福を実感しているのである。

重要 問七　添い寝をしていた母親が病院に運ばれて，子どもが取り残されていた様子を「みなし子のようにころがっていた」と表現して，孤独感や悲惨な様子を印象づけている。また，釣れた金魚の大きさを「目高のような」と表現して小ささを強調している。　②　主人公の父親からは，理想があるようには読み取れない。　③　呼び方を「彼」と変えている箇所で展開が変化しているわけではない。　④　釣堀の小母さんは，読者の視点には立っていない。

四　(古文―主題，内容吟味，文脈把握，指示語，語句の意味，口語訳)

〈口語訳〉　七条の南の室町の東一町は，祭主三位輔親の家がある(場所である)。丹後の天の橋立をまねて，(庭にある)池の中嶋を遠くまで差し出して，小松を長く植えるなどしていた。寝殿の南の廂は，月の光を呼び込もうとして下ろさずにいた。

春の(季節の)はじめに，軒の近くの梅の枝に，鶯が決まって午前十時ごろにやって来ては鳴いていたのをめずらしく思って，それを喜んで他のことは(全く興味が)ないという様子でいた。当時の歌詠みの人たちに，「このようなことがあるんですよ」と告げて回って，「明日の午前六時ごろにいらっしゃって，お聞きください」と知らせて回って(いたところ)，伊勢出身の武士が宿直していたので，(この男に)「(明日は)このようなことがある。お客さんがいらっしゃって(鶯の鳴く声を)聞くだろうから，決して鶯を追いやって行かせるな」と，輔親が言ったところ，この男は，「どうして行かせましょうか，いや行かせません」と答えた。輔親は，「早く夜が明けろ」と夜明けを待ち明かして，早くから目を覚まして，寝殿の南側の部屋をきれいにして，準備をした。

午前八時ごろになって，当時の歌詠みたちが集まってきて，今にも鶯が鳴くかとあれこれと苦心して歌を詠みあっていたのだが，以前ならば午前十時ごろになったら必ず鳴いていた鶯が，正午を過ぎても現れないので，「どうしたことだろうか」と(輔親は)思って，この(宿直をしていた)男を呼んで，「どうしたことだろうか，鶯がまだ現れないのは。今朝はまだ来ていないのか」と質問したところ，(この男は)，「鶯のやつは，以前よりも早く参上しましたのですが，帰ってしまいそうでしたので，召しとどめてあります」と言う。「召しとどめているとはどういうことだ」と聞くと，(男は)「取って参ります」と言って立ち上がった。

(輔親が)「わけがわからない」と思っていると，(男が)木の枝に鶯の死骸を結びつけたものを持って来た。全く驚きあきれるほどだと言っても言い尽くせない。「これは，どうしてこのようにしたのか」と尋ねると，(男は)「昨日のご命令に鶯を行かせるなとございましたので，情けなくも逃がしてしまいましたならば，武士の身として情けなく思われて，神頭を弓につがえて，射落としてございます」と申し上げたので，輔親も寄り集まっていた人々も，驚きあきれるほどだと思って，この男(伊勢出身の武士)の顔を見ると，得意気に息を吐き散らして，ひざまずいている。祭主は，「早く立ち去ってしまえ」と言った。

人々は面白おかしく思ったのだが，この男の顔つきに恐れて，笑うことができなかった。一人，二人と立ち上がってみな帰ってしまった。

興ざめであったことは，言い尽くせないほどのことである。

基本 問一　(ア)「ありがたく」は「有り難く」ということ。有るのが難しいということで「めずらしい」の意味。　(イ)「いつしか」は，経過の早いことに気づいた意味を表す。　(ウ)「いふかひなく」は「言ふ甲斐無し」ということで，「言うだけの甲斐(値打ち)が無い」つまり「ふがいない」「情けない」の意味になる。

やや難 問二　(a)「なじか」は，反語を表している。「どうして……か，そんなはずはない」の意味を表す。反語の意味を強調して現代語訳すると，「どうして，(鶯を)よそへやったりいたしましょうか，いややりません」となる。　(b)「ことも」は「言も」で，「おろかなり」は「愚かなり」ということ。「愚か」には，表しきれない，言い足りないという意味がある。つまり，「言葉では表しきれないほどである」ということ。「言ふもおろかなり」という言い方もある。

問三　「かかる」は「かくある(このようにある)」が短くなった形。「軒近き梅が枝に，鶯のさだまりて，巳の時ばかり来て鳴きける」の部分を指している。

問四　「うめく」は，低くうなること。「すめく」は，苦しく息づかいをすること。「うめきすめく」で，文や詩歌を作るのに考えわずらうの意味。③が紛らわしいが，「いまや鶯(が)鳴く(か)」と待っているので「退屈している様子」は合わない。

問五　「取りて参らむ」と言って立った人物は，宿直している伊勢武者である。

問六　「脇をかく」は，得意がったり，気負ったりしてものを言うさまの意味。「いきまへ」は，気勢をあげる様子。鶯を逃がしてはいけないと射止めたことが誇らしいのである。

重要 問七　祭主である三位輔親が言った「鶯やるな」は，「決して鶯を追いやって行かせるな」ということで，鶯を追い払うようなことをするなという意味である。伊勢武者は「鶯を逃がすな」と誤解して，射落としてしまったのである。

重要 問八　伊勢武者は，祭主の言葉の意味をよく考えずに，独り合点してしまったのである。

★ワンポイントアドバイス★

論説文は，筆者の考えや主張について，どのように論を展開しているか，具体例や事例との関係はどうかをとらえる。小説は，会話と場面の描写を手がかりに状況や人物像，人物の内面の思いを正確に読み取る。古文は，内容を正確にとらえて出来事と人物の考えとの関係を読み取る。

2021年度

★★★★★★★★★★★★★★★★★★★★★★★★

入　試　問　題

2021年度

日本大学習志野高等学校入試問題

【数　学】（50分）〈満点：100点〉

【注意】1. 定規（三角定規・直定規），コンパス，分度器は使用できません。

2. 解答カードに氏名とフリガナを記入しなさい。

3. 答が分数のときは，約分した形で表しなさい。

4. 根号の中は最も簡単な形で表しなさい。例えば，$2\sqrt{8}$は$4\sqrt{2}$のように表しなさい。

解答上の注意

例(1). [ア][イ]に-3と答えたいときは[ア]欄の⊖と[イ]欄の③をマークする。

解答記号		解答記入欄（マーク）
(1)	ア	● ⓪ ① ② ③ ④ ⑤ ⑥ ⑦ ⑧ ⑨
	イ	⊖ ⓪ ① ② ● ④ ⑤ ⑥ ⑦ ⑧ ⑨

例(2). $\frac{\boxed{ウ}\boxed{エ}}{\boxed{オ}}$に$-\frac{1}{2}$と答えたいときは[ウ]欄の⊖と[エ]欄の①，[オ]欄の②をマークする。

(2)	ウ	● ⓪ ① ② ③ ④ ⑤ ⑥ ⑦ ⑧ ⑨
	エ	⊖ ⓪ ● ② ③ ④ ⑤ ⑥ ⑦ ⑧ ⑨
	オ	⊖ ⓪ ① ● ③ ④ ⑤ ⑥ ⑦ ⑧ ⑨

[1]　次の□をうめなさい。

（1）　$x+y=\sqrt{10}$，$x-y=\sqrt{2}$のとき，

$x^2-y^2=\boxed{ア}\sqrt{\boxed{イ}}$，$\dfrac{x}{y}-\dfrac{y}{x}=\sqrt{\boxed{ウ}}$である。

（2）　x，yについての2つの連立方程式

$\begin{cases} 2x-y=1 \\ 2ax+by=16 \end{cases}$，$\begin{cases} ax+2y=8 \\ -3x+2y=3 \end{cases}$ が同じ解をもつとき，

$a=\boxed{エ}\boxed{オ}$，$b=\boxed{カ}$である。

（3）　自然数Nの一の位を≪N≫で表すとき，

≪2^{10}≫$=\boxed{キ}$，≪2^{2021}≫$+$≪2^{117}≫$+$≪2^{56}≫$=\boxed{ク}\boxed{ケ}$である。

（4）　一の位の数が8である3けたの自然数がある。この数の各位の数の和が14であり，十の位の数と百の位の数を入れかえた数は，もとの数より180小さくなる。もとの自然数は$\boxed{コ}\boxed{サ}\boxed{シ}$である。

（5） 右図のように，6個の正方形を並べてできた長方形において，$\angle x + \angle y =$ スセ 度である。

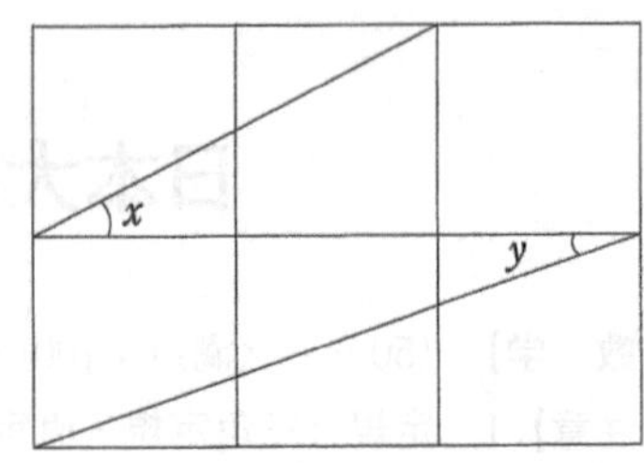

（6） 大小2つのさいころを同時に投げ，出た目の数をそれぞれa，bとする。このとき，$2a+3b$の値が4の倍数となる確率は$\dfrac{ソ}{タ}$である。

[2] 右図のように，放物線$y=3x^2$ ……①，直線$y=-x+2$ ……②がある。放物線①と直線②の交点を，x座標の小さい方から順にA，Bとする。点Aを通る双曲線$y=\dfrac{a}{x}$があるとき，次の問いに答えなさい。

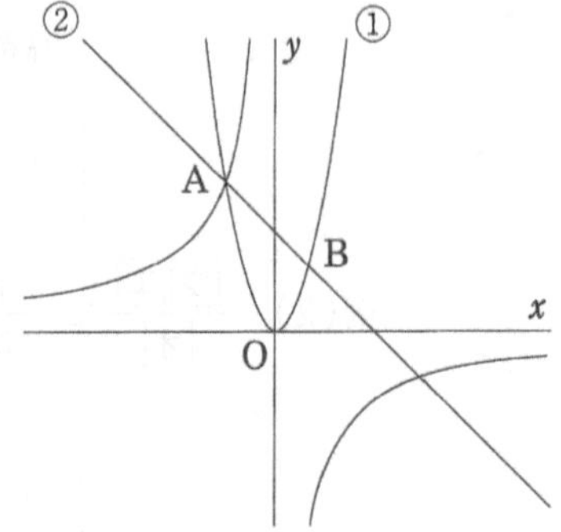

（1） 2点A，Bの座標を求めなさい。

答 A(アイ，ウ)
B$\left(\dfrac{エ}{オ}, \dfrac{カ}{キ}\right)$

（2） aの値を求めなさい。

答 $a=$ クケ

（3） x軸上に点P(t, 0) をとると，△APBの面積が4となった。このとき，tの値を求めなさい。ただし，$t<2$とする。

答 $t=\dfrac{コサシ}{ス}$

[3]　右図のように，AD＝7 cm，BC＝12 cm，AB＝13 cm，∠C＝∠D＝90° の台形ABCDがある。
点PはDを出発し，辺上をD→A→Bの順に毎秒1 cmの速さで動き，Bに到着後停止する。また，点Qは点Pと同時にBを出発し，辺上をB→C→Dの順に毎秒2 cmの速さで動き，Dに到着後停止する。
次の問いに答えなさい。

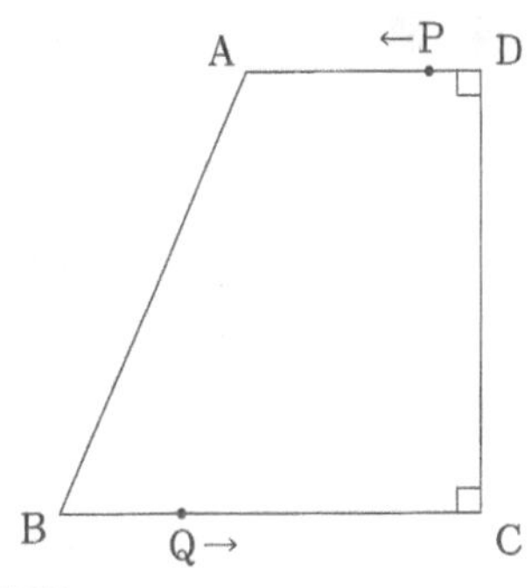

（1）　辺CDの長さを求めなさい。

答　アイ cm

（2）　点Qが辺BC上にあるとき，四角形ABQPと四角形CDPQの周の長さが等しくなった。このとき，線分PQの長さを求めなさい。

答　ウ$\sqrt{\text{エ}}$ cm

（3）　線分PQが辺ADと辺BCにそれぞれ平行となるのは，2点P，Qが出発してから何秒後か，求めなさい。

答　$\dfrac{\text{オカキ}}{\text{クケ}}$ 秒後

[4]　右図のように，底面の半径が6 cm，母線の長さが18 cmの円錐Pがある。点Aは円錐Pの底面の中心である。球O_1は点Aで円錐Pの底面と接し，円錐Pの側面とも接している。点Bは円錐Pの頂点と点Aを結んだ線分上にあり，線分ABが球O_1の直径となっている。球O_2は点Bで球O_1と接し，円錐Pの側面とも接している。
次の問いに答えなさい。

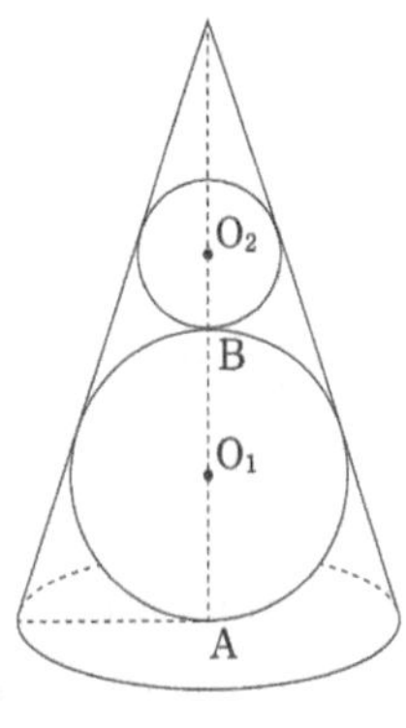

（1）　円錐Pの側面積を求めなさい。

答　アイウ π cm^2

（2）　球O_1の半径を求めなさい。

答　エ$\sqrt{\text{オ}}$ cm

（3）　球O_2の半径を求めなさい。

答　$\dfrac{\text{カ}\sqrt{\text{キ}}}{\text{ク}}$ cm

（4）　点Bを通り，底面に平行な平面で円錐Pを切り分けた。このとき，円錐の頂点を含まない方の立体を「円錐台」という。この円錐台の側面積をS，球O_1の表面積をS'とするとき，$\dfrac{S'}{S}$の値を求めなさい。

答　$\dfrac{S'}{S}=\dfrac{\text{ケ}}{\text{コ}}$

【英　語】（50分）〈満点：100点〉

Ⅰ　次の空欄に入れるのに最も適当なものを，①～④の中から1つずつ選びなさい。

1．A [1] is an area of land without trees or water, usually covered with sand.
① hill　② desert　③ valley　④ mountain

2．Tokyo is the [2] of Japan because the Japanese government is there.
① main　② city　③ area　④ capital

3．Because the typhoon caused great [3] to our town, we had to move to a different place.
① damage　② value　③ anger　④ weather

4．My favorite subject is [4]. I am learning the names of different countries and cities around the world at school.
① geography　② mathematics　③ chemistry　④ economics

5．Nao's sister had a baby boy on Thursday. Nao could not wait to meet her new [5].
① uncle　② mayor　③ nephew　④ niece

Ⅱ　次の英文を読み，〔A〕～〔C〕の問いに答えなさい。

Only a few Europeans lived in North America in the 16th century. Most of them *1settled on the northeast coast. In 1587, a small group of about 100 people decided [6] south. They moved to the small island of *2Roanoke. The island later became part of the state of North Carolina.

Unluckily, the Roanoke settlers weren't well [7]. They didn't have enough food for the winter, and there wasn't enough *3grain for future *4crops. Their leader, Captain White, decided to sail back to England to get food and other necessary things for them to keep living there. However, there was a war in Europe, and three years passed before he returned to North America.

When Captain White came back to Roanoke in 1590, he wanted [8] the settlers. He looked out from his ship, but no one was there to meet him. There were no signs of life. The Roanoke settlers had already left the place long before Captain White sailed back.

No one knows why the Roanoke settlers disappeared. Many people thought that Native Americans killed them, but there were no [9] of a fight. Some thought that the Roanoke people [10] because they had no food or became sick, but they couldn't explain why there were no [11] bodies.

Many years later, more settlers came to North Carolina. One of them met a Native American [12] called *5the Lumbee. They were unusual looking. Some Lumbee had [13] hair. Native Americans in the north usually had black hair. Then he listened to their speech and almost fell off his horse. They spoke a strange kind of English!

He asked where they were from. None of them knew, but they said that their grandparents "talked from a book." Did they mean that their grandparents were able to read? As he rode back home, he asked himself a question：Were the Lumbee people the *6descendants of the

Roanoke settlers?

People are still asking the same question. Because there are no written records, we can't be certain. However, there is one interesting fact. Today, some of the Lumbee people have names like Sampson, Dare, and Cooper. They are the same as (あ) <u>the ones</u> of the disappeared settlers of Roanoke Island.

*1settle　入植する　*2Roanoke　ロアノーク(アメリカ合衆国にある島の名前)　*3grain　穀物の種子
*4crop　収穫　*5the Lumbee　ランビー族　*6descendant　子孫

〔A〕 文中の 6 ～ 13 に入れるのに最も適当なものを，①～⓪の中から1つずつ選びなさい。

① black　② blonde　③ dead　④ died　⑤ live
⑥ group　⑦ signs　⑧ to see　⑨ to go　⓪ prepared

〔B〕 下線部(あ)の指すものとして最も適当なものを，①～④の中から1つ選びなさい。 14

① the names　② the people　③ the settlers　④ the records

〔C〕 本文の内容と合うように， 15 ～ 18 に入れるのに最も適当なものを，①～④の中から1つずつ選びなさい。

1. Captain White decided to go back to England because 15 .
   ① the Roanoke settlers fought one another for food
   ② the Roanoke settlers moved to a place which is now part of the state of North Carolina
   ③ the Roanoke settlers had no food and became sick
   ④ the Roanoke settlers had no way of finding food for the future
2. When Captain White came back to Roanoke, he found out that 16 .
   ① all the people were there to meet him
   ② no one was living there
   ③ there was a war in Roanoke
   ④ he was not welcomed by the Roanoke people
3. When a man met the Lumbee and listened to their speech, 17 .
   ① he wanted to escape from them
   ② he was very surprised
   ③ he was going to get off his horse
   ④ he almost lost his horse
4. When the man asked the Lumbee where they were from, 18 .
   ① they didn't answer at all
   ② they knew only their grandparents' names
   ③ they said they didn't know
   ④ they said their grandparents were from a book

Ⅲ 次の英文を読み，〔A〕～〔J〕の問いに答えなさい。

If you are interested in doing something that is fun and that helps other people as well, you can become a "puppy raiser." A puppy raiser is someone who ①cares for a puppy for a year, until【 ② 】trained as a service dog to people with physical [*1]disabilities, such as blind people. There are not enough trained service dogs for all the people who need ③them. You can help by becoming a puppy raiser.

Being a puppy raiser is a [*2]rewarding experience. It is (④) to know that you are helping someone who, in the future, will benefit from having this dog. It is enjoyable to form a relationship with a puppy and see it grow and [*3]mature.

Service dogs are dogs that are used to help humans. Guide dogs lead blind people, stop them at stoplights, etc. People with other disabilities use service dogs, too. For example, ⑤deaf people can use a dog as their ears. The dog can signal the deaf person when a fire alarm, telephone, or doorbell rings. ⑥Service dogs can make a great deal of difference in their ability to live independently for many people with disabilities.

If you can have a dog where you live, and if you have a couple of hours a day, you can help. A puppy raiser takes the puppy when it is 2-3 months old and keeps it for about a year. ⑦During that time, the puppy raiser gives the puppy basic [*4]obedience training (teaching it to walk on a [*5]leash, sit, lie down, etc.). ⑧Also, the puppy raiser takes the puppy to public places, such as restaurants, offices, buses, and so on. This allows the puppy to get used to being out in public in a variety of situations.

Of course, there are [*6]aspects of being a puppy raiser that are difficult. One day, the puppy goes on for advanced service dog training. You have to (⑨). That will be sad and difficult. However, it should [*7]comfort you to know what a good, important thing you are doing.

Please consider contacting an [*8]organization that trains service dogs and volunteering to be a puppy raiser.

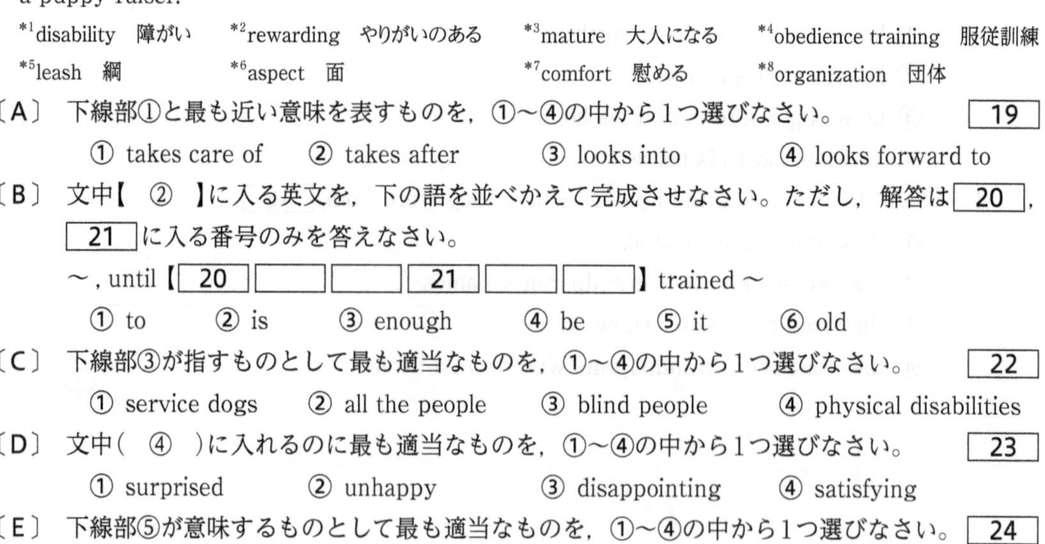

[*1]disability 障がい　[*2]rewarding やりがいのある　[*3]mature 大人になる　[*4]obedience training 服従訓練
[*5]leash 綱　[*6]aspect 面　[*7]comfort 慰める　[*8]organization 団体

〔A〕 下線部①と最も近い意味を表すものを，①～④の中から1つ選びなさい。 [19]

① takes care of　② takes after　③ looks into　④ looks forward to

〔B〕 文中【 ② 】に入る英文を，下の語を並べかえて完成させなさい。ただし，解答は [20]，[21] に入る番号のみを答えなさい。

～, until【 [20] [ ] [ ] [21] [ ] [ ] 】trained ～

① to　② is　③ enough　④ be　⑤ it　⑥ old

〔C〕 下線部③が指すものとして最も適当なものを，①～④の中から1つ選びなさい。 [22]

① service dogs　② all the people　③ blind people　④ physical disabilities

〔D〕 文中(④)に入れるのに最も適当なものを，①～④の中から1つ選びなさい。 [23]

① surprised　② unhappy　③ disappointing　④ satisfying

〔E〕 下線部⑤が意味するものとして最も適当なものを，①～④の中から1つ選びなさい。 [24]

① people who are unable to see

② people who are unable to hear anything or unable to hear well
③ people who are unable to communicate with others
④ people who cause eating habits that are not normal

〔F〕 下線部⑥が意味するものとして最も適当なものを，①～④の中から1つ選びなさい。 25

① 誰かに頼って生活をする上で，補助犬と多くの障がい者は無関係である。
② 補助犬は多くの障がい者が誰にも頼らずに生活する能力には，それほど影響を与えない。
③ 補助犬と多くの障がい者との関係は，彼らが誰かに頼って生きるという意味では大変重要な要素となる。
④ 障がい者の多くにとって，補助犬は自立して生活する能力において非常に重要である。

〔G〕 下線部⑦が指す内容として最も適当なものを，①～④の中から1つ選びなさい。 26

① 子犬に服従訓練を受けさせている間
② 1日につき2，3時間子犬を訓練する間
③ 生後間もない子犬を引き取り，およそ1年間預かる間
④ 1日につき2，3時間訓練しながら，2，3か月子犬を預かる間

〔H〕 下線部⑧の目的として最も適当なものを，①～④の中から1つ選びなさい。 27

① 子犬が親元を離れて過ごす時間を増やすため
② つながれて歩くことに対して子犬に慣れさせるため
③ かつて慣れ親しんだ人がいる環境に，子犬を戻すため
④ 周囲に人がいる様々な環境の中に，子犬が出ていくことに慣れさせるため

〔I〕 文中（ ⑨ ）に入れるのに最も適当なものを，①～④の中から1つ選びなさい。 28

① say good-by to the puppy　② start the same training for the puppy
③ keep having the puppy　④ give a warm welcome to a new puppy

〔J〕 本文の内容と合うように， 29 ～ 31 に入れるのに最も適当なものを，①～④の中から1つずつ選びなさい。

1．Being a puppy raiser is difficult in 29 .
① doing basic obedience training
② giving up the puppy after a year
③ knowing you are doing an important thing
④ finding an organization that trains service dogs

2．A puppy raiser does NOT need to 30 .
① train the puppy as a service dog
② teach the puppy to walk on a leash
③ teach the puppy to sit and lie down
④ get the puppy used to being in public places

3．The main topic of this passage is 31 .
① what service dogs do for blind, deaf, and disabled people
② why there are not enough service dogs for people who need them
③ what puppy raisers do, and why you might like to be one
④ what the disadvantages are of being a puppy raiser

Ⅳ　次の〔A〕，〔B〕の問いに答えなさい。

〔A〕　次の文中の［32］～［35］に入れるのに最も適当なものを，①～④の中から1つずつ選びなさい。

1．My father says that he ［32］ a lot of books when he was a high school student.
① read　② reads　③ has read　④ was read

2．Dustin went to a park yesterday afternoon. He walked around the park ［33］ to music.
① listen　② listened　③ listening　④ has listened

3．The class ［34］ the problem, but we couldn't find a good answer.
① discussed　② discussed on　③ discussed about　④ discussed with

4．The Internet ［35］ us to get various information from around the world.
① can be　② enables　③ able to be　④ is able to make

〔B〕　次の各文の下線部には誤りが1ヶ所ずつあります。その部分の番号を，①～④の中から1つずつ選びなさい。

1．There was <u>a sad</u>① news <u>on the radio</u>② yesterday <u>about</u>③ the gas explosion <u>in the city</u>④. ［36］

2．Could you tell me how <u>long</u>① <u>does it take</u>② to get to the <u>nearest</u>③ station <u>on foot</u>④? ［37］

3．We <u>started on</u>① a journey <u>along</u>② Tokaido <u>in</u>③ the morning <u>of</u>④ May 1st. ［38］

4．I'll <u>do</u>① the shopping when I <u>have</u>② finished <u>to clean</u>③ my room as you tell me <u>to</u>④. ［39］

Ⅴ　次の日本文と同じ意味になるように，下の語(句)を並べかえて文を完成させなさい。ただし，各語群には<u>1つずつ不要なもの</u>が入っています。解答は［40］～［47］に入る番号のみを答えなさい。

1．ボブはなぜその人が有名になったのかを知りたがっている。
Bob ［　］［　］［　］［40］［　］［　］［　］［41］.
① has　② to　③ wants　④ why　⑤ what
⑥ made　⑦ know　⑧ famous　⑨ the man

2．私の父は来月仕事で海外へ行く予定がある。
My ［　］［　］［42］［　］［43］［　］［　］ next month.
① business　② go　③ a plan to　④ on
⑤ abroad　⑥ father　⑦ has　⑧ will

3．バスを待っている間に冷たい飲み物でも買ってこようか。
Can ［　］［　］［　］［　］［44］［　］［45］ you're waiting for the bus?
① you　② during　③ I　④ cold
⑤ get　⑥ anything　⑦ while　⑧ to drink

4．ノーベル賞を勝ち取るにはどれほどの努力が必要か誰にも想像できない。
No one can ［　］［　］［　］［46］［　］［47］［　］［　］ the Nobel Prize.

① effort　② to　③ which　④ takes　⑤ imagine
⑥ win　⑦ how　⑧ it　⑨ much

VI 次のページのコミュニティーバスの案内に関する1～3の問いを読み，その答えとして最も適当なものを，①～④の中から1つずつ選びなさい。

問1　You are 15 years old and are going to take a Community Bus from Harlem Powell Blvd to Ft George St Nich Av. If you want to arrive at Ft George St Nich Av by 9:30, what time do you need to get on the bus at Harlem Powell Blvd? 48

① 9:05　② 9:07　③ 9:09　④ 9:10

問2　You are 18 years old and are going to take a Community Bus with a 6-year-old brother, a 3-year-old sister, and a 69-year-old grandfather. How much do you need to pay to ride on a Community Bus if your grandfather shows his ID? 49

① $1.20　② $1.80　③ $2.40　④ $3.00

問3　Which of the following is true? 50

① If you, a passenger the age of 18, take 15 round trips a month by taking a Community Bus, you can save more money by buying three sets of Ten-ride tickets than by buying a Monthly pass.
② It takes less than 15 minutes from Wash Hts Audubon Av to Bellevue Hospital Center on the Community Bus.
③ On Saturdays you can buy Ten-ride tickets and Monthly Passes from Community Bus drivers on board.
④ If you, a passenger the age of 12, ride on a Community Bus and want to arrive at E Village 4 Av by 16:00 on Sundays, you need to get on the bus 15:09 at Harlem Cent Pk N.

◆ Community Bus Schedule

Community Buses operate Monday through Saturday. This service does not operate on Sundays.

Southbound Read down

Bus Stop	Time							
Wash Hts Audubon Av	7:05	9:05	11:05	13:05	14:05	15:05	16:05	17:05
Harlem Powell Blvd	7:07	9:07	11:07	13:07	14:07	15:07	16:07	17:07
Harlem Cent Pk N	7:09	9:09	11:09	13:09	14:09	15:09	16:09	17:09
Upper E Side5 Av	7:10	9:10	11:10	13:10	14:10	15:10	16:10	17:10
Midtown 5 Av	7:14	9:14	11:14	13:14	14:14	15:14	16:14	17:14
E Village 4 Av	7:16	9:16	11:16	13:16	14:16	15:16	16:16	17:16
Ft George St Nich Av	7:17	9:17	11:17	13:17	14:17	15:17	16:17	17:17
Bellevue Hospital Center	7:21	9:21	11:21	13:21	14:21	15:21	16:21	17:21

◆ Cash Fares

Passenger	Fare
Regular	**$1. 20**
Child (the age of 6 to 12)	**$0. 60**
65 years of age and over*	**$0. 60**
※1 Physically challenged	**$0. 60**
Up to three children under the age of 6 with an adult	**FREE**

*You need to show your ID.

◆ Bus Tickets and Passes

Save money with bus passes! You can buy Ten-ride tickets and monthly passes at the Community Bus office at 102 Main Street, Monday through Friday, between the hours of 8:30 and 16:30.

Ten-ride tickets　$10.00

Monthly pass　$35.00

※1 Physically challenged 身体に障がいがある

Ⅶ 次の会話文を読み，後の問いに答えなさい。

Kate : Excuse me, do you know where the police station is?
Woman : No, I don't. [51]
Kate : OK, thanks anyway.
Ann : Hi, Kate! How is it going?
Kate : [52] I lost my wallet.
Ann : Oh, no! Where did you lose it?
Kate : I don't know. I only noticed that it was gone when I was trying to buy a can of Coke at the vending machine.
Ann : When did you see it last?
Kate : I had it before lunch. I went to the library and took my ID out of it.
Ann : [53]
Kate : No, I already checked.
Ann : Did you have a lot of money in it?
Kate : Not really. I had about five dollars. But I had my ID and all my credit cards in it.
Ann : That's awful. Have you been to the police?
Kate : No, I was just trying to find my way there. [54]

Ann： It's easy. Go up two blocks. Then turn right. It's the third building on your left. You can't miss it.

Kate： OK. Thanks, Ann.

Ann： No problem. I hope the wallet will turn up.

問1 会話文中の 51 ～ 54 に入れるのに最も適当なものを，①～⑧の中から1つずつ選びなさい。

① Not too good.

② No problem.

③ Maybe you left it there.

④ I'm not from around here.

⑤ Did you lose it again after that?

⑥ I am familiar with this part of town.

⑦ Can you take me to the police station?

⑧ How do I get to the police station from here?

問2 Kateが行きたい場所として最も適当なものを，①～⑧の中から1つ選びなさい。 55

Kate and Ann are here!

（X）は解答番号 34 ・（Y）は解答番号 35

① 能定
② 道行く人
③ 妻子
④ 童子
⑤ 罪人
⑥ 焔魔王

問四 傍線（A）「死にて後」とあるが、能定が見た死後の世界について説明したものはどれか、最も適当なものを選びなさい。解答番号 36

① 焔魔王宮では、焔魔王と大勢の役人たちによって痛めつけられる罪人の泣き叫ぶ声が響いていた。
② 何も見えず何も聞こえない野を進むと焔魔王宮があり、多くの罪人たちが拘束されていた。
③ 暗い野を進んでいくと焔魔王宮があり、死者の罪を裁く焔魔王と大勢の役人が待ち構えていた。
④ 焔魔王宮への道中では、恐ろしい冥途の使いが後についてきて、追い払っても離れなかった。

問五 傍線（B）「□なし」は「まったくいない」という意味になるが、□に当てはまる語はどれか、最も適当なものを選びなさい。解答番号 37

① さらに
② いつしか
③ すなはち
④ いと

問六 傍線（C）「火をもちて王宮をやかんとす」とあるが、童子がこの行動をとったきっかけは何か、最も適当なものを選びなさい。解答番号 38

① 寿命の残っていた能定ばかりか、それをかばおうとした童子にまで、焔魔王が罪を着せようとしたこと。
② 能定がいわれのない罪をかぶせられ、正しい裁きを受けないまま地獄へ落とされそうになったこと。
③ 焔魔王の横暴な裁きによって、童子と能定の正当な言い分がまったく聞き入れられなかったこと。
④ 地獄へ送られそうになった能定を救おうとしたときに、焔魔王が童子の主張に耳を貸さなかったこと。

問七 傍線（D）「此の事」を通して、能定はどのような思いに至ったか、最も適当なものを選びなさい。解答番号 39

① 不動明王が自分を助けてくれたのは、長年の信心の結果であると知り、その大切さを実感した。
② 自分が生き返ったのは、どんな罪人でも救う不動明王の慈悲の結果であり、そのありがたさを痛感した。
③ 死後の世界から不動明王に救われたことで、今までの不信心を反省し、功徳を積んでいこうと改心した。
④ 不動明王の怒りを目の当たりにして、その恐ろしさを知り、立てた誓いを破るまいと決心した。

※解答番号 40 ～ 60 は空白にし、マークしないこと。

護のちかひ、たがはずかくし給ふ。たふとく(イ)めでたき事かぎりなし」
とぞいひける。

（『続古事談』より）

（注）＊世中さわがしくて……疫病が流行し世情が不安定になり。
＊東西二京……平安京全域。
＊御所の御筆ゆひ……宮中で筆を作る職人。
＊ひつ……ひつぎ。棺桶。
＊焔魔王宮……焔魔王の住む宮殿。焔魔王は、死者の生前の善悪を審判するという地獄の王。
＊冥官……焔魔王宮の役人。
＊くびかし……罪人の首にはめる刑具。
＊あぐらにつき……腰掛けに座って。
＊ひらをはあれど、たちはかず……平緒は付けているが、太刀は身に着けていない。平緒は太刀を身に着けるためのひも。
＊かなへ……釜。
＊寿限……寿命。
＊不動……不動明王。
＊本尊……寺院が信仰の中心としたり、個人が特に信仰の対象としたりする仏。
＊生々加護…現世や来世でのご加護。

問一　二重傍線（ア）・（イ）の本文中の意味として、それぞれ最も適当なものを選びなさい。

（ア）「例ざまに」**解答番号** 29

① 自慢げに
② 有頂天に
③ 型通りに
④ 普段通りに

（イ）「めでたき」**解答番号** 30

① 思いがけない
② すばらしい
③ 頼もしい
④ 恐ろしい

問二　二重傍線（a）〜（c）の解釈として、それぞれ最も適当なものを選びなさい。

（a）「いかでか、わがいはん事をばたがふべき」**解答番号** 31

① 私の発言がうそだと言うのか
② 私の意見と違うところを言え
③ 私の言うことに背くことはできない
④ 私の言う通りにはしないだろう

（b）「王宮の内、くれふさがりぬ」**解答番号** 32

① 王宮が崩れて出られなくなった
② 王宮の出口に童子が立ちはだかった
③ 王宮の中にいた者はみな逃げ惑った
④ 王宮の中は一面が暗闇となった

（c）「これをぐして」**解答番号** 33

① 私を引き連れて
② 文を受け取って
③ 罪を償って
④ 焔魔王に逆らって

問三　波線（X）「つげたりければ」・（Y）「判じて」は誰の動作か、それぞれ最も適当なものを選びなさい。

② 憧れのカジに近い存在として踊りを披露できることに気分が高ぶっており、カジの引き立て役に徹して、なりふり構わず自身の役割を果たそうと躍起になっている。

③ チームの顔となるような役割を任され、自身のこれまでの努力が報われたことに喜び、たとえ篤史が引き受けなくとも、自分だけはカジからの期待に応えたいと思っている。

④ 想像もしなかった大役を任され、尊敬するカジから信頼を得ていることを嬉しく思う一方で、自身がその信頼に見合うだけの働きができるだろうかと心配している。

問七　本文を通して、カジはどのような人物として描かれているか、最も適当なものを選びなさい。**解答番号** 28

① 日常的な言動は荒く粗暴に見えるが、その内面は周囲への思いやりに満ちており、常に率先して他者のために行動を取ろうとする人物。

② 自意識が強いため周囲からは敬遠されがちだが、何事にも手を抜かず、自身の役割は責任をもってやり遂げる生真面目さを持つ人物。

③ 自己本位な性格ではあるが、踊りに対する強い思いから取る行動が他者に良い影響を与えるため、周囲からの信頼を集めている人物。

④ 自己中心的で周囲を一切顧みない傲慢さはあるが、優れた踊りの技術を持っているために、集団の中では一目置かれている人物。

四

次の文章を読んで、後の問いに答えなさい。

けり。嘉承元年の夏、*世中さわがしくて、*東西二京にしぬるものおほかりけり。そのなかに、*御所の御筆ゆひ能定、病つきて七日と云ふに死にけり。*ひつに入れて、黄なる衣覆ひて、人はなれたる所にすてつ。四日をへて道行く人ききければ、ひつの中におとしけり。あやしみてみるに、よみがへりたり。水をのませて、かれが家に(X)つげたりければ、妻子よろこびてかへりて日比へて、(ア)心地例ざまになりてかたりける、(A)「死にて後、おそろしきものども、我をおひたててくらき野をゆくに、此の世にて見し人、(B)［　］なし。ただ風の音、水の音ばかり耳にきこゆ。わかき童子の我をしりたるとおぼしき、うしろにそひてはなれず。*焔魔王宮にいたりて二階の門をいる。*冥官そのかずあり。壇のもとには、罪人、或はしばられ、或は*くびかししたるものどもなみ居たり。はるかにみあぐれば、*冠・うへのきぬきたる人三十余人、*あぐらにつき、なみゐたり。*ひらをはあれど、たちはかず。我つみを(Y)判じて、地獄へつかはす*かなへにいるるに、このぐしたりつる童子、焔魔王に申さく、『此の人は*寿限いまだつきず。ゆるさるべきなり』。王、これをきかず。童子いかりていはく、『焔王なりとも、(a)いかでか、わがいはん事をばたがふべき』とて、(C)火をもちて王宮をやかんとす。(b)けぶりみちみちて、王宮の内、くれふさがりぬ。このとき王おどろきて、冥官とともに、かさねてふみをかんがふるに、まことにいのちつきず。王、功徳をつくり、つみをおそるべきよしを云ひて、この童子にとらせつ。童子、(c)これをぐしてふるさとにかへる。大なる穴の口にいたりて、我をおしいるる、と思ふほどによみがへりたり。つらつら(D)此の事を思へば、年来、*不動をたのみたてまつりて*本尊とす。*生々加

② 幼い頃は何事も自分より劣っており見下していたが、踊りに関して自分より高い評価を受けている今の多郎には尊敬の念を抱いている。

③ 幼少期から親しい仲であった多郎が、真剣に踊りに向き合う姿を目にして、基本的な練習すらままならない自分の未熟さを痛感している。

④ 幼少期の印象とはまるで異なり、進んで自己の向上を目指す多郎の姿に、自分との踊りに対する意識の違いを感じて戸惑っている。

問三　傍線（B）「篤史には口ごもることしかできなかった」とあるが、それはなぜか、最も適当なものを選びなさい。**解答番号** 24

① よさこいに臨む意識をカジに問われたが、大した目的意識も持っておらず、明確に答えることができなかったから。

② よさこいに対する思いをカジに問いただされ、中途半端な気持ちで練習に取り組んできたことに罪悪感を覚えたから。

③ カジのよさこいに対する高い意識に触れて、自身との意識の差を痛感し、これまでの消極的な態度を深く反省したから。

④ カジのよさこいへの情熱を知り、出来映えにこだわらずに楽しみたいという自分の本心を、そのまま伝えるべきか迷ったから。

問四　傍線（C）「踊れる人の偉大さ」とあるが、ここではどのようなあり方を指しているか、最も適当なものを選びなさい。**解答番号** 25

① 踊りというものの難しさを十分に理解して真剣に向き合い、個人としてより高みを目指そうとするあり方。

② 卓越した技術を周囲に見せることで、目指すべき理想を示し、全体の意識を向上させようとするあり方。

③ 高い踊りの技術を持ちながらも、それを誇示せずに、全体としての完成度の高さを求めようとするあり方。

④ 自らの高い技術を駆使して、チーム全体の踊りを高めるめに、た言葉を尽くして丁寧に教えようとするあり方。

問五　傍線（D）「この手に纏をと思うと、早くも胸が騒ぐ」とあるが、ここからうかがえる篤史の心情として、最も適当なものを選びなさい。**解答番号** 26

① 今の振り付けさえ覚えきれないのに、より難しい踊りを要求され、カジからの過度な期待に嫌気が差している。

② 突然のカジの申し出に驚きを感じつつも、自身が注目を浴びる華やかな役割を担うことに高揚感を抱いている。

③ 自身が纏を任されると知り、以前カジに見せられたプロレベルの踊りを要求されていることに不安を感じている。

④ チームのサポートを積極的に行おうと決心していたが、思いもよらぬ重要な役割を任されることに喜びを感じている。

問六　傍線（E）「あっちゃん、やろう。おれ、やりたい」とあるが、ここでの多郎の心情として、最も適当なものを選びなさい。**解答番号** 27

① 自身がカジにとって都合よく使われていると感じながらも、カジを見返す機会を得たことに気づき、当日は主役に負けないような踊りをしようと意を決している。

鯨井町もそのスタイルで行くというのはわかった。(D)この手に纏をと思うと、早くも胸が騒ぐ。けれど篤史は聞き返さずにいられなかった。

「ひょっとして、いつか見せてくれたスタジオでのダンス、あのレベルを考えているんじゃあ……」

「おれが踊るなら当然あれやろう」

頭を抱えてしゃがみこみたくなった。

「んな馬鹿な。あそこにいたのはプロ、もしくはセミプロでしょう? おれらにそんなのを求める気ですか」

「仕方ない。ある程度はがまんする。めいっぱい美しう舞えよ。おれはこう見えても完璧主義者や」

とっくにわかっているよ。やってもやってもOKが出なかったはずだ。群舞にまわる踊り子たちと先頭集団を、この男は最初から分けて考えている。

(E)「あっちゃん、やろう。おれ、やりたい。ぜったいやる。ここまできたがやき。とことん下僕になりきろう」

「ちょっと待て。せめて従者でいいんじゃないか?」

纏を振るう大胆で派手な踊りを、スタミナだけはありそうな男ふたりにやらせるつもりだ。どこのチームよりも艶やかで優美なトップの踊り子――つまり自分を、徹底的に引き立たせるために。

(大崎　梢『夏のくじら』より)

(注)＊鯨井町……篤史が所属するチームは、この町に暮らす人々が中心となり運営している。

＊綾乃・志織・月島……よさこいチームのメンバー。

＊鳴子……踊りの際に両手で持ち、楽器のように音を鳴らしながら舞うための小道具。カジの父親は鳴子を作る職人であった。

＊やき……だから。

＊地方班……町中を踊りながら行進するチームに車で後続して、音響や照明などを担当するとともに、チームのサポートを行う人々のこと。

＊纏……チームの印を先端にあしらった棒状の道具。

問一　二重傍線(ア)・(イ)の本文中の意味として、それぞれ最も適当なものを選びなさい。

(ア)「しゃにむに」　解答番号 21

① 思うようにならなくて投げやりに
② 他のことは考えないでいちずに
③ 周囲を気遣いながらも熱心に
④ 苦しみながらも前向きに

(イ)「ほのめかしていた」　解答番号 22

① ひそかに考えていた
② あらかじめ示していた
③ それとなく言っていた
④ たびたび念を押していた

問二　傍線(A)「目の前にいる多郎は自分よりずっと大人びて見えた」とあるが、ここからうかがえる篤史の心情として、最も適当なものを選びなさい。解答番号 23

① 幼い頃から誰よりも親密な関係にあった多郎が、カジへの憧れを原動力に踊りに打ち込む姿を見て、精神的な距離を感じ始めている。

黙々と手本になる踊りを見せるだけ。ひとりひとりの意識が変わってくるのを待っている。

そしてカジの父親は、みんなの輪の中にいる息子を見て微笑むのだろう。

「でもさ、おれにはやさしくないよ」

「ああ……」

「それに、鳴子を持って踊らせないようなことも(イ)ほのめかしていた。ということは、クビ？」

いっそ*地方班に入り、祭りの間中、車につきっきりの役になりたいと、本気で思ったこともあったのに、今は踊れないことにあせる自分がいる。カジの言葉が蘇る。

おまえにとって、よさこいは何や？

今年のチームで何をやりたい？

次の練習日も篤史は今まで通りに地道な手伝いに終始した。

カジとの諍いについては誰も触れようとしない。様子を見ているのか、多郎から後日談をすでに入手したのか。当のカジはみんながもっとも手こずるスローなパートでの、身体の伸ばし方とやや溜めてから次にうつるタイミングについて、ほとんどマンツーマンで教え歩いていた。

少しでも上達すればにっこり笑いかけてもらえるので、最初の頃はカジくんカジくんとみんなもやかましかったが、振りを覚えきると今度は精度をあげようとして、そこで初めて(C)踊れる人の偉大さにめざめるらしい。ひとりで楽しんで踊るのとはちがう。きちんときれいに揃えることのむずかしさに行き当たる。

早いターン、高いジャンプ、ぴんと伸ばした腕、鋭い踏み込み、きびきびとした屈伸。覚えれば思い切りやってみたいのが人情だ。けれど模範演舞がさらりといなす。カジくんはもっと飛べるよ、もっと早く回れるよ、でも抑えてなめらかに全体と合わせる。この言葉には大きな説得力があった。

チームの踊りは美しい群舞をめざす。

練習が終わり、補習組は引き続き未消化のパートをくり返した。それに付き合っているとカジに呼ばれた。校庭に面した扉が開け放たれ、多郎といっしょに外の風を浴びながら汗を拭う。

「なんですか」

「次の練習から、おまえらに新しい振りを教える。これ以上延ばしたらさすがにやばいしな。チームの振りは他のやつらに任せる」

多郎も初耳だったらしい。目を丸くする。

「頭はおれや。おまえらふたりはその後ろで*纏を持って踊る。振りはもう出来上がっちゅうき、たぶんやれるやろう」

「纏……」

「鳴子じゃなく、鯨井町の纏を握るがで」

カジは言っただろうと、それぞれの顔を順番に見た。

「おれについて来いと」

チーム衣装が決まった日のことだ。公民館でたしかに言われた。ちゃんと踊っておれについて来いと。

纏や旗、提灯を手にした先頭集団が、チーム全体とはちがった振りで派手に舞い踊る。よさこいではどこのチームでもたいてい取り入れているお馴染みの編成だ。先頭だけあってとても目立つ。まさに花形だ。

た。気持ちを切り替え帰路につこうとした矢先、取り壊したビルの空き地に人影が見えた。

多郎だ。見てすぐにわかった。チームの踊りをひとりで練習している。わざとテンポを落とし、手の振り足さばきを丁寧に確認するよう踊っていた。やり直すさまを見て、カジの動きをなぞっているのだと気づいた。

篤史に比べ多郎は二カ月遅く生まれ、身長は十センチ低く、体重では六キロ少ない。寝返りしたのもハイハイしたのも歩き始めたのも篤史が先で、いつもお下がりをあげていた。かけっこも木登りも縄跳びも下手で、カナヅチの多郎はいつまでたっても浮き袋を手放せなかった。

（中略）

でも今、(A)目の前にいる多郎は自分よりずっと大人びて見えた。いったいこいつは何を考えているのだろう。初めて思った。どうしてそんなに一生懸命、振りの練習をくり返すのか。

帰りの車の中でカジに言われた。おまえは踊れてないわけではないのだと。ただ綾乃や多郎は、カジが想定していたレベルのもっと上をめざしている。それが差を生むのだと。

思いがけない言葉だった。

「真剣さが足りない？」

「そういうのともちがうな。おまえやってがんばりゆうし。たぶん、ここまで行きたいちゅう『ここ』が明確にあるかどうかやろうな。おまえにとって、よさこいは何や？　今年のチームで何をやりたい？」

真正面から尋ねられ、(B)篤史には口ごもることしかできなかった。

祭りに参加するのは二度目だ。スタッフは初めて。与えられた役割を無事こなし、自分自身も楽しんで終われたらラッキー、そう思っていた。

まちがいではないだろうし、悪くもない。けれどおそらく綾乃も多郎も、その上にさらなる目標を乗せてきている。

カジの実力を最初から知っていた綾乃は、少しでも近付きたいと(ア)しゃにむになっている。振りは完全にマスターしてるのに、練習も指導もけっして手を抜かない。たまに受けるカジからの個人レッスンはとても嬉しそうだ。多郎もふたりの動きをきっちり目で追っている。

上手に踊れたね、上手にスタッフがやり通せたね、そんな褒め言葉に喜ぶであろう自分に対し、ふたりの充足レベルはちがうところにある。

黙って引き返そうと思いながらも動けず、やがて多郎に気づかれた。多郎は多郎で今日の顚末（てんまつ）を案じていたらしい。

「なんやあっちゃん、そんなところで。カジさんと、どうやった？」

「うん。車に乗ってドライブしてきた」

隠すこともないだろうとかいつまんで話すと、多郎はしたたり落ちる汗を拭きながら、真剣な顔でひとつひとつうなずいた。

「そうか。やったらわかるね。カジさんがチームのみんなにやさしいが」

建物の廃材にどちらからともなく腰を下ろした。

「カジさんにとってチームのメンバーは、想（おも）い出の＊鳴子（なるこ）を手に踊る人たちや。めいっぱい楽しむのをお父さんに見てほしいがよ」

「タローちゃんらしいな」

「うまく踊れんからって、苦しんでやめていく人を作りとうない。カジさんのお父さんが好きなよさこいは、そういうんやない。＊やき、自分がどんなに踊れても無理強いせん」

通を図りづらくなってしまうこと。

③　本来の意味を理解せずに、解釈を誤ったまま外来語を使用することによって、あたかも国際社会の仲間入りを果たしたように錯覚してしまうこと。

④　外来語で表されたある価値観が、あたかも世界標準の理念であるかのようにとらえられ、社会常識として国民の間で無意識のうちに広まってしまうこと。

問七　傍線（G）「この安心感ほど恐ろしいものはないのかもしれない」とあるが、それはなぜか、最も適当なものを選びなさい。**解答番号** 19

①　他国の犠牲の上に自分の国の生活が成り立っているという事実に目を向けず、自分たちの目先の楽しみばかりを追っているから。

②　自国の戦争への加担によって多くの犠牲者を出しているにも関わらず、自分たちの生活とは無縁のものとして顧みることがないから。

③　自国が他国間の戦争によって犠牲を払っていることを認識しながらも、あたかも平穏な生活を送っているように振舞っているから。

④　自国の豊かさを保つためには、ある程度の犠牲もやむを得ないという国家的なエゴイズムが、国民の間に浸透してしまっているから。

問八　本文の内容と表現について説明したものはどれか、最も適当なものを選びなさい。**解答番号** 20

①　自分の海外生活における経験や失敗談をユーモアを交えながら、一貫してわかりやすい言葉を用いて記している。

②　自分の海外における見聞に基づいて、論理的かつ実証的に日本とアメリカ、ドイツの国情の違いについて述べている。

③　自分の海外生活における実感に基づいて、比喩表現を多用しながら独自の視点で日本という社会のあり方を見つめなおしている。

④　自分の海外での経験を軸に日本社会を鋭く批判し、他者の見解を踏まえながらアメリカやドイツの優れた点を指摘している。

三

次の文章を読んで、後の問いに答えなさい。

> 大学入学と同時に、父の郷里である高知に引っ越してきた篤史(あつし)は、同い年で従弟(いとこ)の多郎の誘いを受け、よさこい祭りで踊りを披露するチームに参加することになった。練習を重ねる篤史は、踊りのリーダー格であるカジと衝突をするが、カジの亡くなった父親の工房を訪れ、カジのよさこい祭りに対する思いを知ることになる。
> 以下は、篤史とカジが工房から高知市内に帰ってきた場面である。

日が傾きはじめる頃、篤史とカジは工房を辞して高知市内へと戻った。スタジオに寄っていくというカジとは大橋通の交差点で別れ、篤史の足はなんとなく鯨井町*へと向かっていた。綾乃の働く美容院*や志織*のいる花屋、月島の酒屋*、それらの手前で引き返すように角を曲がっるということ。

② 日本の女性作家が、女性は家を守るべきだという古い価値観から脱することを眼目にして手掛けた作品は、新しさを追求するあまりに文体が確立されず、作家個々の独自性を十分発揮できぬままに失敗に終わってしまうものが多いということ。

③ 日本の女性作家には、家に象徴される女性の社会的な立場を反映して、既存の価値観から抜け出そうとする意識が強く働くようだが、そうして書かれた作品でも完成すると独り歩きし、作家も自分の描いた世界と距離ができてしまうということ。

④ 日本の女性作家の作品には、家という封建的な枠を抜け出して新しい時代を生きる女性の理想像を描くものが多いが、日本人の意識を根本的に変えるほどの影響力はないため、作家自身が思い描く理想と現実との間には大きな隔たりがあるということ。

問四　傍線（D）「自分の身体が草原になってしまって、そこにいろいろな風が吹きまくっている」とあるが、どのような状態を言っているのか、最も適当なものを選びなさい。**解答番号** 16

① 自分の周囲に頼りになるものが何もなく、畳み掛けるように舞い込んでくる未知の物事に身をさらしている状態。

② 自分の予期していたものと現実とのギャップの大きさに苦しみ、なすすべもなくただ途方に暮れている状態。

③ 自分から進んで生産的な行動を取ることが一切できずに、ただ流されるままに空虚な日々を過ごしている状態。

④ 自分の精神をいったん白紙にして、次々と入ってくる未知の世界のあらゆる情報を積極的に取り込んでいる状態。

問五　傍線（E）「日本語は小さな爆発を繰り返し、書くごとに砕けるようになった」とはどういうことか、最も適当なものを選びなさい。**解答番号** 17

① 海外生活の中で身につけたドイツ語との比較を通して日本語本来の良さを再発見し、伝統的な日本語を用いた表現が自由自在にできるようになったということ。

② ドイツ語による海外生活を通して日本語が相対化され、そこで得た視点により日本語の表現を捉え直して再構築することが、自然にできるようになったということ。

③ ドイツ語が日本語に比べてはるかに豊かな表現が可能であることに気づき、日本語によって表現するたびに、混乱が生じるようになってしまったということ。

④ 日本語による表現の限界を乗り越えるために、ドイツ語特有の様々な言い回しを日本語に訳して、自分の文章に積極的に取り入れるようになったということ。

問六　傍線（F）「外来語を輸入することで社会の論議の方向が操られてしまう」とはどういうことか、最も適当なものを選びなさい。**解答番号** 18

① 外来語を介して、海外から一方的に押し付けられた理念が絶対視されるようになり、それを基準とした価値観に社会全体が覆われてしまうこと。

② 世界の常識であるかのように外来語の使用を推進し、浸透させようとする一部の人たちのために、多くの人々が意思の疎

しなかった第二次世界大戦がまるで自分の記憶のように一瞬身に迫った。ヨーロッパでは近すぎるくらい近くに戦争が感じられた。ベルリンの町を歩けば、あの動物園駅の隣の第二次大戦で爆撃された時のままの形で残されている教会に目をやるまでもなく、戦争の影が身体を包み込む。そして何より、町そのものが、声を取られないように、命を取られないように、頭の上にある屋根を取られないようにと、警戒し固くなっているのが感じられる。日本でも、まわりの人のすること、考えていることを見張り合う隣組のような態度や、軍隊風の態度がさわやかさとして受け入れられているのを見たりすると、戦争がそこにいるような気がして、ぞっとする。アメリカは違う。アメリカはいつも自分の国の外で戦争をすることで、国内では、安心して暮らせるようになっている。＊コソボと聞いても、この世の外側にある町のように聞こえるように出来ている。(G)この安心感ほど恐ろしいものはないのかもしれない。

（多和田葉子『カタコトのうわごと』より）

（注）＊ボストン……アメリカ合衆国マサチューセッツ州の州都。国際都市として知られる。
＊コソボ……コソボ共和国。バルカン半島中部に位置し、二〇〇八年に独立宣言した。ユーゴスラビア軍との戦闘となったコソボ紛争（一九九八～九九年）では、アメリカなどＮＡＴＯ諸国がコソボ側に立って参戦した。

問一　傍線（A）「日本では、ものを考える場所がうまく見つからなかった」とあるが、それはなぜか、最も適当なものを選びなさい。**解答番号** 13

① 日本では、女性は社会性を身につけるのが苦手で、他者に依存して生きるのが良いと考えられているから。
② 日本では、哲学的な思考そのものが非現実的で、未成熟な人間のすることだと見なされているから。
③ 日本という社会の中で生きるためには、自己主張を控えて他者と同調することが必要不可欠だから。
④ 日本の社会には、女性は生活という現実の中に身を置くものだとする感覚が根を下ろしているから。

問二　傍線（B）「がっかりした」とあるが、筆者は「ある作家」の一節にどのようなことを感じ取ったのか、最も適当なものを選びなさい。**解答番号** 14

① 作品の急進性は見せかけに過ぎず、常識的な行動様式の奨励を目的とした内容になっていること。
② 作品の理念の新しさは高く評価できるものの、ときおり前近代的な言葉遣いが鼻についてしまうこと。
③ 作品の中では斬新なことを言葉にしていても、実生活に対する旧態依然とした姿勢が垣間見えること。
④ 作品に対する世間の評価とは裏腹に、書かれている内容はすべて古めかしいものに過ぎないこと。

問三　傍線（C）「どの窓も文字で埋ってしまえば、作者の入居する場所はなくなる」とあるが、どのようなことを言っているのか、最も適当なものを選びなさい。**解答番号** 15

① 日本の女性作家たちは、家という既存の枠から抜け出して新しい生き方を目指す日本の女性の姿を描いているが、そのような作品は女性差別や偏見によって批判にさらされ、多くの女性作家が活動の場から締め出されかねない状況に陥ってい

禁止するというようなことではなく、禁止されるまでもなく、魅力が感じられないように仕組まれているような気がする。ものを考えること自体に快楽を覚えるのはある種、子供じみたことであるけれど、一方、考えることで、生活そのものが変えられる場合は、考えるということの意味も変わってくる。

いつだったか、家族制度についてかなり過激で実験的でユーモラスなことを書いている日本のある作家のエッセイの中に、「家内がいつものようにゴミを捨てに行くと」という一節があったので、(B)がっかりした。誰がゴミを捨てに行くのでもかまわないのだが、そこから濃厚に立ち上ってきた臭いは、分業モデルに従った家族生活そのものを少しも変えようとはせずに、自分の書斎の原稿用紙の上だけで「実験」している作家の姿だった。新しい生活形態のデザインをするのが作家の役目だとは思ってはいないが、書くことによって、そのような枠から外へはみでる結果にならないようなことがあれば、その方が不思議ではないか。この間、アメリカのある日本文学研究者が「日本の女性の文学に出てくる家は、住む場所としての家ではなく、そこから出ていく場所としての家であることが非常に多い」と言っていた。わたしは、原稿用紙の罫線(けいせん)は団地の窓のようだと昔思ったことがあるが、(C)どの窓も文字で埋ってしまえば、作者の入居する場所はなくなる。

家の中に書斎があってそこでものを考えるのは快いのかもしれないが、わたしのように、家をいつも留守にして、電車の中や駅のベンチで小説を書いていると、家出人のような気分が抜けない。

当時ドイツには自分の意志で行ったのであるけれど、行ってみると、全くの別世界に突然投げ込まれたようで、移民の状況になった。住む家があっても、(D)自分の身体が草原になってしまって、そこにいろいろな風が吹きまくっている感じだった。苦労しているとか苦しんでいるなどと考える余裕もなく毎日が過ぎていった。*ボストンの通りをふらふら歩きながら、ドイツに着いたばかりのことをよく思い出す。十七年前、こんな風にして新しい町に着いたばかりのあの頃の状況は今と似ているようだが、今の心境はやっぱり違う。当時は日本語が一度砕けてまた生まれ変わったような気がしたが、もうそのような大きな爆発事件は起こらないだろう。あれ以来、(E)日本語は小さな爆発を繰り返し、書くごとに砕けるようになった。

アメリカの学園都市では、よそ者と現地の人の境界線をはっきり引くことはできない。誰でもちょっとよそ者で、誰でも一応この町の人と見なされるような環境になっていると思う。

ここでは、日本の新聞をくれる人が大学にいるので、よく目を通すようになった。日本の新聞を読んでいると、電車の中で年寄りに席をゆずるやさしい人たちの話と大量殺人のニュースが必ず同居している。性的いやがらせなどについてまじめに考えてくれるのはいいけれども、一昔前までは同じ内容のことを誰かが主張しても相手にされず「男はそういうものだ」で通っていたのが、マスコミが「ハラスメント」などという外来語を輸入した途端に、そういうことについて語ることが急に当り前のこととして受け入れられるということは、そういうメカニズムを逆に利用して、(F)何か外来語を輸入することで社会の論議の方向が操られてしまうところがあるのではないかと逆に不安にもなる。

アメリカに来てから、戦争が他人事のように感じられる。そのアメリカで、日本の新聞の「日の丸」という単語を見た時、自分では経験

③ 孤立無縁
④ 自我自賛

問五　次の漢字の矢印で示した箇所は、楷書で書く際には何画目に書くべきか、最も適当なものを選びなさい。**解答番号** 9

① 五画目
② 六画目
③ 七画目
④ 八画目

問六　『友情』などの代表作で知られる白樺派の作家は誰か、適当なものを選びなさい。**解答番号** 10

① 有島武郎
② 里見　弴
③ 志賀直哉
④ 武者小路実篤

問七　『万葉集』に収録されている歌はどれか、適当なものを選びなさい。**解答番号** 11

① 思ひつつ寝ればや人の見えつらむ夢と知りせば覚めざらましを
② 春過ぎて夏きたるらし白たへの衣干したり天の香具山
③ 人はいさ心も知らずふるさとは花ぞ昔の香ににほひける
④ 玉の緒よ絶えなば絶えねながらへば忍ぶることの弱りもぞする

問八　「君子不以言挙人」を「君子は言を以て人を挙げず」と書き下す場合、どのように返り点を付ければよいか、適当なものを選びなさい。**解答番号** 12

① 君子不二以レ言挙レ人。
② 君子不以レ言挙レ人。
③ 君子不二以レ言挙一人。
④ 君子不三以レ言挙二人一。

二

次の文章を読んで、後の問いに答えなさい。

十七年前から暮らしているドイツを四カ月だけ離れて、今アメリカに来ている。十七という数字は、「かかとを失くして」という小説を書いて以来、気になっている数なので、十七年を区切りに、いろいろと考えてきたことをエッセイ集にまとめてみるのが、ちょうど今の時期に重なったのは悪くないかもしれない。週二日、大学で教えているが、ゼミの学生の数も十七人である。

今思えば、日本を離れることで、わたしと日本との間に生まれた距離が、いろいろなことを考えるのに有利な空間を提供してくれた。それは、ドイツに行ったから、いろいろ考えさせられたというよりは、(A)日本では、ものを考える場所がうまく見つからなかったというようなことかもしれない。

日本で女に生まれると、理屈でものを考えることを楽しむ場所があまりない。理屈が出ると官能から切り離されてしまうようで、哲学的なものはすべて生活とは関係のない、子供っぽい、ばかばかしいことのように見えてきてしまう。それは、必ずしも、社会が女性に哲学を

【国　語】（五〇分）〈満点：一〇〇点〉

一　次の各問いに答えなさい。

問一　次の（ア）～（オ）の傍線部と同一の漢字を用いるものはどれか、それぞれ適当なものを一つずつ選びなさい。

（ア）結婚式の受付でホウメイ帳に記入する。**解答番号** 1
① 将軍からホウビをたまわる。
② 花のホウコウが鼻をくすぐる。
③ 正月にお餅をホウノウする。
④ 最新のホウガが上映される。

（イ）敵の攻撃に対して徹底コウセンする。**解答番号** 2
① 判決に納得いかずコウソする。
② キョウコウな態度をとる。
③ 互いにキンコウを保つ。
④ シソにはコウキン作用がある。

（ウ）暴動をチンアツする。**解答番号** 3
① あの人は会社のジュウチンだ。
② 好事家の間でチンチョウされる。
③ 敵の戦艦をゲキチンした。
④ 豪華な品々がチンレツされている。

（エ）テレビ番組をセイサクする会社。**解答番号** 4
① 戦地へシュッセイする。
② 畑をセイチする。
③ 動作をセイギョする。
④ 原稿をコウセイする。

（オ）ジョウシュに富んだ小説に感動する。**解答番号** 5
① シュコウを凝らした芸術作品。
② シュショウな心掛け。
③ シュギョウの成果を発揮する。
④ シュカンに基づいた行動。

問二　次の文はいくつの文節に分けられるか、適当なものを選びなさい。**解答番号** 6

御釈迦様（おしゃかさま）は極楽の蓮池（はすいけ）のふちを、独りでぶらぶら御歩きになっていらっしゃいました。

① 七
② 八
③ 九
④ 十

問三　慣用句「藪（やぶ）から棒」の意味として最も適当なものを選びなさい。**解答番号** 7
① 見方や考え方が見当違いであること。
② 余計なことをして状況を悪くすること。
③ 必要な技術や知識を持たないこと。
④ 前ぶれなく唐突に物事を行うこと。

問四　次のうち四字熟語の表記として正しいものを選びなさい。**解答番号** 8
① 危機一発
② 才色兼備

2021年度

解　答　と　解　説

《2021年度の配点は解答欄に掲載してあります。》

＜数学解答＞

[1] (1) ア 2　イ 5　ウ 5　(2) エ －　オ 2　カ 4
(3) キ 4　ク 1　ケ 0　(4) コ 4　サ 2　シ 8
(5) ス 4　セ 5　(6) ソ 1　タ 4

[2] (1) ア －　イ 1　ウ 3　エ 2　オ 3　カ 4　キ 3
(2) ク －　ケ 3　(3) コ －　サ 1　シ 4　ス 5

[3] (1) ア 1　イ 2　(2) ウ 6　エ 5
(3) オ 1　カ 9　キ 8　ク 1　ケ 9

[4] (1) ア 1　イ 0　ウ 8　(2) エ 3　オ 2
(3) カ 3　キ 2　ク 2　(4) ケ 8　コ 9

○推定配点○
[1] 各5点×6　[2]～[4] 各7点×10　計100点

＜数学解説＞

[1] (式の値，連立方程式，数の性質，連立方程式の利用，角度，確率)

(1) $x+y=\sqrt{10}$…①　$x-y=\sqrt{2}$…②　$x^2-y^2=(x+y)(x-y)=\sqrt{10}\times\sqrt{2}=\sqrt{20}=2\sqrt{5}$
①＋②から，$2x=\sqrt{10}+\sqrt{2}$　$x=\dfrac{\sqrt{10}+\sqrt{2}}{2}$　①－②から，$2y=\sqrt{10}-\sqrt{2}$　$y=\dfrac{\sqrt{10}-\sqrt{2}}{2}$
$xy=\dfrac{\sqrt{10}+\sqrt{2}}{2}\times\dfrac{\sqrt{10}-\sqrt{2}}{2}=\dfrac{10-2}{4}=2$　$\dfrac{x}{y}-\dfrac{y}{x}=\dfrac{x^2-y^2}{xy}=\dfrac{2\sqrt{5}}{2}=\sqrt{5}$

(2) $2x-y=1$…①　$-3x+2y=3$…②　①×2＋②から，$x=5$　$2\times5-y=1$から，$y=9$
$5a+2\times9=8$から，$5a=-10$　$a=-2$　$2\times(-2)\times5+9b=16$から，$9b=36$　$b=4$

(3) 2^nの一の位の数は，2，4，8，6の4つの数が繰り返される。$10\div4=2$あまり2から，《2^{10}》＝4
$2021\div4=505$あまり1から，《2^{2021}》＝2　$117\div4=29$あまり1から，《2^{117}》＝2　$56\div4=14$から，《2^{56}》＝6　よって，《2^{2021}》＋《2^{117}》＋《2^{56}》＝2＋2＋6＝10

(4) もとの自然数の百の位の数をa，十の位の数をbとする。$a+b+8=14$から，$a+b=6$…①
$100b+10a+8=100a+10b+8-180$から，$-90a+90b=-180$　$-a+b=-2$…②
①－②から，$2a=8$　$a=4$　$4+b=6$から，$b=2$　よって，もとの自然数の数は，428

(5) 各点を右の図のように定めて，補助線BD，GDを引く。
∠EBD＝∠BEC＝∠y　△BAG≡△GFDからGB＝DG
∠BGD＝180°－∠AGB－∠FGD＝180°－∠AGB－∠ABG＝180°－(∠AGB＋∠ABG)＝180°－90°＝90°
よって，△GBDは直角二等辺三角形になるから，∠x＋∠y＝∠GBD＝45°

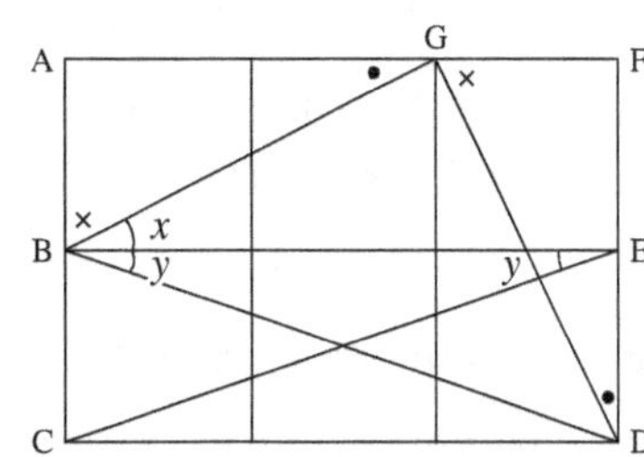

(6)　大小2つのさいころの目の出方は全部で，$6\times6=36$(通り)　そのうち，$2a+3b$の値が4の倍数になる場合は，$(a,\ b)=(1,\ 2)$，$(1,\ 6)$，$(2,\ 4)$，$(3,\ 2)$，$(3,\ 6)$，$(4,\ 4)$，$(5,\ 2)$，$(5,\ 6)$，$(6,\ 4)$の9通り　よって，求める確率は，$\frac{9}{36}=\frac{1}{4}$

[2]（図形と関数・グラフの融合問題）

基本　(1)　①と②からyを消去すると，$3x^2=-x+2$　$3x^2+x-2=0$　$(x+1)(3x-2)=0$　$x=-1,\ \frac{2}{3}$　これを②に代入して，$y=-(-1)+2=3$，$y=-\frac{2}{3}+2=\frac{4}{3}$　よって，$\mathrm{A}(-1,\ 3)$，$\mathrm{B}\left(\frac{2}{3},\ \frac{4}{3}\right)$

基本　(2)　$y=\frac{a}{x}$に点Aの座標を代入して，$3=\frac{a}{-1}$　$a=-3$

重要　(3)　②とx軸との交点をCとすると，$\mathrm{C}(2,\ 0)$　$\triangle\mathrm{APB}=\triangle\mathrm{APC}-\triangle\mathrm{BPC}=\frac{1}{2}\times(2-t)\times3-\frac{1}{2}\times(2-t)\times\frac{4}{3}=\frac{1}{2}\times(2-t)\times\left(3-\frac{4}{3}\right)=\frac{5}{6}(2-t)$　$\frac{5}{6}(2-t)=4$から，$2-t=\frac{24}{5}$　$t=2-\frac{24}{5}=-\frac{14}{5}$

[3]（平面図形の計量問題―動点，三平方の定理，三角形の相似）

基本　(1)　点AからBCへ垂線AHを引くと，$\mathrm{BH}=12-7=5$　△ABHにおいて三平方の定理を用いると，$\mathrm{AH}=\sqrt{13^2-5^2}=\sqrt{144}=12$　よって，$\mathrm{CD}=\mathrm{AH}=12$(cm)

(2)　点Qが辺BC上にあるとき，点Pは辺AD上にあり，$\mathrm{PD}=x$，$\mathrm{AP}=7-x$，$\mathrm{BQ}=2x$，$\mathrm{QC}=12-2x$　$\mathrm{AP}+\mathrm{AB}+\mathrm{BQ}+\mathrm{PQ}=\mathrm{PD}+\mathrm{DC}+\mathrm{QC}+\mathrm{PQ}$から，$7-x+13+2x=x+12+12-2x$　$2x=4$　$x=2$　このとき，点PからBCへ垂線PIを引くと，$\mathrm{QI}=12-2\times2-2=6$　△PQIにおいて三平方の定理を用いると，$\mathrm{PQ}=\sqrt{6^2+12^2}=\sqrt{180}=6\sqrt{5}$(cm)

重要　(3)　点PがAB上に，点QがCD上にあるとき，$\mathrm{PB}=7+13-x=20-x$，$\mathrm{QC}=2x-12$　点PからBCへ垂線PJを引く。△ABH∽△PBJから，$13:(20-x)=12:\mathrm{PJ}$　$\mathrm{PJ}=\frac{12(20-x)}{13}$　PJ＝QCとなるとき，PQ//BCとなるから，$\frac{12(20-x)}{13}=2x-12$　$240-12x=26x-156$　$38x=396$　$x=\frac{396}{38}=\frac{198}{19}$(秒後)

[4]（空間図形の計量問題―面積，球，三平方の定理，三角形の相似，切断）

基本　(1)　円錐の側面積は，$\pi\times$(底面の半径)$\times$(母線の長さ)で求められるから，$\pi\times6\times18=108\pi$(cm^2)

(2)　三角錐の頂点をP，底面の円周上の1点をCとする。△PCAにおいて三平方の定理から，$\mathrm{PA}=\sqrt{18^2-6^2}=\sqrt{288}=12\sqrt{2}$　点$\mathrm{O_1}$からPCへ垂線$\mathrm{O_1H}$を引くと，$\triangle\mathrm{PO_1H}\backsim\mathrm{PCA}$　よって，$\mathrm{PO_1}:\mathrm{PC}=\mathrm{O_1H}:\mathrm{CA}$　球$\mathrm{O_1}$の半径をr_1とすると，$(12\sqrt{2}-r_1):18=r_1:6$　$18r_1=72\sqrt{2}-6r_1$　$24r_1=72\sqrt{2}$　$r_1=\frac{72\sqrt{2}}{24}=3\sqrt{2}$(cm)

(3)　点$\mathrm{O_2}$からPCへ垂線$\mathrm{O_2I}$を引くと，$\triangle\mathrm{PO_2I}\backsim\mathrm{PCA}$　よって，$\mathrm{PO_2}:\mathrm{PC}=\mathrm{O_2I}:\mathrm{CA}$　球$\mathrm{O_2}$の半径をr_2とすると，$\mathrm{PO_2}=12\sqrt{2}-3\sqrt{2}\times2-r_2=6\sqrt{2}-r_2$　$(6\sqrt{2}-r_2):18=r_2:6$　$18r_2=36\sqrt{2}-6r_2$　$24r_2=36\sqrt{2}$　$r_2=\frac{36\sqrt{2}}{24}=\frac{3\sqrt{2}}{2}$(cm)

重要　(4)　点Bを通り，底面に平行な平面とPCとの交点をDとすると，△PDB∽△PCA　相似比は，$\mathrm{PB}:\mathrm{PA}=6\sqrt{2}:12\sqrt{2}=1:2$　$\mathrm{PD}=18\times\frac{1}{2}=9$　$\mathrm{DB}=6\times\frac{1}{2}=3$　よって，$\mathrm{S}=108\pi-\pi\times$

$3\times9=108\pi-27\pi=81\pi$　　$S'=4\pi\times(3\sqrt{2})^2=72\pi$　　したがって，$\frac{S'}{S}=\frac{72\pi}{81\pi}=\frac{8}{9}$

★ワンポイントアドバイス★

[4]のような問題は，球の中心と接点を結び，三角形の相似を利用して考えよう。

＜英語解答＞

Ⅰ　1 ②　2 ④　3 ①　4 ①　5 ③

Ⅱ　[A] 6 ⑨　7 ⓪　8 ⑧　9 ⑦　10 ④　11 ③　12 ⑥　13 ②
[B] ①　[C] 1 ④　2 ②　3 ②　4 ③

Ⅲ　[A] ①　[B] 20 ⑤　21 ③　[C] ①　[D] ④　[E] ②　[F] ④
[G] ③　[H] ④　[I] ①　[J] 1 ②　2 ①　3 ③

Ⅳ　[A] 1 ①　2 ③　3 ①　4 ②
[B] 1 ①　2 ②　3 ③　4 ③

Ⅴ　1 ⑤，⑧　2 ③，⑤　3 ④，⑦　4 ①，④

Ⅵ　問1 ②　問2 ③　問3 ①

Ⅶ　問1 51 ④　52 ①　53 ③　54 ⑧　問2 ⑤

○推定配点○
Ⅰ 各1点×5　Ⅵ 各3点×3　他 各2点×43(Ⅴ各完答)　計100点

＜英語解説＞

基本 Ⅰ (語句補充)

1 desert「砂漠」 2 capital「首都」 3 damage「損害」 4 geography「地理」
5 nephew「おい」

Ⅱ (長文読解・物語文：語句補充，指示語，要旨把握)

(全訳) 16世紀，ほんの数人のヨーロッパ人が北アメリカに住んでいた。彼らの多くは，北東部の海岸に入植した。1587年，約100人の小さな集団は，南に⑥行くことにした。彼らは，ロアノークの小さな島に移動した。後にその島は，ノースカロライナ州の一部となった。

不幸にも，ロアノークの入植者は，あまり⑦準備がされていなかった。冬の十分な食料はなく，将来の収穫のための十分な種子がなかった。彼らのリーダー，キャプテンホワイトは，食料や彼らが住み続けるために必要なものを手に入れるために，イングランドに戻ることにした。しかしながら，ヨーロッパで戦争があり，彼が北アメリカに戻るまでに3年かかった。

1590年，キャプテンホワイトがロアノークに戻ってきたとき，彼は入植者に⑧会いたいと思った。彼は船から外を見た。しかし，彼を出迎える人はそこにいなかった。生活の⑨痕跡はなかった。ロアノークの入植者はキャプテンホワイトが戻ってくるずっと前に，すでにその場所を去っていた。

なぜ，ロアノークの入植者が消えたのか誰も知らない。多くの人は，ネイティブアメリカンが殺したと思っていたが，戦いの痕跡はなかった。ある人は，食料がないか病気になったので，ロアノークの人々は⑩死んだと思った。しかし，なぜ⑪遺体がないのか説明できなかった。

何年も後，より多くの入植者がノースカロライナにやってきた。彼らの一人がランビー族と呼ばれるネイティブアメリカンの⑫集団に会った。彼らは普通ではない見た目だった。ランビー族の中には，⑬金髪の人もいた。北部のネイティブアメリカンは普通，黒い髪をしていた。そして彼は，彼が話すのを聞いてほとんど馬から落ちそうだった。彼らは変わった種類の英語を話したのだ！

彼は，彼らがどこから来たのか尋ねた。誰も知らなかったが，彼らの祖父母は「本で話した」と言っていた。彼らは，祖父母が読むことができたということを意味していたのだろうか。家に戻りながら，自分自身に質問をした。ランビー族はロアノークの入植者の子孫ではないだろうか。

人々はまだ，同じ質問をし続けている。書かれた記録がないため，確かではない。しかしながら，興味深い事実がある。今日，ランビー族の中に，サンプソン，デア，クーパーという名前を持つ人がいる。それらはロアノーク島の消えた入植者の(あ)名前と同じなのだ。

［A］ 6 decide to ～「～することを決める」 7 well prepared「よく準備された」 8 want to ～「～したい」 9 sign「あと，痕跡」 10 食料がなかったり，病気になったりすることが原因で「死ぬ(die)」と判断できる。 11 dead body「死体」 12 ランビー族と呼ばれる「集団(group)」であると判断できる。 13 普通のネイティブアメリカンの黒髪とは異なる色であることから判断できる。

［B］ 前の文にある名詞 names を指している。

［C］ 1 第2段落第2文参照。キャプテンホワイトは，冬の十分な食料がないことと，将来の収穫のための種子がないことから，イングランドに戻ることにしたのである。 2 第3段落第3文参照。ロアノークの入植者たちは，他の場所へ移ってしまったため，生活の痕跡がなかったのである。 3 第5段落第6文参照。ランビー族の話す英語を聞いたときに，ほとんど馬から落ちそうになったということは，驚いたことを意味している。 4 第6段落第1，2文参照。どこから来たのか尋ねられたとき，ランビー族の人は誰も知らなかった。

重要 **Ⅲ （長文読解・説明文：指示語，語句補充，語句解釈，英文和訳，語句整序［不定詞］，要旨把握）**

（全訳） 楽しいことや他の人にも役立つことをすることに興味があるなら，「子犬の飼育者」になることができる。子犬の飼育者は，盲人などの身体に障がいを持つ人々に介助犬として②訓練される年齢になるまで，1年間子犬の①世話をする人だ。③補助犬を必要とするすべての人々のための十分に訓練をされた補助犬がいない。あなたは子犬の飼育者になることによって助けることができるのだ。

子犬の飼育者であることはやりがいのある経験だ。あなたが将来，この犬を飼うことから恩恵を受ける人を助けていることを知ることは④満足だ。子犬との関係を形成し，それが成長し，成熟するのを見て楽しい。

補助犬は人間を助けるために使用される犬だ。盲導犬は目の不自由な人を導き，赤信号などで止める。他の障害を持つ人も補助犬を使用している。たとえば，⑤耳の聞こえない人は犬を耳に使うことができる。火災報知器，電話，またはドアベルが鳴ると，犬は聴覚障がい者に合図することができる。⑥補助犬は，障がいを持つ多くの人々のために，独立して生活する能力に大きな違いを生み出すことができる。

あなたが住んでいる場所で犬を飼うことができれば，そしてあなたが一日に数時間あれば，あなたは助けることができる。子犬の飼育者は，2－3ヶ月のときに子犬を引き取り，約1年間育てる。⑦その間，子犬の飼育者は子犬に基本的な服従訓練をする(綱の上を歩いたり，座ったり，横になったりするように教える)。⑧また，子犬の飼育者は，レストラン，オフィス，バスなどの公共の場所に子犬を連れて行く。これにより，子犬は様々な状況で人前に出るのに慣れることができる。

もちろん，子犬の飼育者であることは難しい側面がある。ある日，子犬は高度な補助犬の訓練のために行く。あなたは⑨子犬にさよならを言わなければならない。それは悲しく，難しいだろう。しかし，あなたがどれだけいいことで大切なことをしていることを知るのは慰めとなるはずだ。

補助犬を訓練する組織に連絡し，子犬の飼育者になるボランティアをすることを検討してほしい。

[A] care for ～「～の世話をする」＝ take care of ～ / look after ～

[B] (～, until) it is old enough to be (trained ～) 〈形容詞＋ enough to ～〉「～するのに十分…だ」

[C] 同じ文中の service dogs を指している。

[D] 「やるがいのある経験」なので，補助犬から恩恵を受ける人々を助けていることを知ることは「満足」なことである。

[E] 「犬を耳として使う」ので，「耳の聞こえない人」と判断できる。

[F] 補助犬のおかげで，障がい者の多くの人は自立して生活をする能力に大きな違いを生むのである。

[G] 前文に書かれている「約1年間」を指している。

[H] この後の文に「これにより，子犬は様々な状況で人前に出るのに慣れることができる」とあることから判断できる。

[I] 前文に「高度な補助犬の訓練に行く」とあり，後の文に「それは悲しく，難しい」とあるので，子犬と別れなければならないと判断できる。

[J] 1 子犬の飼育者として難しい点は，第5段落第4文にある。1年後に別れなければならない点が難しいのである。 2 子犬の飼育者がすることは，第4段落にある。「服従訓練」や「様々な状況に慣らす」ことであり，補助犬としての訓練はしない。 3 この文章の主な話題は，子犬の飼育者に関することを中心に書かれている。

Ⅳ （語句補充・正誤問題：接続詞，分詞，不定詞，間接疑問文，前置詞，動名詞）

[A] 1 when he was a high school student とあるので，過去形が適切。

2 listening to music「音楽を聴きながら」と付帯状況を表す分詞構文である。

やや難 3 discuss「～について議論する」という意味になり，前置詞が不要である。

4 〈enable ＋人＋ to ～〉「人に～することができるようにする」

重要 [B] 1 news は不可算名詞であるため，前に a はつかない。

2 間接疑問文であるため，how long it takes ～ となる。

3 the morning of May 1st のように特定の朝は前置詞 in ではなく on を用いる。

4 finish は動名詞を目的語にとるため，cleaning となる。

Ⅴ （語句整序問題：間接疑問文，不定詞，接続詞）

重要 1 (Bob) wants to know what has made the man famous(.) 〈make ＋A＋B〉「AをBにする」

2 (My) father has a plan to go abroad on business (next month.) on business「仕事で」

3 (Can) I get you anything cold to drink while (you're waiting for the bus?) 〈anything ＋形容詞＋ to ～〉の語順になる。また，「～の間」は接続詞 while を用いる。

4 (No one can) imagine how much effort it takes to win (the Nobel Prize.) 間接疑問文なので，how much effort「どれほどの努力」の後は普通の文の語順になる。

基本 **Ⅵ** （資料問題）

問1 Ft George St Nich Av に9:30までに到着するには，9:17に到着するバスに乗ればよい。したがって，Harlem Powell Blvd を9:07に出発するバスが適切。

問2 \$1.20(18歳)＋\$0.60(6歳)＋無料(3歳)＋\$0.60(69歳)＝\$2.40となる。

問3 ①「18歳の乗客がコミュニティバスに乗って月に15往復をする場合は，マンスリーパスを購入するよりも10回分の回数券を3セット購入することでより多くのお金を節約することができる」 10回分の回数券3セットは$30.00，マンスリーパスは$35.00かかるので，回数券のほうが節約できるため適切。 ②「Wash Hts Audubon Av からコミュニティバスで Bellevue Hospital Center まで15分未満だ」 どのバスも16分かかるため不適切。 ③「土曜日にはコミュニティバスの運転手から10回分の回数券とマンスリーパスを購入することができる」 回数券やマンスリーパスは，コミュニティバスの事務所で購入するため，不適切。 ④「12歳の乗客がコミュニティバスに乗り，日曜日の16:00までに E Village 4 Av に到着したい場合は，Harlem Cent Pk N で15:09にバスに乗る必要がある」 日曜日はコミュニティバスは運航していないため不適切。

VII （会話文・資料問題：文補充）

（全訳） ケイト：すみません，警察署がどこにあるか知っていますか？

女性　：いいえ。51私はこの辺の出身ではありません。

ケイト：わかりました，ありがとう。

アン　：やぁ，ケイト！調子はどう？

ケイト：52あまり良くないよ。財布をなくしたんだ。

アン　：あら，まあ！どこでそれをなくしたの？

ケイト：わからないの。自動販売機でコーラの缶を買おうとしていたとき，なくなったことに気づいたんだ。

アン　：最後に見たのはいつ？

ケイト：昼食前には持っていたわ。図書館に行き，それから私のIDを取り出したの。

アン　：53たぶん，そこに忘れたんだよ。

ケイト：いいえ，すでに確認したわ。

アン　：お金はたくさん入っていたの？

ケイト：いいえ。約5ドルを持ってたよ。でも，私のIDとすべてのクレジットカードが入っていたんだ。

アン　：それはひどいね。警察に行ったことがある？

ケイト：いいえ，ちょうど道を探そうとしていたの。54ここから警察署へ行く方法を教えて？

アン　：簡単よ。2つブロックを進んでください。その後，右に曲がるの。あなたの左側の3番目の建物よ。見逃すことはないよ。

ケイト：ありがとう，アン。

アン　：問題ないよ。財布が出るといいわね。

問1 51 警察署がどこにあるかわからないので，近くの出身でないと判断できる。 52 How is it going? は「調子はどう？」という意味。財布を無くしたことから，ケイトの調子は良くないのである。 53「もうすでに確認した」と答えていることから，「図書館に忘れたんだよ」と言っていると判断できる。 54 この後，道案内をしていることから警察署までの道を尋ねているとわかる。 How can I get to the ～?「～へはどう行きますか」

基本 問2「2ブロック進んで右に曲がり，左側の3番目の建物だ」と説明していることから⑤が適切。

★ワンポイントアドバイス★

長文読解，文法問題，資料の読み取り，会話文など様々な出題となっている。特に，文法問題は教科書内容を超えた内容も出題されているため，過去問を用いて，出題傾向をつかむようにしたい。

＜国語解答＞

一 問一 （ア） ② （イ） ④ （ウ） ① （エ） ③ （オ） ① 問二 ③
問三 ④ 問四 ② 問五 ③ 問六 ④ 問七 ② 問八 ①

二 問一 ④ 問二 ③ 問三 ③ 問四 ① 問五 ② 問六 ④ 問七 ②
問八 ③

三 問一 （ア） ② （イ） ③ 問二 ④ 問三 ① 問四 ③ 問五 ②
問六 ② 問七 ③

四 問一 （ア） ④ （イ） ② 問二 a ③ b ④ c ①
問三 X ② Y ⑥ 問四 ③ 問五 ① 問六 ④ 問七 ①

○推定配点○
一 各2点×12 二 問一・問二・問六・問七 各3点×4 他 各4点×4
三 問一 各2点×2 他 各3点×6 四 問一～問三 各2点×7 他 各3点×4
計100点

＜国語解説＞

一 （漢字の読み書き，筆順，語句の意味，熟語，文節，返り点，文学史）

問一 （ア）「芳名」は，他人の名前の敬称。「芳名帳」は，結婚式や式典などで出席者が名前や住所を書く帳面のこと。②「芳香」は，よい香り。①「褒美」。③「奉納」は，神仏にささげること。④「邦画」は，日本の映画。 （イ）「抗戦」は，敵に抵抗して戦うこと。④「抗菌」は，有害な細菌の発育を抑え，活動を封じること。①「控訴」は，第一審の判決に不満なとき，上級裁判所に裁判の再審を要求すること。②「強硬」は，意志・態度などを容易に変えず，押し通そうとする様子。③「均衡」は，つりあいがとれていること。 （ウ）「鎮圧」は，反乱・暴動などを警察や軍隊の力によっておさえしずめること。①「重鎮」は，ある集団・社会・分野などで重要な地位をしめる人物。②「珍重」は，珍しいものとして大事にすること。③「撃沈」は，砲撃・爆撃・雷撃などによって沈めること。④「陳列」は，多くの人に見せるために，物品を並べておくこと。 （エ）「制作」は，芸術作品を作ること。③「制御」は，機械・電子回路などを，適当な状態に保って作動させること。①「出征」は，軍隊に入り，その一員として戦地に行くこと。②「整地」。④「校正」は，印刷物の誤り・不備などを正すこと。 （オ）「情趣」は，しみじみとした趣。①「趣向」は，変わった感じやおもしろみを出すための工夫。②「殊勝」は，けなげで感心な様子。③「修行」。④「主観」。

やや難 問二 「お釈迦様は／極楽の／蓮池の／ふちを／独りで／ぶらぶら／御歩きに／なって／いらっしゃいました」の九つの文節に分けられる。

問三 「藪から棒」は，藪から棒が突き出てくるということ。突然，物事を行うことを言う。「唐突」は，突然で思いがけない様子。

基本 問四 「才色兼備」は，才能が優れているうえに顔かたちも美しいこと。ふつう，女性に使う。
①「危機一髪」が正しい。一つ間違えば重大な危険に陥るという，きわどい状態。③「孤立無援」が正しい。多くの中で一人だけ離れて，誰も助けてくれる人がないこと。④「自画自賛」が正しい。自分の描いた絵に自分で賛(褒め言葉)を書くことということから，自分で自分のことを褒めること。

問五 中央の部分を上から書いていく。「ヨ」(3)→「｜」(1)で4画。「米」の「一」は3画目に書くので，7画目になる。

問六 ①～④のすべてが白樺派の作家である。『友情』は，1920年(大正9)に武者小路実篤が発表した。①「有島武郎」の代表作は，1919年(大正8)発表の『或る女』。②「里見弴」の代表作は，1922年(大正11)発表の『多情仏心』。③「志賀直哉」の代表作は，1937年(昭和12)に完結した『暗夜行路』。

基本 問七 「春過ぎて夏来たるらし白たへの衣干したり天の香具山」は，『万葉集』に収録された持統天皇の歌。 ①「思ひつつ寝ればや人の見えつらむ夢と知りせば覚めざらましを」は，『古今和歌集』に収録された小野小町の歌。③「人はいさ心も知らずふるさとは花ぞ昔の香ににほひける」は，『古今和歌集』に収録された紀貫之の歌。④「玉の緒よ絶えなば絶えねながらへば忍ぶることの弱りもぞする」は，『新古今和歌集』に収録された式子内親王の歌。

問八 書き下し文の漢字の順になるように返り点を付ける。「君子」はそのまま。「言を以て」は，下から一字上へ返るので「以」の下に「レ点」。「人を挙げず」は，「挙」の下に「レ点」を付け，さらに間に二文字をはさんで，打ち消しの「不」に返るので，「挙」の下に「一点」を付ける。「挙」の下は「一・レ点」の形になる。最後に「不」の下に「二点」を付ける。

二 (論説文一要旨，内容吟味，文脈把握)

問一 直後の段落に，「日本で女に生まれると，理屈でものを考えることを楽しむ場所があまりない。理屈が出ると官能から切り離されてしまうようで」とある。「官能」は，感覚，感覚を感じ取る働きの意味。そして，「哲学的なものはすべて生活とは関係のない，子供っぽい，ばかばかしいことのように見えてきてしまう」と続いている。「哲学的なもの」は，哲学のように理屈でものを考える性質のものを指している。つまり，女性にとっては生活の感覚が重要であり，ものを考えるというのは価値のないものに見えるというのである。そして，そのような価値観は「(考えることを)禁止されるまでもなく，魅力が感じられないように(自然に)仕組まれている」というのである。

基本 問二 どんなところにがっかりしたかは，傍線部のあとに書かれている。「分業モデルに従った家族生活そのものを少しも変えようとはせずに，自分の書斎の原稿用紙上だけで『実験』している作家の姿」にがっかりしたのである。具体的には，「『家内がいつものようにゴミを捨てに行く』という一節」に，「分業モデルに従った家族生活そのものを少しも変えようとは」しない態度，つまり③にある「実生活に対する旧態依然とした姿勢」を読み取ったのである。作品の中の「斬新なこと」は，「自分の書斎の原稿用紙上だけで『実験』している」だけであったのである。

重要 問三 比喩の意味をとらえる。「どの窓も文字で埋まってしまう」は，作品として完成するということ。「作者の入居する場所はなくなる」は，作品で描いた世界には戻れなくなるということ。この内容は，③の後半で説明されている。前半は，「日本の女性の文学に出てくる家は，住む場所としての家ではなく，そこから出ていく場所としての家であることが非常に多い」という内容を説明している。「家に象徴される女性の社会的な立場」は，問一でとらえたような〝ものを考えるというのは価値のないものに見える〟ように価値観を仕組まれていることを指している。そのような「既存の価値観から抜け出そうとする意識が強く働く」から，家から出ていく内容の作品を書くのである。

重要 問四　直前の文に「全くの別世界に突然投げ込まれたようで」とある。その状態の説明に合っているのは，「未知の物事に身をさらしている状態」とある①。

重要 問五 「大きな爆発事件」と「小さな爆発」が対比されていることに注意する。「大きな爆発事件」によって，「日本語が一度砕けてまた生まれ変わったような気がした」とある。そのような経験をした結果，日本語を書くときに，「日本語が相対化され」るのである。「相対化」は，物事が互いに関係しあっていて，切り離せないものとなっていること。日本語を絶対的なものとしていたが，ドイツ語との対比で日本語を考えるようになったということである。それは，日本語の表現を捉え直して再構築することである。「小さな爆発を繰り返し，書くごとに砕けるようになった」は，日本語を書くたびに相対化の作業を行い，再構築するということである。

問六 「そういうメカニズムを逆に利用して」，傍線部のようなことが起こるのである。「そういうメカニズム」とは，それまでは「そういうものだ」と議論の対象にならなかったものが，その事柄を表す外来語を輸入した途端に，語ることが当たり前のこととして受け入れられるという日本社会の仕組みのことである。なぜ，そうなってしまうのかは④で説明されているように，日本では外来語で表現されると，その考え方・価値観は世界では普通のものとされて，そのまま受け入れて広まってしまうからである。そのようなメカニズムを利用すれば，外来語を使って議論の方向を操作できるというのである。①は紛らわしいが，「海外から押し付けられた」が誤り。日本のマスコミが自ら輸入するのである。

問七 「この安心感」は，アメリカの安心感である。「アメリカはいつも自分の国の外で戦争をする」ことで，国内への被害は見えないので，自分たちの生活とは無縁のものとして戦争をとらえている。しかし，コソボ紛争のようにアメリカの軍事行動によって多くの犠牲者を出しているのである。そのことを，アメリカ人は顧みることがないのである。

やや難 問八　初めに「ドイツを四カ月だけ離れて，今アメリカに来ている」とあって，ドイツとアメリカでの経験や生活実感に基づいて書いている。比喩表現の多用については，問三・問四・問五でとらえたとおりである。そして，筆者は作家という立場から，ドイツ・アメリカ・日本を比較しながら日本社会についての考えを述べている。①「ユーモアを交えながら」「分かりやすい言葉を用いて」が誤り。ユーモアは感じられない。比喩表現も分かりやすいものではない。②「論理的かつ実証的」が誤り。筆者が感じ取ったものとして書かれている。④「アメリカやドイツの優れた点を指摘している」が誤り。問六でとらえたように，アメリカには批判的である。

三 **(小説―情景・心情，内容吟味，語句の意味)**

基本 問一　(ア) 「しゃにむに」は，前後のことを考えないで強引に物事をする様子。「がむしゃらに」も同じ意味。この場面では，②「他のことは考えないでいちずに」の意味が適切。　(イ) 「ほのめかす」は，それとなく示すの意味。「暗示する」も同じ意味。

問二　傍線(A)のように思ったのは，多郎がひとりで練習している様子を見たからである。続いて，幼少期の多郎の様子が描かれている。その幼少期の印象とは違って，いま目の前で練習している多郎は，「どうしてそんなに一生懸命，振りの練習を繰り返すのか」と思うくらい「進んで自己の向上を目指」している。その「大人びて見えた」姿に「自分との踊りに対する意識の違いを感じて戸惑っている」のである。

問三　篤史の意識としては，「与えられた役割を無事こなし，自分自身も楽しんで終われたらラッキー」という以上のことは考えていない。「その上にさらなる目標を乗せてきている」綾乃や多郎とは差が生まれている。カジから自分にとってのよさこいの意味を問われて，大した目的意識も持っていない篤史はこたえることができなかったのである。

問四　「踊れる人」とは，カジのことである。踊りのリーダー格であるカジは高い技術を持ちながらも，「抑えてなめらかに全体と合わせる」のである。カジが目指しているのは，「きちんときれいに揃えること」，「美しい群舞」としてのチームの踊りである。

やや難 問五　「胸が騒ぐ」は，胸がどきどきするということ。纏を持って踊るとはどういうことかは，直前の段落に「先頭だけあってとても目立つ。まさに花形だ」と説明されている。自分が花形になれることに，胸がどきどきする高揚感を抱いているのである。

問六　「下僕」は，雇われて下働きをする男。この場面でとらえるなら，カジの引き立て役になることである。問三・問四でとらえたように，カジの存在は多郎にとっては憧れであり，目標である。そのカジから纏を持って踊る役を任されて，「気分が高ぶっており」，下僕となって「自身の役割を果たそうと躍起になっている」のである。

重要 問七　「自己本位な性格」は，「群舞にまわる踊り子たちと先頭集団を，この男は最初から分けて考えている」，そして最後に「自分を，徹底的に引き立たせるために」とあるところから読み取れる。「踊りに対する強い思い」や「周囲からの信頼を集めている」様子は，文章の中ほどの「当のカジはみんながもっとも手こずる……この言葉には大きな説得力があった」の部分から読み取れる。①「他者のために行動を取ろうとする人物」は，「自己本位な性格」と矛盾する。②「周囲から敬遠されがち」は，「周囲からの信頼を集めている」と矛盾する。④「周囲を一切顧みない傲慢さ」がある人物であれば，「周囲からの信頼を集めている人物」にはなれない。

四　**（古文一主題，内容吟味，文脈把握，脱語補充，語句の意味，口語訳）**

〈口語訳〉　嘉承元年の夏，疫病が流行し世情が不安定になり，平安京全域で死んでしまった者が多かった。そのなかに，宮中で筆を作る職人の能定が，病みついて七日目という日に死んだ。(家族は，彼を)ひつぎに入れて，黄色の衣で覆って，人里離れた所に捨てた。四日たって道を行く人が聞いたところ，ひつぎの中から音がした。不思議に思って見ると，生き返っていた。(能定に)水を飲ませて，(道を行く人が)彼の家に知らせたところ，(能定の)妻子は喜んで，(能定を連れて)帰って何日かたって，(能定の)様子が普段通りになって語るには，「死んだ後で，恐ろしい者たちが，私を追い立てて暗い野を行ったところ，この世で見知った人はまったくいない。ただ風の音，水の音だけが耳に聞こえた。若い少年で私を知っていると思われる人が，(私の)後ろについてきて離れない。焔魔王の住む宮殿に着いて二階の門を入る。焔魔王宮の役人の数はたくさんいた。(焔魔王のいる)檀のもとには，罪人が，ある者は縛られ，ある者は首に刑具をはめられた者などが並んでいる。ずっと遠くを見上げれば，冠・正装の上着を着た人が三十人余り，腰掛けに座って，並んでいる。平緒は付けているが，太刀は身に着けていない。私は(焔魔王が)罪を判定して，地獄へ行かせる釜に入っているところに，この一緒についてきた少年が，焔魔王に言うには，『この人は寿命がまだ尽きていない。(地獄へ行くのは)許されるべきだ』と。焔魔王は，これを承知しない。少年が怒って言うには，『焔魔王であっても，私の言うことに背くことはできない』と言って，火で王宮を焼こうとする。煙が充満して，王宮の中は一面が暗闇となった。この時に焔魔王は驚いて，冥途の役人とともに，もう一度書類を調べると，本当に(私の)寿命は尽きていない。王は(私に)，(生き返ったら)功徳をつくり，罪を犯すことを恐れるべきである旨のことを言って，この少年に(私を)引き渡した。少年は，私を引き連れてもといた場所に帰った。大きな穴の口に着いて，(少年は)私を(穴の中に)押し込んだ，と思ううちによみがえった。つらつらこのことを考えると，数年来，不動明王を信仰し申しあげて本尊としている。現世や来世でのご加護の誓いを，違えることなくこのようにしてくださった。尊くすばらしいこと限りがない」と言った。

やや難 問一　(ア)「例ざまに」は，いつもの様子，世間一般の様子。　(イ)「めでたき」の終止形は「めでたし」。すばらしい，りっぱである，見事であるの意味。

問二 (a) 「いかでか」は，反語を表している。「どうして……か，そんなはずはない」の意味を表す。反語の意味を強調して現代語訳すると，「どうして，私の言おうとすることに背くことができるだろうか，いやできるはずはない」となる。 (b) 「くれふさがりぬ」は，「真っ暗になる」の意味の「くる(暗る)」と，「いっぱいになった」の意味の「ふさがりぬ」の組み合わせ。真っ暗になり，それでいっぱいになったということだから「一面が暗闇となった」の意味になる。(c) 「ぐして」は「具して」。「具す」は，連れ立つ，一緒について行くの意味。

基本 問三 (X) 「かれが家」は「彼の家」の意味。彼の家へ，道行く人が告げた(知らせた)のである。(Y) 「我つみを判じて」は，「私が罪を判じて」ということではない。罪を判じるのは焔魔王である。

問四 能定が見たのは，焔魔王宮で死者の罪を裁く場面である。

問五 「さらに」は副詞で，下に打ち消しの意味を表す語を伴って「全然……ない」の意味を表す。

問六 「王，これをきかず。童子いかりていはく」とあるのに着目する。

重要 問七 「年来，不動をたのみまつりて本尊とす」に注目する。「長年の信心の結果である」ことを強調している。

★ワンポイントアドバイス★

論説文は，筆者の考えや主張について，根拠となっている具体例や事例の意味を正確にとらえる。小説は，表情や行動，会話を手がかりに状況や人物像，人物の内面の思いを正確に読み取る。古文は，書かれていることを正確にとらえて出来事と人物の考えとの関係を読み取っていく。

大切なことはメモしておこうネ！

2020年度

★★★★★★★★★★★★★★★★★★★★★★★

入　試　問　題

2020年度

日本大学習志野高等学校入試問題(前期)

【数　学】　(50分)〈満点：100点〉

【注意】 1.　三角定規(角度の目盛りのないもの)，コンパスの使用を認めます。
2.　解答カードに氏名とフリガナを記入しなさい。
3.　答えが分数のときは，約分した形で表しなさい。
4.　根号の中は最も簡単な形で表しなさい。例えば，$2\sqrt{8}$は$4\sqrt{2}$のように表しなさい。

解答上の注意

例(1). [ア][イ]に－3と答えたいときは[ア]欄の㊀と[イ]欄の③をマークする。

解答記号		解答記入欄(マーク)
(1)	ア	● ⓪ ① ② ③ ④ ⑤ ⑥ ⑦ ⑧ ⑨
	イ	㊀ ⓪ ① ② ● ④ ⑤ ⑥ ⑦ ⑧ ⑨

例(2). $\dfrac{[ウ][エ]}{[オ]}$に$-\dfrac{1}{2}$と答えたいときは[ウ]欄の㊀と[エ]欄の①，[オ]欄の②をマークする。

(2)	ウ	● ⓪ ① ② ③ ④ ⑤ ⑥ ⑦ ⑧ ⑨
	エ	㊀ ⓪ ● ② ③ ④ ⑤ ⑥ ⑦ ⑧ ⑨
	オ	㊀ ⓪ ① ● ③ ④ ⑤ ⑥ ⑦ ⑧ ⑨

［1］　次の□をうめなさい。

(1)　$(2\sqrt{3}-\sqrt{5})^2+(\sqrt{5}+4\sqrt{3})(\sqrt{5}-2\sqrt{3})+(2\sqrt{3}+\sqrt{5})(2\sqrt{3}-\sqrt{5})$
$=$[ア]$-$[イ]$\sqrt{[ウ][エ]}$である。

(2)　nを2桁の自然数とする。$\sqrt{2020+n^2}$が正の整数となるとき，$n=$[オ][カ]である。

(3)　正方形の土地の縦を2m長くし，横を7m長くしたところ，その長方形の土地の対角線の長さが$5\sqrt{13}$mとなった。このとき，もとの土地の対角線の長さは[キ]$\sqrt{[ク]}$mである。

(4)　10%の食塩水300gから食塩水xgを取り出した後，残された食塩水にxgの水を加えると4.8%の食塩水になった。このとき，$x=$[ケ][コ][サ]である。

(5) 右図のように，円Oの周上に4点A，B，C，Dがあり，直線ADとBCの交点をPとする。AB = AC，$\overset{\frown}{AD}:\overset{\frown}{DC} = 2:1$，∠APB = 50°のとき，∠$x$ = [シ][ス] 度である。

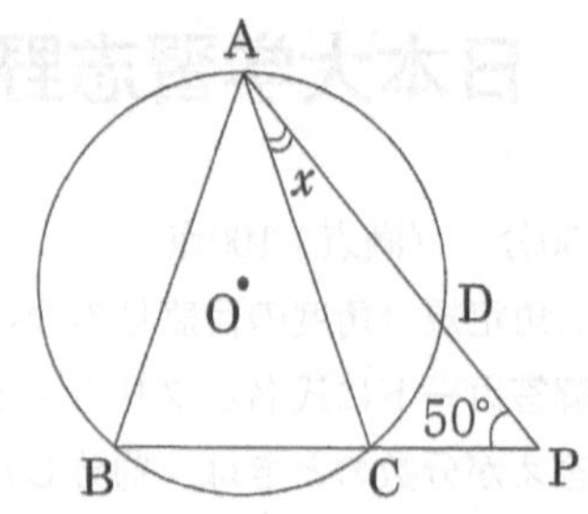

(6) 2枚の10円硬貨と3枚の100円硬貨があり，これらの5枚の硬貨を同時に投げる。表の出た100円硬貨の枚数が，表の出た10円硬貨の枚数よりも多くなる確率は $\dfrac{[セ]}{[ソ]}$ である。

[2] 右図のように，2つの放物線 $y = x^2$……①，$y = ax^2$ ($a > 1$)……②がある。2点A(1，1)，B(−1，1)は放物線①上にある。点Aを通り，y軸に平行な直線と放物線②との交点をCとする。△ACBの面積が4であるとき，次の問いに答えなさい。

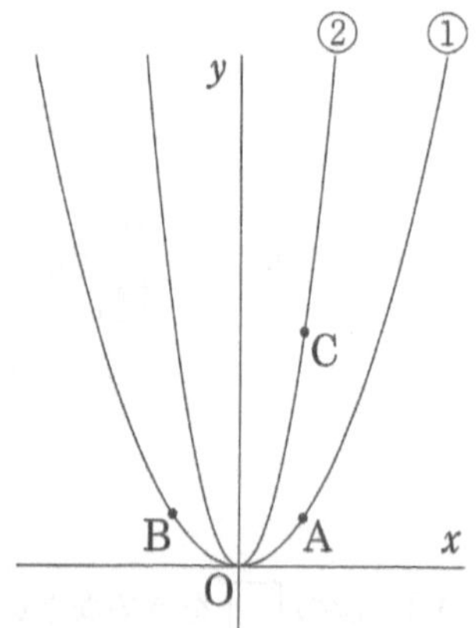

(1) aの値を求めなさい。

答 a = [ア]

(2) 直線BCと放物線①の点B以外の交点をDとするとき，点Dの座標を求めなさい。

答 D([イ], [ウ])

(3) (2)のとき，直線 $y = bx$ が四角形OADBの面積を2等分している。このとき，bの値を求めなさい。

答 $b = \dfrac{[エ]}{[オ]}$

［3］ 長方形ABCDの紙を図1，図2の順に折った。図1は，線分EFを折り目として折り曲げ，点Bが辺AD上の点Pに重なった図である。このとき，AE＝($\sqrt{3}+1$)cm，3AE＝ABである。図2は，図1の紙を線分DGを折り目として折り曲げ，辺CDが線分PDと重なり，点Fが点Qに移った図である。

次の問いに答えなさい。

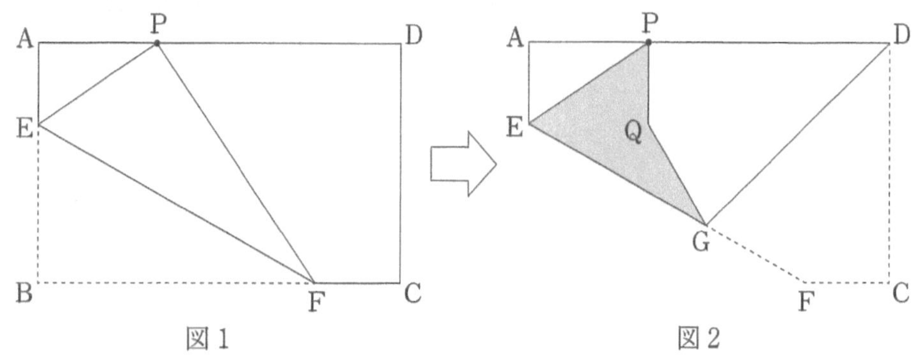

（1） 図1の線分APの長さを求めなさい。

答 ($\sqrt{\boxed{ア}}+\boxed{イ}$)cm

（2） 図2の線分PQの長さを求めなさい。

答 $\boxed{ウ}\sqrt{\boxed{エ}}$cm

（3） 図2の 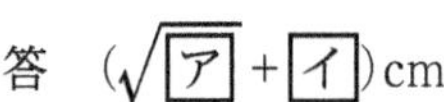 部分の面積を求めなさい。

答 ($\boxed{オ}\sqrt{\boxed{カ}}+\boxed{キ}$)$cm^2$

［4］ 右図のように，1辺の長さが2cmの立方体ABCD－EFGHがある。4点A，C，F，Hを頂点とする四面体について，次の問いに答えなさい。

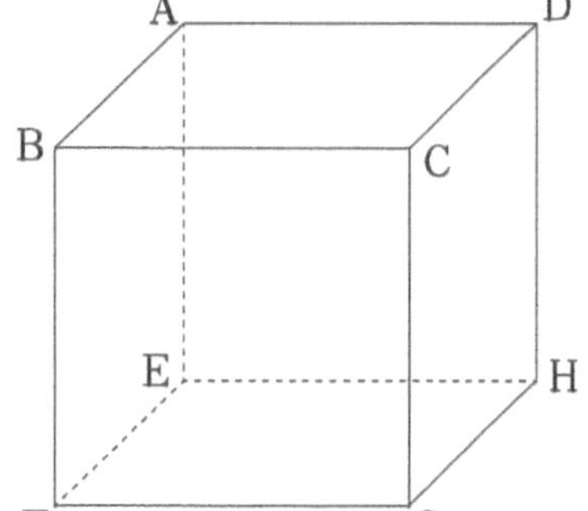

（1） この四面体の表面積を求めなさい。

答 $\boxed{ア}\sqrt{\boxed{イ}}$ cm^2

(2) 頂点Aから平面CFHに垂線をひくとき，この垂線の長さを求めなさい。

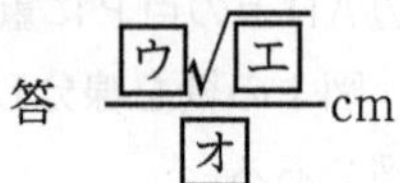

(3) 4点A，C，F，Hが球の表面上にある。この球の体積を求めなさい。

答 カ√キ π cm³

【英　語】 (50分) 〈満点：100点〉

Ⅰ　次の空欄に入れるのに最も適当なものを，①～④の中から1つずつ選びなさい。

1. Playing baseball in the park is [1] the rule. Let's play it in a river side.
   ① with　② behind　③ against　④ under
2. Peter is a famous [2] at a large automobile company. He helps design and build new cars.
   ① engineer　② author　③ pilot　④ lawyer
3. Mary is going to finish college in three months. After she [3], she will travel around Europe.
   ①defeats　②provides　③receives　④graduates
4. Mika told the [4] about the broken chair, and she apologized for what she did.
   ①truth　②expression　③feather　④tooth
5. To [5] means a product or service that is brought into one country from another.
   ①destroy　②import　③bow　④hate
6. Global warming is a very [6] problem in the world.
   ①medical　②alive　③serious　④religious

Ⅱ　次の英文を読み，〔A〕～〔C〕の問いに答えなさい。

Today, Taylor Swift is one of the most popular singers in the world, and is also a cover model for fashion magazines. But she was not always so popular.

Taylor Swift began singing country music in Pennsylvania when she was eleven. Country music is an older form of music in the USA that is usually enjoyed by adults. Maybe this is why other kids at her school thought she was strange for singing country music. Over time, these friends [7] talking with her.

One day, she invited many of her friends to go to the shopping center, but all of them said they were busy. So, Taylor went with her mother. When they [8] there, they saw all the girls shopping together without Taylor. Soon after that, Taylor began eating lunch at school alone.

Taylor asked her parents [9] her to Nashville, a city in Tennessee where many country singers and musicians worked. Her parents decided to move there to help her [10] her dream come true. Taylor's parents were right to believe she could succeed. At age fourteen, she got a *contract with RCA Records, a major music company.

RCA wanted Taylor to sing other people's songs [11] she was an adult. Taylor did not like this. She wanted to write and sing her own songs about her life and the boys she dated. The record company did not think older country fans would want to hear a teenage girl [12] her life.

Taylor left RCA and joined a smaller record company that released her records. Her music became very popular with teenagers as well as older country music fans. Soon, Taylor was considered a major pop star, and young people who did not normally listen to country loved her music too.

One day she returned to Pennsylvania to do a concert. Girls from her old school came to the concert and were [13] to see her. They treated her like a star, and seemed to have forgotten that they had stopped talking to her in junior high school. Taylor realized her life had changed.

*contract 契約

〔A〕 文中の[7]～[13]に入れるのに最も適当なものを，①～⓪の中から1つずつ選びなさい。

① make　② arrived at　③ surprising　④ to take　⑤ excited
⑥ talk about　⑦ got　⑧ stopped　⑨ by　⓪ until

〔B〕 次の英文が本文の要約となるように，[14]～[17]に入れるのに最も適当なものを，①～⑧の中から1つずつ選びなさい。

Though Taylor Swift is a [14] pop star today, she was [15] at school in Pennsylvania. Maybe her friends thought she was strange for singing country music. Her parents moved to [16] to help her to be a singer. She sang her own songs there and [17] as a country singer.

①RCA　②Nashville　③failed　④succeeded
⑤minor　⑥major　⑦lonely　⑧shopping

〔C〕 本文の内容と一致するものを，①～⑥の中から2つ選びなさい。 [18] [19]

①Taylor's old friends lied to her by saying they were too busy to go to the shopping center.
②Taylor began singing country music in Nashville when she was eleven.
③Nashville is a city where country music singers are rarely seen.
④RCA did not want Taylor to sing about her own life.
⑤Taylor left RCA so that she could write songs for older fans.
⑥She never returns to Pennsylvania to do a concert.

Ⅲ 次の英文を読み，〔A〕～〔J〕の問いに答えなさい。

① Calendars are very old. In ancient times people had calendars. At that time, there were four important groups of people: the farmers, the men of the church, the *traders, and the king's family. ② They all needed to know about the seasons. Understanding the change of seasons was very important for them. Farmers needed to know about seasons to plant crops in their fields. The men of the church needed a calendar, too. They wanted to know the days for holidays. A calendar helps people to remember important days. Of course, traders and the king also needed a calendar for their business.

(③) did calendars begin? ④ Wise people studied the stars and the moon. They made calendars to help people in business and farming. They began with the stars. The stars tell the seasons. Farmers watched the stars and the changes in the stars. A group of stars comes with spring. Then farmers understood that it was time for planting.

The moon was also important for farmers. Farmers looked for a night without a moon. Farmers marked the number of nights between full moons. They could see ⑤a pattern. There is a new moon every 29 1/2 days. They called the time between two full moons a month. Twelve months made a year. However, 29 1/2 times 12 equals 354 days (29.5×12 = 354)! And the year (the time for the Earth to go all the way around the sun) is 365 1/4 days. So every year there was a difference of 11 1/4 days. The moon calendar caused problems.

Today the English-speaking world uses a different calendar. There are 12 months. Seven months have 31 days. Four months have 30 days. And February has 28 days for three years and 29 days for one year. So ⑥ <u>we have a calendar with 365 days three years out of four</u>. A year with 366 days is called ⑦ <u>a Leap Year</u>. There are fifty-two weeks in a year. There are four seasons in a year. There is also meaning in the (⑧) on the calendar. Weekdays are black and holidays are red. Red is for special days. People use calendars every day.

*traders 商人

〔A〕 下線部①と第一アクセント(第一強勢)の位置が同じものを，①～④の中から1つ選びなさい。 20

Cal-en-dars： ①to-geth-er ②vol-un-teer ③con-ven-ient ④dif-fer-ent

〔B〕 下線部②について，Theyが指す人物たちと，彼らが季節を知りたい理由が本文の内容に<u>当てはまらない</u>ものを，①～④の中から1つ選びなさい。 21

① 農民が畑に作物を植えるため

② 教会の人々が休日を知るため

③ 商人が自分の仕事をするため

④ 王国の兵士が国の職務を遂行するため

〔C〕 文中(③)に入れるのに最も適当なものを，①～④の中から1つ選びなさい。 22

①How ②What ③Which ④How many

〔D〕 下線部④と同じ意味を表す単語として最も適当なものを，①～④の中から1つ選びなさい。 23

①funny ②clever ③stupid ④kind

〔E〕 下線部⑤の具体的な内容として，最も適当なものを，①～④の中から1つ選びなさい。 24

①29日と2分の1日ごとに満月があること

②満月は必ずひと月に2回あること

③29日と2分の1日ごとに新月があること

④新月は必ずひと月に2回あること

〔F〕 下線部⑥が意味するものとして最も適当なものを，①～④の中から1つ選びなさい。 25

①私たちの暦は，3年間で365日に4日足りない。

②私たちには，365日を3年から4年で繰り返す暦がある。

③私たちは，4年のうち3年間は，1年が365日ある暦をもっている。

④私たちは，4年のうち1年間が365日より少なくなる暦を持っている。

〔G〕 下線部⑦の説明として最も適当なものを，①～④の中から1つ選びなさい。 26

①the period of time in which the Earth travels once around the Sun

②the period of time from January 1st to December 31st of the same year

③a year that is good because something is successful

④a year, which happens every fourth year, when February has 29 days instead of 28

〔H〕 文中(⑧)に入れるのに最も適当なものを，①～④の中から1つ選びなさい。 27

①colors ②lights ③numbers ④forms

〔I〕 本文の内容と一致するものを，①～⑥の中から2つ選びなさい。 28 29

①Though ancient people knew the change of seasons, they didn't have calendars yet.

②The traders first invented calendars to study the stars and the moon.

③Farmers knew when to plant seeds by watching the stars.

④Farmers counted how many nights there were in a week.

⑤The English-speaking world no longer use the moon calendar.

⑥In English-speaking countries, some special holidays are shown in black on the calendar.

〔J〕 本文のタイトルとして最も適当なものを，①～④の中から1つ選びなさい。 30

①Relationship between the moon and four seasons

②History of calendars

③Difference between weekdays and holidays on calendars

④Problems of the moon calendar

Ⅳ 次の〔A〕，〔B〕の問いに答えなさい。

〔A〕 次の文中の 31 ～ 35 に入れるのに最も適当なものを，①～④の中から1つずつ選びなさい。

1. 31 you took during your summer camp!

① What beautiful pictures　② How pictures beautiful
③ Which beautiful a picture　④ How a beautiful picture

2. The mother looked 32 at the sight.

① shock　② shocking　③ shocked　④ to shock

3. There was a full moon 33 the forest.

①between　② up　③ above　④ out

4. A：34 has your brother climbed Mt. Fuji?
B：He has climbed it three times.

① How much　② How often　③ How long　④ How far

5. A：Where shall we go shopping?
B：Let's decide 35 shopping.

① where to go　② where I went　③ what to go　④ where you go to

〔B〕 次の各文の下線部には誤りが1ヶ所ずつあります。その部分の番号を，①～④の中から1つずつ答えなさい。

1. I hear(①) that(②) a new book written by(③) Professor James will publish soon(④). 36

2. Mary was enough kind(①) to give(②) me something cold(③) to drink(④) after a long distance marathon. 37

3. Would(①) you mind picking(②) up me(③) at(④) Funabashi Station tomorrow morning? 38

4. It was wise <u>for</u>① them <u>not to swim</u>② <u>in</u>③ the dangerous river that flows <u>in</u>④ the middle of the mountain. [39]

5. Airi <u>kept</u>① <u>me</u>② <u>waited</u>③ for an hour <u>in front of</u>④ the library. [40]

[V] 次の日本文と同じ意味になるように，下の語(句)を並べかえて文を完成させなさい。ただし，各語群には<u>1つずつ不要なものが</u>入っています。また，文頭に来る語も小文字にしてあります。解答は [41] ～ [50] に入る番号のみを答えなさい。

1. 当時，彼の作品にはほとんど注意が払われませんでした。

[41] [ ] [ ] [ ] [42] [ ] works at that time.

① was ② little ③ his ④ no
⑤ attention ⑥ to ⑦ paid

2. 事故で命を奪われた6人の中には警察官が1人いた。

Among [ ] [43] [ ] [ ] [44] [ ].

① a policeman ② killing ③ the accident ④ was
⑤ six persons ⑥ in ⑦ killed

3. 彼はその子にどのバスに乗ったら良いか教えてあげた。

He [ ] [ ] [45] [ ] [46] [ ].

① should ② which ③ take ④ showed
⑤ bus ⑥ the child ⑦ to

4. これは私が10年前に住んでいた家だ。

[47] [ ] [ ] [ ] [48] [ ] ten years ago.

① I ②the house ③ this ④ in
⑤ have ⑥ lived ⑦ is

5. 誰もが彼にできるだけ早くその仕事を終えるようにと期待しています。

Everyone [49] [ ] [ ] [50] [ ] [ ] [ ] [ ] possible.

① finish ② are ③ expecting ④ is ⑤ to
⑥ as ⑦ him ⑧ the work ⑨as soon

[VI] 次のページの切符案内に関する1～3の問いを読み，その答えとして最も適当なものを，①～④の中から1つ選びなさい。

1. Mr. & Mrs. Hirayama teach English to Junior high school students. Now they and their two students — Sayumi Okada (age 15) and Marina Kobayashi (age 13) — are visiting Nangoku-city to take part in English Speech Contest. They have decided to buy the 3 day pass to go around the city. At least how much does it cost them? [51]

① $180
② $200
③ $270
④ $360

2. The Imaike family — a father, a mother, and three children (all of them are between 4 and 9) — has decided to buy the 5 day pass. At least how much does it cost them? 52

① $120

② $280

③ $300

④ $420

3. Ms. Takahashi stays in Nangoku-city from May 1 to May 8. Which of the following can she NOT do? 53

① Buy a 3 day ticket two times.

② Come to the hotel from the airport using 7 day ticket.

③ Use her 3 day ticket on May 2, 3 and 8.

④ Use her 5 day ticket for sightseeing tours.

Nangoku-city Pass

Nangoku-city Pass is the only ticket that includes sightseeing services as well as travel on regular bus, train and ferry transport. Convenient, *1flexible and economical, Nangoku-city Pass is the perfect travel *2companion.

3,5 & 7 day tickets available

You can use your 3, 5 or 7 day ticket anytime within 8 calendar days.

You choose which of the days you wish to use — if you want a rest day, no worries.

You can also buy a 3 day ticket two times within 8 calendar days.

Tickets include:

Nangoku-city Pass tickets include unlimited travel on:

・Nangoku-city Buses services across all zones

・Nangoku-city ferries services

・CityRail trains

Also include：

・return transfers on Airport Link trains

Service	Adult	Child ※	Family ※※
Nangoku-city Pass can be used over 8 day period			
3 day pass	$90	$45	$200
5 day pass	$120	$60	$280
7 day pass	$140	$70	$330
※Child : 4-15 years of age. Children under 4 years travel free.			
※※Family : 2 adults and any number of children from the same family.			
Prices effective : 1 April 2019 – 31 March 2020. All prices are *3tax inclusive.			

TEL：047-469-XXXX
URL：www.sakurasakusakuhonattona.co.jp

*1flexible　融通の利く　　*2companion　仲間　　*3tax inclusive　税込

Ⅶ 次の会話文を読み，54 ～ 57 に入れるのに最も適当なものを，下の語群の①～⑥中から1つずつ選びなさい。

Mary　: Look at those little kids over there. They are using smart phones!

Adams　: Japan is a country of smart phone users. Over the past few years the mobile phone companies have begun marketing their phones to younger people. 54

Mary　: I really do not understand the mobile phone companies. Kids are not grownup enough to use smart phones.

Adams　: Really? 55 Parents can know where their children are at all times. Also, children can make a call when they get in trouble.

Mary　: It is better to leave children's lives simple. They are growing up too soon. Elementary and junior high school children have no need for smart phones. Kids will just end up costing their parents money. It would be wasteful. Kids should not have smart phones.

Adams　: Why not? We can get in touch with our kids easily. I think it is safer for us and for them. But it is true that many parents are uneasy about the cost. 56

Mary　: Imagine that you are a teacher and some students in your class are playing with their smart phones during the lesson. How would you solve this problem?

Adams　: I would teach them how to use smart phones including good manners. 57

Mary　: Hey, Adams what are you doing!? Don't use your smart phone while I'm talking to you! Remember how you were taught to use it when you first got your own smart phone!

語群

①I'm starting to think about getting a new smart phone.
②These companies are trying to attract new customers.
③Also, I would instruct young people not to misuse them.
④I think that giving children their own phones is a good idea.
⑤Young people want their parents to go everywhere with them.
⑥Anyway, they must take responsibility for giving a child a smart phone.

それはなぜか、最も適当なものを選びなさい。**解答番号** [33]

① 最適なやり方を授けたとしても、その人に合うとは限らないから。

② 自らの失敗から学ばなければ、有益なやり方は身につかないから。

③ やり方を教授する者の力量によって、結果は大きく異なるから。

④ 他人の知識に頼っていると、悪い結果がもたらされることになるから。

問五 傍線(D)「才・不才は生れつきたることなれば、力に及びがたし」とあるが、ここでの筆者の考えはどのようなものか、最も適当なものを選びなさい。**解答番号** [34]

① 生まれつき才能があっても、環境によってその後の結果は変わってくるということ。

② 生まれつき才能があれば、怠けていても良い結果が出せるということ。

③ 生まれつきの才能は、他人の助言によって実力に結びつけることができるということ。

④ 生まれつきの才能の有無によって、学問の成果は変わってくるということ。

問六 筆者は学問をする上で大切なことは何だと考えているのか、最も適当なものを選びなさい。**解答番号** [35]

① 自分の才能を見極め、適性の高い分野を選ぶこと。

② 優れた指導者につき、事細かに指示を受けること。

③ 限られた時間の中で、効率良く進めていくこと。

④ 途中で投げ出さずに、地道に努力し続けること。

問七 本文の作者で、江戸時代の終わりに「国学」という学問を完成させた人物は誰か、適当なものを一つ選びなさい。

解答番号 [36]

① 本居宣長

② 井原西鶴

③ 小林一茶

④ 杉田玄白

※解答番号 [37] ~ [60] は空白にし、マークしないこと。

なる人といへども、おこたらずつとめだにすれば、それだけの功は有る物也。

又、晩学の人も、つとめはげめば、思ひの外、功をなすことあり。又、暇のなき人も、思ひの外、いとま多き人よりも功をなすもの也。されば、才のともしきや、学ぶことの晩きや、暇のなきやによりて、思ひくづをれて止むことなかれ。とてもかくても、つとめだにすれば出来るものと心得べし。すべて思ひくづをるるは、学問に大きにきらふ事ぞかし。

(『うひ山ぶみ』より)

(注)＊しな……学問。

＊一わたりの理……決まりきった考え方。

＊云々してよろし……こうすればよい。

＊倦まず……飽きることなく。

問一　二重傍線(ア)～(エ)の本文中の意味として、それぞれ最も適当なものを選びなさい。

(ア)「つとめて」　解答番号 27

①　我慢して
②　努力して
③　奉仕して
④　早起きして

(イ)「学びやうの次第」　解答番号 28

①　学ぶことの意義
②　学び方の順番
③　学びへの興味
④　学びのきっかけ

(ウ)「詮ずるところ」　解答番号 29

①　けれども
③　むしろ
③　まして
④　つまり

(エ)「ともしき」　解答番号 30

①　不足していること
②　中途半端なこと
③　非凡であること
④　無駄にしていること

問二　傍線(A)「思ひよれるすぢ」の解釈として、最も適当なものを選びなさい。解答番号 31

①　気付いていない才能
②　思いがけない経験
③　関心を持っている事柄
④　学力が伸び悩む時期

問三　傍線(B)「得たる事」とは、ここではどのようなことを言っているのか、最も適当なものを選びなさい。解答番号 32

①　役に立つ知識
②　会得すべき学問
③　向いている分野
④　恵まれた環境

問四　傍線(C)「実はただ其人の心まかせにしてよき也」とあるが、

④ 結果を出すためとはいえ、先輩たち二人の欠点を指摘することに後ろめたさを感じたから。

問六 傍線（E）「傷口から漏れる黒々とした液体は、自責と悲哀で出来ていた」とはどういうことか、最も適当なものを選びなさい。

解答番号 25

① シングルに専念する選択をさせてしまった責任を感じているが、ためらいなく自分とのペア解消を決めた千帆には不満を覚えている。

② 自分の思いが千帆の成長を妨げていたことを後悔すると同時に、二人で追い続けてきた夢が途絶えてしまったことに落胆している。

③ 千帆への期待が彼女の負担になっていたことを申し訳なく思う一方で、共有していると思っていた夢を拒絶された寂しさを感じている。

④ 自分勝手な考えで部全体の和を乱してしまったことを反省しつつ、親友である千帆にすら自分の気持ちを理解してもらえず悲しんでいる。

問七 傍線（F）「そっと、千帆が希衣から手を離す」とあるが、これ以降の千帆の心情はどのようなものか、最も適当なものを選びなさい。**解答番号** 26

① 自分自身がショックを受けながらも部員たちへの気遣いをみせることで、希衣に対して先輩としてのあり方を示そうとしている。

② 語調を強めて、はっきりとした態度を示すことで、後輩たちに見苦しい姿を見せてしまったことを取り繕おうとしている。

③ 希衣の予想外に激しい反応を目の当たりにしたことで、面と向かって自分の率直な意見を伝えることに恐れを抱いている。

④ 周囲を励まし、あえて明るく振る舞うことで、カヌー部の状況が変化しようとすることを前向きに捉えようとしている。

四 次の文章を読んで、後の問いに答えなさい。

いかに初心なればとても、学問にもこころざすほどのものは、むげに小児の心のやうにはあらねば、ほどほどに（A）みづから思ひよれるすぢは必ずあるものなり。又、面々好むかたと好まぬ方ども有り。又、生れつきて（B）得たる事と得ぬ事ども有る物なるを、好まぬ事得ぬ事をしては、同じやうに（ア）つとめても、功を得ることすくなし。

又、いづれの*しなにもせよ、（イ）学びやうの次第も、*一わたりの理（ことわり）によりて「*云々（しかじか）してよろし」とさして教へんは、やすきことなれども、そのさして教へたるごとくにして、果してよきものならんや、又思ひの外にさてはあしき物ならんや、（C）実（まこと）にはしりがたきことなれば、これもしひては定めがたきわざにて、実はただ其（その）人の心まかせにしてよき也。

（ウ）詮ずるところ学問は、ただ年月長く*倦（う）まずおこたらずして、はげみつとむるぞ肝要にて、学びやうは、いかやうにてもよかるべく、さのみかかはるまじきこと也。いかほど学びかたよくても、怠りてつとめざれば功はなし。

又、人々の才と不才とによりて、其功いたく異なれども、（D）才・不才は生れつきたることなれば、力に及びがたし。されど、大抵は、不才

(イ)「言葉を濁した」 **解答番号** 20

① はっきりと言わなかった
② うまく伝えられなかった
③ 遠回しに非難した
④ 感情を抑え込んだ

問二 傍線(A)「希衣が息を呑んだ」とあるが、ここからうかがえる希衣の心情はどのようなものか、最も適当なものを選びなさい。

解答番号 21

① 当事者としての意識に乏しい千帆へのいら立ちが、怒りに変わろうとしている。
② 必要以上に自分の能力を卑下する千帆への不満が、失望に変わろうとしている。
③ 自分の本心と向き合おうとしない千帆への反感が、あわれみに変わろうとしている。
④ 過去の出来事を忘れてしまいたいと考える千帆への同情が、憤りに変わろうとしている。

問三 傍線(B)「農園部の時に土が入ると嫌だから、と彼女が話していたのを舞奈は不意に思い出した」とあるが、このとき舞奈にどのような思いが生じたと考えられるか、最も適当なものを選びなさい。

解答番号 22

① 千帆は農園部の活動を最優先にしようと考えているのではないか。
② 千帆にとってはカヌー部での人間関係は煩わしいだけかもしれない。
③ 千帆にとってはカヌーだけが生活の全てではないのかもしれない。
④ 千帆はそう遠くないうちにカヌー部をやめてしまうのではないか。

問四 傍線(C)「千帆があんぐりと口を開ける」とあるが、千帆がこのような態度をとったのはなぜか、最も適当なものを選びなさい。

解答番号 23

① 千帆の実力を過大評価し、達成できるはずのない目標を押し付けてくる希衣にあきれているから。
② 信頼で結ばれた二人の関係よりも、個々の競技力だけを重視する希衣の考えに驚いているから。
③ 自分の理想を捨ててまで、千帆を勝たせようとする希衣の自己犠牲的な精神に困惑したから。
④ 後輩たちの気持ちを無視して、部の都合を優先しようとする希衣の態度を不満に思っているから。

問五 傍線(D)「二人から目を逸らしたまま、恵梨香が口早に説明する」とあるが、恵梨香がこのような態度をとるのはなぜか、最も適当なものを選びなさい。 **解答番号** 24

① 人間関係より技術的な相性を重視していることを、先輩たちに理解して欲しかったから。
② 自分にとって有利なペアを組むためには、先輩たちの同意を得る必要があったから。
③ 千帆と希衣の相性の良さを強調することで、二人の口論を落ち着かせようと考えたから。

締め、千帆は掠れた声で囁いた。

「それに、ほっとしてるんだ。希衣が追ってる理想の私に、今の私はなれないから。希衣の夢は、私にはちょっと重すぎるよ」

舞奈は初めて見た。言葉が、誰かの幻想を殺すところを。

希衣の口から、ひゅっと鈍い音が漏れた。舞奈は想像する、その柔らかな心臓が千帆の本音に貫かれているところを。(E)傷口から漏れる黒々とした液体は、自責と悲哀で出来ていた。

(F)そっと、千帆が希衣から手を離す。窓の外へと目線を移した彼女は、「もうすぐ駅だね」と明るく言った。

「いいんだよ、これで。私はシングルで頑張るし。別に、ペアだけがカヌーの全てじゃない」

「でも、本当にいいんですか?」

不安を隠せない様子で、恵梨香はジャージの腹部をぎゅっと握る。

「正直に言って、先輩たちの時より遅くなる可能性も高いですよ。私、ペアとかやったことないですし」

「それは大丈夫。ほら、今年ダメでも来年がある。その頃には息が合うようになってるかもしれないでしょ?」

しっかりとした口ぶりに、恵梨香は少しだけ安堵したようだった。力んでいた肩の力が抜け、長い両腕がだらりと下がる。

「先が長い計画ですね」

「そういうものでしょ、スポーツって」

電車が緩やかに減速し、やがて見慣れた駅舎が現れた。「*寄居駅」というアナウンスの声に、千帆がぱっと立ち上がる。

「じゃ、今日はお疲れ様。また月曜日、学校でね」

茫然と立ち尽くしている希衣の腕を掴み、千帆が無理やりに電車の外へと引っ張り出した。窓の外から手を振る千帆に、舞奈と恵梨香は揃って頭を下げる。

やがて電車は速度を上げ、二人の姿は流れる風景に溶けていく。修羅場の気配が完全に消え去ったのを確認し、舞奈はだらんとシートへ倒れ込んだ。

(武田綾乃『君と漕ぐ　ながとろ高校カヌー部』より)

(注)　＊蘭子……利根蘭子。他校の高校一年生で、中学時代には千帆たちのライバルだった。世界大会での入賞経験を持つ。

＊スマホの画面を凝視している……後の場面で、海外の大会に出場した蘭子の試合映像を動画サイトでチェックしていたことがわかる。

＊農園部……千帆は、カヌー部と農園部の活動を掛け持ちしている。

＊インハイ……インターハイ、全国高等学校総合体育大会のこと。

＊ストローク……ひと漕ぎ。

＊パドル数……一定時間あたりに漕ぐ回数。

＊双眸……左右両方の目。

＊寄居……埼玉県北西部の地名。

問一　二重傍線(ア)・(イ)の本文中の意味として、最も適当なものをそれぞれ選びなさい。

(ア)「剣呑な空気」　**解答番号** 19

① 本心を探り合う気配
② 真剣に考え込む雰囲気
③ 周囲から切り離された状況
④ 先行きに不安を覚える様子

「何言ってるの？」

「湧別さんは速いよ。この子なら県大会で一位を取るどころか、もっと上を目指せる。じゃあ、ペアは千帆と湧別さんが組んだ方がいいでしょ。去年のシングル、埼玉県大会で私は七位で、千帆は二位だった。小学生でも分かることだよ。二位と七位が組むより、一位と二位が組んだ方がいい」

「カヌーがそんな単純なもんじゃないって、希衣だってわかってんでしょ」

「でもそれが一番合理的じゃん。分かってないのはどっちよ。大体――」

「あの、ちょっといいですか？」

白熱するやり取りに割り込むように、恵梨香が小さく手を挙げた。興奮で我を忘れていた二人も、そこで冷静さを取り戻したらしい。コホンと、希衣が気まずそうに咳払いした。

「なに？」

「いや、私の名前が出てたので」

「あぁ、ごめんね。希衣がわけのわかんないこと言って」

「分かるでしょ、意味は。湧別さん、あなたはどう思うの。もし千帆とあなたが組んだら、速くなれると思う？」

ガタン、と電車が大きく揺れた。二人と一人に挟まれた舞奈は、ぎゅっと身を縮こまらせる。千帆と希衣はずっと昔から相棒だというのに、どうしてそんなことが言えるのだろう。結果が絆以上に重視すべきものだとは、舞奈にはどうも思えない。

思案するように、恵梨香は自身の顎を軽く擦った。やがて、開いた唇からため息と共に声がこぼれる。

「正直に言って、もし誰かとペアをやらなきゃいけないとしたら、私は鶴見先輩の方を希望します」

「なんで」

予想外の展開だったのだろう、希衣が大きく身を仰け反らした。(D)二人から目を逸らしたまま、恵梨香が口早に説明する。

「フォームの差です。天神先輩は小柄だし、*ストロークが小さい。一人でやってるところを見ても、*パドル数の多さでカバーしてる。そして、鶴見先輩はペアの時、そんな天神先輩に合わせてる。でも、私はそのやり方を真似できません。回数で稼ぐタイプじゃないし、そもそも私のフォームに合わせてもらわないと困ります。だから、もし私がペアをやるにしても、相手は……」

先輩相手に気を遣ったのか、恵梨香はそこで(イ)言葉を濁した。小さいギアと大きいギア。数日前の千帆の柔らかな声音が、舞奈の耳奥で蘇る。

思わず立ち上がった希衣を手で制し、千帆は静かに微笑んだ。睫毛に縁取られた*双眸に、うっすらと透明な膜が張っている。ゆらめく涙を瞼の奥に押し込み、千帆は喉を震わせた。

「そう、だね。二位と七位より、一位と七位の方が速い」

「千帆！　それは――」

「私も、それがいいと思う。希衣はペアが得意だから、きっと恵梨香ちゃんとでも上手くやれるよ。それに、」

躊躇したのか、千帆は一度言葉を区切った。言い淀み、思い悩み、それでも千帆は正面から希衣の顔を見つめた。強張る希衣の手を握り千帆が笑う。喜びではなく、呆れを含んだ声色で。吐き出された感情の粒が、カツンと床に跳ね落ちる。(A)希衣が息を呑んだ。彼女の喉の奥で、小さな熱がせぐり上げるのを感じた。

「違うって言うの？」

「いや、客観的に見て選手としての格が違うじゃん。見たでしょ、今日の漕ぎ」

「私は千帆があの子に負けてるなんて思ったことないよ。きっと本気を出せば、千帆だってまた——」

「そういうの、やめてよ」

目を伏せ、千帆が静かに首を振った。穏やかな表情とは対照的に、膝に置かれた指先は苛立たしげに上下している。狭い車内に、(ア)剣呑な空気が混じる。ちらりと隣の恵梨香を盗み見れば、イヤホンを付けたまま真面目な顔で*スマホの画面を凝視している。電車に乗ってからというもの、恵梨香はずっとスマホに夢中だ。嫌だな、と舞奈は内心で独り言ちた。恵梨香は好きだけど、他人と一緒にいるのにスマホを使う人は好きじゃない。尊重されていない感じがするから。

結われた髪の片方の束を握り締め、千帆は深く息を吸い込んだ。桜貝にも似た彼女の爪は、白い爪先部分が全くない。(B)*農園部の時に土が入ると嫌だから、と彼女が話していたのを舞奈は不意に思い出した。

「希衣はさ、いつの私を見てるの」

「いつって、今だよ」

「だったらそんなトンチンカンなこと言わないでしょ。大体、蘭子ちゃんは東京だし、私たちが去年*インハイに進めなかったのは別の子たちに負けたからじゃん。そっちに向き合わないで蘭子ちゃんばっかり見てるのは、なんか、馬鹿みたいだよ」

「よく言うよ。千帆が一番、利根蘭子のこと引きずってるくせに」

「別に引きずってない」

「引きずってるよ。千帆は、一位になりたいんでしょ」

二人の声の調子は普段と変わらず、それがまた舞奈の不安を煽った。取っ組み合いの喧嘩でも始めてくれれば、無理にでも宥めることができるのに。恐れを押し付けるように恵梨香にしがみつくと、彼女はようやく面を上げた。左耳からイヤホンを引き抜き、恵梨香は片眉の端を跳ね上げた。

「何かありました？」

後輩の一声に、二人の口論はピタリと止んだ。両腕を組んで不機嫌さを露わにする希衣に対し、千帆は曖昧な微笑を浮かべている。

「特になんでもないんだよ、気にしないで」

「なんでもないことないでしょ」

千帆の台詞に覆いかぶせるようにして、希衣が唸った。

「今年、利根蘭子はペアには出ないって言ってた、シングルに絞るって。じゃ、千帆が本気出してやれば、ペアで一位を狙えるんだよ」

「そんな馬鹿なこと言って」

「馬鹿じゃない。千帆と湧別さんが組めば、インハイ優勝だってありえると私は思ってる」

「はぁ？」

(C)千帆があんぐりと口を開ける。その一言に、拒絶にも似た深い嫌悪が滲んでいた。見開かれた彼女の両目が、信じられないと言外に叫んでいる。

る」とはどういうことか、最も適当なものを選びなさい。

解答番号 17

① 人間はどんなに最善を尽くしてもうまくいかないことがあり、物事には諦めも必要だということ。

② 人間の能力に限界はないが、神の前では常に謙虚な存在であり続けなければならないということ。

③ 人間は時に過ちを犯す生き物であり、全知全能の神のように振るまってはならないということ。

④ 人間の生は有限であるからこそ、現実逃避をしないで最善の選択をするべきだということ。

問七　文章の内容と構成を説明したものとして、最も適当なものを選びなさい。**解答番号** 18

① ＩＴ革命によってもたらされたコミュニケーションの変化について説明した後、科学技術を駆使した選択は有効であるが、古代ギリシアの悲劇『オイディプス王』のようになってはいけないと、人間社会の在り方に筆者は警鐘を鳴らしている。

② 社会の不調和を克服するためには、ＩＴ技術の活用は不可避であると説明した後、人間の選択のあるべき姿を古代ギリシアの悲劇『オイディプス王』に見いだし、巨大ネットワークや人工知能技術の未来に対して筆者は問題を提起している。

③ 人間社会におけるＩＴ技術の発展の歴史と存在意義について説明した後、人間は今後科学技術とどう折り合っていけばいいのかを考察し、その手がかりを古代ギリシアの悲劇『オイディプス王』の中から導き出し、筆者の提言としている。

④ ＩＴ技術の人間社会における影響力について説明した後、科学技術を操る人間は未来に向けてどのような自覚を持って意思決定していったらよいのか、古代ギリシアの悲劇『オイディプス王』を引用しながら、筆者の考えを示している。

三　次の文章を読んで、後の問いに答えなさい。

> 高校入学と同時にカヌー競技を始めた一年生の黒部舞奈は、経験者で同学年の友人・湧別恵梨香、部長で二年生の鶴見希衣、副部長で小学生の頃から希衣とペアを組んでいる二年生の天神千帆と共に、東京や埼玉のカヌー部が集まる合同練習に参加した。以下は、練習会場から四人が電車で帰宅する場面である。

車内に他の乗客の姿が少ないとは言え、部員全員が並んで座れたのは幸運だった。舞奈を挟むようにして、左手に千帆と希衣が、右手には恵梨香が座っている。気を抜けば睡魔に負けそうな舞奈を他所に、先輩たちは話し続けている。

「*蘭子ちゃん、また速くなってたね」

「まあ、それは認めるけど」

「なんで希衣は不機嫌になってるの」

「別に」

「別にってことはないでしょ」

「単純に、なんで千帆は焦らないんだろうって思っただけ。ライバルが強くなってるのに」

「ライバルって」

③　世界中から巨大な外部情報網への接続が容易になり、人々の共通認識を生み出すことに活用されている。

④　世界規模で構築された巨大な情報網が、人間の脳機能を補助するためのものとして活用されている。

問二　空欄［　　］にあてはまる語は何か、最も適当なものを選びなさい。**解答番号**［13］

①　人格

②　世界

③　メディア

④　ネットワーク

問三　傍線（B）「SNSでは、『書く』という行為も大きくその意味を変えることになった」とあるが、どのように変化したのか、最も適当なものを選びなさい。**解答番号**［14］

①　SNSが出現する以前、書く行為は主体から発信する一方向的なコミュニケーションだったが、現在では双方向的になり情報の誤りが著しいものになった。

②　書き手は自分の考えを具現化し相手に伝えるだけで良かったが、SNSが出現して以降は誰もが発信者となって、書かれた言葉が一人歩きするようになった。

③　SNSが出現する以前、書き手のメッセージは絶対であったが、現在では受け取る側が意図を自由に解釈できるため、悪意と受け取られるリスクが大きくなった。

④　書き手は自分の考えを正確に伝える必要があったが、SNSが出現して以降は発信した瞬間から人々に拡散し、意図と異なる意味に解釈されるようになった。

問四　傍線（C）「人間の選択にかかわるフロネーシスを簡単に超えてしまうであろう」とあるが、筆者の指摘に合致する具体例はどれか、最も適当なものを選びなさい。**解答番号**［15］

①　地図アプリを開くと、自宅にいながらにして世界中を旅する気分を味わうことができた。

②　データベースに友人の好みや性格を入力したら、意外な誕生日プレゼントを提案された。

③　カメラとスマートフォンを連動させることで、遠方にいる祖母の様子が良くわかった。

④　インターネットで食材を購入していると、画像とは異なるものが送られてくることがあった。

問五　傍線（D）とあるが、筆者は「東日本大震災」以前の科学者の態度をどのように見ているか、最も適当なものを選びなさい。
解答番号［16］

①　自分たちは選ばれた人間であり、科学技術を応用すれば人災であったとしても防御することができる。

②　現代の科学技術を駆使しても、自分たちの力では自然災害を完全に予測することは不可能である。

③　自分たちの優れた科学技術をもってすれば、どんな自然災害が起ころうとも被害を回避することができる。

④　自分たちが研究開発した科学技術は、もはや「神話」と呼べるような高度なレベルになったといえる。

問六　傍線（E）「現代に生きる人間の条件と限界の自覚を促してい

すか、その帰趨を正確に予測することはできないであろう。どんな思慮深さをもってしても、(D)現代の科学者が「想定外」と呼んだり、自分たちの考えを「神話だった」といったりすることがあるということを東日本大震災は教えてくれたのである。だから、わたしたちは、この上なく思慮深くあるべきである。しかも、その思慮深さは、人間という存在が抱えている制約に対する自覚を含んでいなければならない。「汝自身を知れ」(E)というアポロンのことばは、「驕ることなかれ」ということばとともに現代に生きる人間の条件と限界の自覚を促している。

人間の思慮深さの限界を見事に描いたのが、古代ギリシアの有名な悲劇作家、ソフォクレスの『オイディプス王』で、聡明な選択であっても破局的な結末に至る人間の悲劇を描いている。

テバイの王、ライオスは、「子をもうけるな。子を作れば、その子は、汝を殺すだろうから」という再三にわたる知恵の神、アポロンの神託を無視して、妻イオカステとの間に一子をもうけた。しかし、アポロンの神託が実現するのを恐れ、生まれるとすぐ、子どもの両踵をピンで刺し貫いた上で、山奥に捨てさせた。オイディプスとは「腫れた踵」という意味である。

命を助けられたオイディプスは、コリントスの王子として育てられる。やがて旅に出たオイディプスは、「もし故郷に帰れば、汝は父王を殺し、母を妻にすることになるであろう」というアポロンの予言を受けた。オイディプスは、この神託を恐れて、コリントスには戻らず、旅を続けるが、狭い三叉路で、二頭立ての馬車に乗る老人と従者の一行と出会い、争いとなって、かれらを殺してしまう。

《中略》

最善の選択を繰り返したはずのオイディプスの運命は、知恵の神アポロンのみが知っていた。自分の故郷がコリントスであると思っていた彼は、故郷に帰ることを避けるという選択を行った。その結果、父王と三叉路で遭遇して、殺してしまう。テバイでスフィンクスの謎を解くという選択の結果、母と結婚する。賢い選択の結末が悲劇である。

アポロンが自分自身を知れというのは、神が不死なる存在であるのに対し、人間は死ななければならない存在であるということである。どんなに聡明で思慮深くても有限な生を生きなければならない人間は、選択の帰趨を完全に予測することはできない。「傲慢になることなかれ」とは、そのような意味である。

（桑子敏雄『何のための「教養」か』より）

（注）＊アリストテレス……古代ギリシアの哲学者。
＊ソフィア……自然の認識にかかわる知的能力。
＊フロネーシス……人間の意思決定にかかわる能力。
＊テクノソフィア……技術とソフィアの融合したもの。
＊メガ……巨大な。
＊帰趨……帰着するところ。

問一　傍線（A）「巨大な知的装置として機能する」とはどういうことか、最も適当なものを選びなさい。**解答番号 12**

① 個人の記憶の忘却を防ぐために、巨大な知的情報網が共有され世界中で利用できるようになっている。

② 世界中からアクセスできる巨大な外部記憶装置が、ITを熟知した知的な人々の間で利用されている。

き手の考えが届いたかは、販売された部数によるが、それはあくまで売れた本の数であり、読まれた本の数ではない。

　他方、ＳＮＳでは、情報の発信は、読み手が閲覧し、「いいね」を返せば、そのメッセージは書き手のもとに戻る。メールで感想を送り返すのも簡単である。情報の受け手は、即座に情報の発信者となって、双方向の情報交換が可能になる。それだけではない。受け手はたちどころに情報を多数の他者へ発信する主体に変化する。情報は簡単に拡散してゆく。

　双方向のコミュニケーションから拡散する情報へと展開する現代の情報環境は、さまざまな観点から「便利」であるが、こうした情報技術には、その裏側にリスクも潜んでいる。その例をいえば、個人へのメールやＳＮＳによる悪意ある書き込みである。あるいは、悪意なく書き込んだものでも、受け取り手によっては悪意を感じてしまうこともある。ネット上の書きことばは、書き手の意図ではなく、読み手の受け取り方によるコミュニケーションである。悪意ある表現、あるいは悪意と受け取れる表現も簡単にやりとりすることができる。受け取った情報は、容易に拡散してゆく。ネット空間は、思いも寄らない膨大なリスク空間であることをわたしたち一人ひとりが認識しておかなくてはならない。

《中略》

　こうした巨大ネットワークがＡＩやロボット技術と連動して自律的に機能するようになると、＊アリストテレスが区分した＊ソフィアと＊フロネーシスの境界領域に踏み込んでくるようにも見える。人工知能が自律的に判断し、選択することができるようになると、これはこれで一種のフロネーシスのようにも見えるからである。この人工擬似フロネーシスは、グローバルなネットワークのなかで自律的な行為選択の機能をもつことになると、(C)人間の選択にかかわるフロネーシスを簡単に超えてしまうであろう。この人工擬似フロネーシスを備えた近代＊テクノソフィアを＊メガテクノソフィアと呼ぶならば、この知は、巨大ソフィアと融合して、人類の生活環境そのものを選択することも考えられる。しかし、このメガテクノソフィアは、生身の人間ではなく、その環境は生身の人間の生きる環境でもない。いずれにせよ、そのようなメガテクノソフィアという知能、知性が近い将来に出現することは十分予想することができる。

　たしかに、このソフィアに選択の能力を与えるかどうかは、人類の選択であるが、人類全体がこの問題について合意を形成することは難しい。だれかが、すなわち、科学者か政治家か起業家かがこの選択をしてしまえば、人類は、このメガテクノソフィアの支配下に置かれる可能性が出てくるであろう。

　要するに、自律的メガテクノソフィアが人類にとって最善の選択をするかどうかは、そこにどのような価値のプログラムが書き込まれているかによる。このプログラムをデザインし、また実現のために何を選択するかを決めるのは、近代テクノソフィアではなく、現代にふさわしい人間のフロネーシスでなければならない。それは人類のもっとも重大な選択にかかわる能力である。ソフィアだけをもつ者にこの選択を任せるわけにはいかない。

　わたしたちの生きる現実が科学技術の進展によって、そしてまた科学技術を用いた人間の行為の選択によってどのような行く末をもたら

④ 遠

問五 樋口一葉の作品として、適当なものを一つ選びなさい。

解答番号 9

① 『金色夜叉』
② 『たけくらべ』
③ 『高瀬舟』
④ 『それから』

問六 「弥生（やよい）」とは旧暦何月のことか、適当なものを一つ選びなさい。

解答番号 10

① 一月
② 三月
③ 六月
④ 九月

問七 「寧為㆓鶏[A]㆒、無㆑為㆓牛[B]㆒」は「寧（むし）ろ鶏[A]と為るも、牛[B]と為る無かれ」と訓読するが、そのとき空欄A・Bに入る漢字の組み合わせとして最も適当なものを選びなさい。

解答番号 11

① A 鳴 ・ B 馬
② A 尾 ・ B 場
③ A 口 ・ B 後
④ A 鳥 ・ B 士

[二] 次の文章を読んで、後の問いに答えなさい。

科学技術と社会の不調和という事態の認識は、ますますその重要度を高めているが、二十一世紀に入り、課題の広がりと深さは計り知れないものへと変化しつつある。とくに、情報技術がより巨大な影響力をもつに至ったことは重大な変化で、インターネットの発達によって形成された、人間のいわば外部記憶装置としてのグローバルなネットワークは、個人という単位をはるかに超越して、(A)巨大な知的装置として機能するに至っている。

わたしたちはインターネットによって、自分の脳のなかに蓄積されていない知識や情報に手元のスマートフォンから直接アクセスできるようになった。いわば、巨大な百科事典や辞典を操作できるようになったのである。意味の分からないことばや、学んだことのない出来事などについても、検索すれば、簡単に情報に接することができる。音声入力によっても操作できるようになり、あたかもスマートフォンが一個の[　　]であるかのような錯覚に陥ってしまう。

インターネットに入力した情報は、その巨大なネットワークのどこかに蓄積されている。一般的、普遍的な情報も個人データもこのネットワークのどこかにある。

さらに、(B)SNSでは、「書く」という行為も大きくその意味を変えることになった。たとえば、わたしはこの本を書いているが、書き手は自分の考えを文字で表し、それをインクと紙という物質・物体に具体化する。印刷する人たち、出版する人たち、販売する人たちの手を経て、購入した人が読んだとき初めて、コミュニケーションが成立する。ただ、このコミュニケーションは一方向である。読み手が書き手にメッセージを伝えるとすれば、本に挟まれた読者カードがあるとき、そのカードを読み手が出版社に送ったときである。どのくらいの読者に書

【国　語】（五〇分）〈満点：一〇〇点〉

一　次の各問いに答えなさい。

問一　次の（ア）～（オ）の傍線部と同一の漢字を用いるものはどれか、それぞれ適当なものを一つずつ選びなさい。

（ア）スポーツ界にセンプウを巻き起こす。　解答番号 1

① センレンされた技術とデザイン。
② 平安京へのセントを行った。
③ 美しいピアノのセンリツ。
④ センレツなデビューを飾る。

（イ）法の理念にテイショクする。　解答番号 2

① 相手の攻撃にテイコウする。
② 思わぬ事実がロテイする。
③ 業務テイケイを発表する。
④ 痛めた足首をコテイする。

（ウ）企業の目的はリジュンを出すことである。　解答番号 3

① 法令をジュンシュする。
② ジュンタクな資金が集まる。
③ 地方ジュンギョウに出る。
④ 国際規格にジュンキョする。

（エ）国語の授業で詩をロウドクする。　解答番号 4

① 時代にホンロウされる若者たち。
② 思いがけないロウホウに喜ぶ。
③ 宮殿内のカイロウを進む。
④ コンセントからロウデンする。

（オ）東京でオリンピックがカイサイされる。　解答番号 5

① 言い争いをチュウサイする。
② 撮った写真が雑誌にケイサイされる。
③ 豊作を祈るサイギが行われた。
④ 借りた本の返却をサイソクされる。

問二　次の文の傍線部は助動詞であるが、その意味は何か、適当なものを一つ選びなさい。　解答番号 6

来日したばかりなのに、日本語がお上手ですね。

① 過去
② 推定
③ 断定
④ 可能

問三　「天衣無縫」の意味として、最も適当なものを選びなさい。
解答番号 7

① 飾り気がなく、無邪気であること。
② 血気盛んで、怖いもの知らずであること。
③ ひたむきに、一つのことに取り組むこと。
④ おおらかで、物事に動じないこと。

問四　次の漢字を楷書で書いたときに総画数が十三画になるものはどれか、適当なものを一つ選びなさい。　解答番号 8

① 郭
② 弾
③ 緑

大切なことはメモしておこうネ！

T.G

前期

2020年度

解　答　と　解　説

《2020年度の配点は解答欄に掲載してあります。》

＜数学解答＞

[1]　(1)　ア　5　イ　2　ウ　1　エ　5　(2)　オ　9　カ　6
　(3)　キ　8　ク　2　(4)　ケ　1　コ　5　サ　6　(5)　シ　2　ス　5
　(6)　セ　1　ソ　2
[2]　(1)　ア　5　(2)　イ　3　ウ　9　(3)　エ　7　オ　2
[3]　(1)　ア　3　イ　3　(2)　ウ　2　エ　3　(3)　オ　5　カ　3　キ　6
[4]　(1)　ア　8　イ　3　(2)　ウ　4　エ　3　オ　3　(3)　カ　4　キ　3

○推定配点○
[1]　(1)～(5)　各6点×5　(6)　7点　[2]～[4]　各7点×9　計100点

＜数学解説＞

[1]　（平方根の計算，平方数，平面図形の計量問題，方程式の応用問題，角度，確率）

(1)　$(2\sqrt{3}-\sqrt{5})^2+(\sqrt{5}+4\sqrt{3})(\sqrt{5}-2\sqrt{3})+(2\sqrt{3}+\sqrt{5})(2\sqrt{3}-\sqrt{5})=12-4\sqrt{15}+5+5+2\sqrt{15}-24+12-5=5-2\sqrt{15}$

(2)　$2020+n^2=k^2$（kは自然数）　$k^2-n^2=2020$　$(k+n)(k-n)=2^2\times5\times101$　$k+n=101$，$k-n=20$のとき，$2k=121$，$k=60.5$，kが整数でないのであてはまらない。$k+n=202$，$k-n=10$のとき，$2k=212$，$k=106$，$n=96$，nは2桁の自然数になるのであてはまる。$k+n=404$，$k-n=5$のとき，$2k=409$，$k=204.5$，これはあてはまらない。$k+n=505$，$k-n=4$のとき，$2k=509$，$k=254.5$，これはあてはまらない。$k+n=1010$，$k-n=2$のき，$2k=1012$，$k=506$，$n=504$，nが3桁になるのであてはまらない。$k+n=2020$，$k-n=1$の場合も同様にあてはまらない。よって，$n=96$

(3)　正方形の土地の一辺の長さをxmとすると，$(x+2)^2+(x+7)^2=(5\sqrt{13})^2$　$x^2+4x+4+x^2+14x+49-325=0$　$2x^2+18x-272=0$　$x^2+9x-136=0$　$(x+17)(x-8)=0$　$x>0$から，$x=8$　よって，求める対角線の長さは，$8\sqrt{2}$(m)

(4)　食塩の量に関する方程式をたてると，$300\times\frac{10}{100}-x\times\frac{10}{100}=300\times\frac{4.8}{100}$　$30-\frac{x}{10}=\frac{72}{5}$
$\frac{x}{10}=30-\frac{72}{5}=\frac{78}{5}$　$x=\frac{78}{5}\times10=156$

(5)　補助線BDを引くと，$\overset{\frown}{AD}:\overset{\frown}{DC}=2:1$から，$\angle ABD=2\angle DBC=2\angle DAC=2\angle x$　△ABCは二等辺三角形だから，$\angle ACB=\angle ABC=\angle ABD+\angle DBP=2\angle x+\angle x=3\angle x$　△ACPにおいて，内角と外角の関係から，$3\angle x=\angle x+50^\circ$　$2\angle x=50^\circ$　$\angle x=25^\circ$

(6)　5枚の硬貨の目の出方は全部で，$2^5=32$（通り）　そのうち，表の出た100円硬貨の枚数が，表の出た10円硬貨の枚数よりも多くなる場合は，（10円，10円，100円，100円，100円）＝（表，表，表，表，表），（表，裏，表，表，表），（表，裏，表，表，裏），（表，裏，表，裏，表），（表，裏，裏，表，表），（裏，表，表，表，表），（裏，表，表，表，裏），（裏，表，表，裏，表），（裏，表，

裏，表，表)，(裏，裏，表，表，表)，(裏，裏，表，表，裏)，(裏，裏，表，裏，表)，(裏，裏，表，裏，裏)，(裏，裏，裏，表，表)，(裏，裏，裏，表，裏)，(裏，裏，裏，裏，表)の16通り

よって，求める確率は，$\frac{16}{32}=\frac{1}{2}$

[2] (図形と関数・グラフの融合問題)

基本 (1) AB=1−(−1)=2　△ACBの面積から，$\frac{1}{2}\times2\times\mathrm{CA}=4$　CA=4　よって，点Cのy座標は，1+4=5から，5　C(1，5)を②に代入して，$5=a\times1^2$　$a=5$

(2) 直線BCの式を$y=px+q$として点B，Cの座標を代入すると，$1=-p+q$…③　$5=p+q$…④　④−③から，$4=2p$　$p=2$　これを③に代入して，$1=-2+q$　$q=3$　よって，直線BCの式は，$y=2x+3$…⑤　①と⑤からyを消去すると，$x^2=2x+3$　$x^2-2x-3=0$　$(x+1)(x-3)=0$　$x=-1$，3　$x=3$を①に代入して，$y=3^2=9$　したがって，D(3，9)

重要 (3) (四角形OADB)=△OAB+△DAB=$\frac{1}{2}\times2\times1+\frac{1}{2}\times2\times(9-1)=1+8=9$　直線$y=bx$と直線BCとの交点をEとすると，△OBE=$\frac{9}{2}$　点Eのx座標をeとすると，△OBE=$\frac{1}{2}\times3\times(1+e)=\frac{3(1+e)}{2}$　$\frac{3(1+e)}{2}=\frac{9}{2}$から，$3(1+e)=9$　$1+e=3$　$e=2$　これを⑤に代入して，$y=2\times2+3=7$　よって，E(2，7)　これを$y=bx$に代入して，$7=2b$　$b=\frac{7}{2}$

[3] (平面図形の計量問題—面積)

基本 (1) EP=EB=2AEから，△AEPは30°，60°，90°型の直角三角形となる。よって，$\mathrm{AP}=\sqrt{3}\mathrm{AE}=\sqrt{3}(\sqrt{3}+1)=3+\sqrt{3}=\sqrt{3}+3$(cm)

重要 (2) $\mathrm{BC}=\mathrm{AD}=\mathrm{AP}+\mathrm{PD}=\mathrm{AP}+\mathrm{DC}=\mathrm{AP}+\mathrm{AB}=\sqrt{3}+3+3(\sqrt{3}+1)=4\sqrt{3}+6$　$\angle\mathrm{BEF}=\frac{180-60}{2}=60$　よって，△EBFは∠BEF=60°の直角三角形になるので，$\mathrm{BF}=\sqrt{3}\mathrm{EB}=\sqrt{3}\times2(\sqrt{3}+1)=6+2\sqrt{3}$　$\mathrm{PQ}=\mathrm{FC}=\mathrm{BC}-\mathrm{BF}=4\sqrt{3}+6-(6+2\sqrt{3})=2\sqrt{3}$(cm)

やや難 (3) 直線PQとEF，BFとの交点をR，Sとする。$\mathrm{PE}=2\mathrm{AE}=2\sqrt{3}+2$　△PERは正三角形になるから，$\triangle\mathrm{PER}=\frac{1}{2}\times(2\sqrt{3}+2)\times(2\sqrt{3}+2)\times\frac{\sqrt{3}}{2}=4\sqrt{3}+6$　点GからPSへ垂線GHを引くと，△GQHは∠GQH=30°の直角三角形，△SGHは直角二等辺三角形になるので，GH=xとすると，QSの長さの関係から，$\sqrt{3}x+x=3\sqrt{3}+3-2\sqrt{3}=\sqrt{3}+3$　$(\sqrt{3}+1)x=\sqrt{3}+3$　$x=\frac{\sqrt{3}+3}{\sqrt{3}+1}=\frac{(\sqrt{3}+3)(\sqrt{3}-1)}{(\sqrt{3}+1)(\sqrt{3}-1)}=\frac{3+2\sqrt{3}-3}{3-1}=\frac{2\sqrt{3}}{2}=\sqrt{3}$　$\triangle\mathrm{GQR}=\frac{1}{2}\times\mathrm{QR}\times\mathrm{GH}=\frac{1}{2}\times(2\sqrt{3}+2-2\sqrt{3})\times\sqrt{3}=\sqrt{3}$　よって，求める面積は，$\triangle\mathrm{PER}+\triangle\mathrm{GQR}=4\sqrt{3}+6+\sqrt{3}=5\sqrt{3}+6$(cm^2)

[4] (空間図形の計量問題—表面積，三平方の定理，体積)

基本 (1) 四面体ACFHは一辺の長さが$2\sqrt{2}$の正四面体になる。一つの面は一辺の長さが$2\sqrt{2}$の正三角形になるから，求める表面積は，$\frac{1}{2}\times2\sqrt{2}\times2\sqrt{2}\times\frac{\sqrt{3}}{2}\times4=8\sqrt{3}$(cm^2)

(2) △CFHの重心をPとするとAPが求める垂線の長さになる。$\mathrm{CP}=2\sqrt{2}\times\frac{\sqrt{3}}{2}\times\frac{2}{3}=\frac{2\sqrt{6}}{3}$

△ACPにおいて三平方の定理を用いると，$\mathrm{AP}=\sqrt{\mathrm{AC}^2-\mathrm{CP}^2}=\sqrt{(2\sqrt{2})^2-\left(\frac{2\sqrt{6}}{3}\right)^2}=\sqrt{8-\frac{24}{9}}=\sqrt{\frac{48}{9}}=\frac{4\sqrt{3}}{3}$(cm)

重要 (3)　球の中心OはAP上にある。球の半径をrとすると，$OP=AP-AO=\frac{4\sqrt{3}}{3}-r$　$OC=r$　$CP=\frac{2\sqrt{6}}{3}$　直角三角形OCPにおいて三平方の定理を用いると，$OC^2=OP^2+CP^2$　$r^2=\left(\frac{4\sqrt{3}}{3}-r\right)^2+\left(\frac{2\sqrt{6}}{3}\right)^2$　$r^2=\frac{16}{3}-\frac{8\sqrt{3}}{3}r+r^2+\frac{8}{3}$　$\frac{8\sqrt{3}}{3}r=8$　$r=8\times\frac{3}{8\sqrt{3}}=\frac{3}{\sqrt{3}}=\sqrt{3}$　よって，球の体積は，$\frac{4}{3}\pi\times(\sqrt{3})^3=4\sqrt{3}\pi$ (cm^3)

★ワンポイントアドバイス★

[4] (2)で，立方体に内接する四面体の体積から，垂線を求めることもできる。正四面体の体積は，$2^3-\frac{1}{3}\times\frac{1}{2}\times2\times2\times2\times4=\frac{8}{3}$　$\frac{1}{3}\times2\sqrt{3}\times x=\frac{8}{3}$から，$x=\frac{4\sqrt{3}}{3}$(cm)

＜英語解答＞

Ⅰ　1 ③　2 ①　3 ④　4 ①　5 ②　6 ③

Ⅱ　[A] 7 ⑧　8 ⑦　9 ④　10 ①　11 ⓪　12 ⑥　13 ⑤
　[B] 14 ⑥　15 ⑦　16 ②　17 ④　[C] ①，④

Ⅲ　[A] ④　[B] ④　[C] ①　[D] ②　[E] ③　[F] ③　[G] ④
　[H] ①　[I] ③，⑤　[J] ②

Ⅳ　[A] 1 ①　2 ③　3 ③　4 ②　5 ①
　[B] 1 ④　2 ①　3 ③　4 ①　5 ③

Ⅴ　1 ②，⑥　2 ⑦，④　3 ②，⑦　4 ③，⑥　5 ④，⑤

Ⅵ　1 ③　2 ②　3 ②

Ⅶ　54 ②　55 ④　56 ⑥　57 ③

○推定配点○

Ⅱ[C]，Ⅲ[I]　各1点×4　他　各2点×48　計100点

＜英語解説＞

基本 Ⅰ (語句補充)

1 against ～「～に反して」
2 engineer「技術者」
3 graduate「卒業する」
4 truth「真実」
5 import「輸入する」
6 serious「深刻な」

重要 Ⅱ (長文読解・物語文：語句解釈，語句補充，語句整序，要旨把握，内容吟味)

(全訳) 今日，テイラー・スウィフトは世界で最も人気のある歌手の一人であり，ファッション雑誌の表紙モデルでもある。しかし，彼女はいつもそれほど人気があったわけではない。

テイラー・スウィフトは，11歳のときにペンシルベニアでカントリーミュージックを歌い始めた。カントリーミュージックは，通常，大人が楽しむアメリカの古い音楽だ。たぶん，これが彼女の学校の他の子供たちがカントリーミュージックを歌うのがおかしいと思った理由である。時間が経つにつれて，友人は彼女と話すのを7やめた。

ある日，彼女は友人の多くをショッピングセンターに招待したが，全員が忙しいと言った。それで，テイラーは母親と一緒に行った。彼女らがそこに8着いたとき，テイラーなしで一緒に買い物をしているすべての女の子を見た。その後すぐに，テイラーは一人で学校で昼食を食べ始めた。

テイラーは両親に，多くのカントリーシンガーやミュージシャンが働いているテネシー州の都市ナッシュビルを9連れて行くように頼んだ。彼女の両親は，彼女に夢をかなえ10させるのを手伝うためにそこに移ることに決めた。テイラーの両親は，彼女が成功できると信じていた。14歳で，彼女は大手音楽会社であるRCAレコードと契約を結んだ。

RCAは，テイラーに大人になる11まで他の人の歌を歌ってもらいたいと考えた。テイラーはこれを好まなかった。彼女は彼女の人生と彼女が付き合った少年たちについての彼女自身の歌を書き，歌いたかった。レコード会社は，国の古いファンが10代の少女が彼女の人生12について話すのを聞きたいとは思わなかった。

テイラーはRCAを去り，レコードをリリースした小規模なレコード会社に加わった。彼女の音楽は，ティーンエイジャーや年長のカントリーミュージックファンに非常に人気があった。すぐに，テイラーは主要なポップスターとみなされ，通常カントリーを聴かない若い人たちも彼女の音楽を愛した。

ある日，彼女はコンサートをするためにペンシルベニアに戻った。彼女の古い学校の女の子たちがコンサートに来て，彼女に会えて13興奮していた。彼女らは彼女をスターのように扱い，中学校で彼女と話すのをやめたことを忘れていたようだ。テイラーは彼女の人生が変わったことに気づいた。

[A]　7　stop ~ing「~するのをやめる」

8　get to ~「~に到着する」 there は「そこに」という意味なので，to は不要。

9　〈ask ＋人＋ to ~〉「人に~するように頼む」

10　〈help ＋人＋原形〉「人が~するのを助ける」

11　until ~「~まで」

12　〈hear ＋人＋原形〉「人が~するのを聞く」

13　be excited to ~「~して興奮する」

[B]　14　テイラースウィフトは世界で最も人気のある歌手の一人である。major「一流の」

15　カントリーミュージックを歌うことをおかしいと思われたので，一人で昼食を食べていた。

16　テイラーは多くのカントリーミュージックの歌手が働いていたナッシュビルに移った。

17　テイラーは自分の歌いたい歌を歌うことで，成功したのである。

[C]　①「テイラーの古い友人は，ショッピングセンターに行くには忙しすぎると言って彼女に嘘をついた」 第3段落第1文参照。友人たちは忙しいと言っていたので適切。 ②「テイラーは11歳のときにナッシュビルでカントリーミュージックを歌い始めた」 11歳のとき，ペンシルベニアで歌い始めたので不適切。 ③「ナッシュビルは，カントリーミュージックの歌手がほとんど見られない都市だ」 第4段落第1文参照。ナッシュビルはカントリーミュージックを歌う人が多くいた土地なので不適切。 ④「RCAはテイラーに自分の人生について歌わせたくなかった」 第5段落最終文参照。RCAは，ファンはテイラーの人生について聞きたいとは思っていなかったので適切。 ⑤「テイラーはRCAを去り，年上のファンのために曲を書くことができた」 第6

段落第2文参照。ティーンエイジャーにも人気になったので不適切。　⑥「彼女はコンサートをするためにペンシルベニアに戻ることはない」 第7段落第1文参照。ペンシルベニアに戻ってコンサートを開いたので不適切。

Ⅲ (長文読解・説明文:アクセント，指示語，語句補充，語句解釈，要旨把握，内容吟味)

(全訳) ①カレンダーは非常に古い。古代には人々はカレンダーを持っていた。当時，4つの重要な人々のグループがあった。農民，教会の男性，商人，そして王の家族だ。②彼らは皆，季節について知る必要があった。季節の変化を理解することは，彼らにとって非常に重要だった。農民は自分の畑に作物を植えるために季節を知る必要があった。教会の男性もカレンダーが必要だった。彼らは休日の日を知りたかった。カレンダーは，人々が重要な日を思い出すのに役立つ。もちろん，商人と国王も彼らのビジネスのためにカレンダーを必要としていた。

カレンダーは③どのように始まったのか？④賢明な人々は星と月を研究した。彼らはビジネスや農業の人々を助けるためにカレンダーを作った。彼らは星から始めた。星は季節を伝える。農民は星と星の変化を見た。星の集団は春と共に来る。そして農民は，種を植える時だと理解した。

月は農民にとっても重要だった。農民は月のない夜を探した。農民は満月の間の夜の数をマークした。彼らは⑤パターンを見ることができた。29 1/2日ごとに新月がある。彼らは月に2つの満月の間の時間を呼んだ。1年は12か月だった。ただし，29 1/2×12は354日(29.5×12＝354)に相当する！そして，年(地球が太陽の周りをすべて回る時間)は365 1/4日だ。そのため，毎年11 1/4日の差があった。月のカレンダーは問題を引き起こした。

今日，英語圏では異なるカレンダーが使用されている。12か月ある。7か月には31日がある。4か月には30日がある。また，2月には3年間で28日間，1年間で29日間がある。したがって，⑥4年のうち3年が365日のカレンダーがある。366日のある年を⑦うるう年と呼ぶ。1年に52週間がある。1年に4つの季節がある。カレンダーの色にも意味がある。平日は黒で，休日は赤だ。赤は特別な日だ。人々は毎日カレンダーを使用している。

[A] ①は第二アクセント，②は第三アクセント，③は第二アクセントとなる。

[B] 「彼ら」に当てはまるものは，「農民，教会の男性，商人，王の家族」である。

[C] How「どのように」を用いる。

[D] wise「かしこい，賢明な」という意味なので，clever が適切。

[E] 「パターン」はこの後に書いてある「29日と2分の1日ごとに新月がある」を指す。

[F] out of ～「～の中から」となるので，three years out of four「4年の中から3年」となる。

[G] Leap Year は2月が29日あり，1年が366日になる年のことである。

[H] この後，平日は黒，休日は赤と書いてあるので，「色」が適切。

[I] ①「古代の人々は季節の変化を知っていたが，彼らはまだカレンダーを持っていなかった」第1段落第2文参照。古代からカレンダーを持っていたので不適切。　②「商人は最初に星と月を研究するためにカレンダーを発明した」 第2段落第2文参照。カレンダーを発明するために，星と月を研究したので不適切。　③「農民たちは星を見ることでいつ種をまくかを知っていた」第2段落第7文，第8文参照。星を見て春が来るのを判断したので適切。　④「農民は，1週間に何日夜があったかを数えた」 第3段落第3文参照。農民は，満月と満月の間の夜の数を数えたので不適切。　⑤「英語圏では，月のカレンダーを使用しなくなった」 第4段落第1文参照。英語圏の国では，1か月に31日ある異なるカレンダーを使用したので適切。　⑥「英語圏の国では，カレンダーに特別な休日が黒で表示される」 第4段落第11文参照。休日は赤で表示されるため不適切。

[J] カレンダーがどのように作られたのかという歴史について書かれた文章である。

Ⅳ (語句補充・正誤問題：感嘆文，前置詞，疑問文，不定詞，接続詞，分詞)

基本 [A] 1 感嘆文は〈what ＋(a)＋形容詞＋名詞～！〉の語順になる。
2 〈look ＋過去分詞〉「～に見える」
3 above～「～の上方に」
4 How often で回数をたずねる疑問文になる。
5 〈where to ～〉「どこへ～したらいいか」

基本 [B] 1 時制の一致で would が正しい。
重要 2 〈形容詞＋ enough to ～〉「～するのに十分…」
3 〈pick ＋人＋ up〉「人を迎えに行く」
重要 4 人の性質を表す形容詞の場合には，前置詞は of を用いる。
5 keep ＋ A ＋～ing「Aに～させておく」

Ⅴ (語句整序問題：受動態，分詞，不定詞，関係代名詞，比較)

1 Little attention was paid to his (works at that time.) pay attention to ～「～に注意を払う」の受動態の形である。

やや難 2 (Among) six persons killed in the accident was a policeman(.) killed in the accident は前の名詞を修飾する分詞の形容詞的用法である。

3 (He) showed the child which bus to take(.) 〈which ＋名詞＋ to ～〉「どの…を～したらいいか」

4 This is the house I lived in (ten years ago.) I lived in ten years ago は前の名詞を修飾する接触節である。

5 (Everyone) is expecting to finish the work as soon as (possible.) as soon as possible「できるだけ早く」

基本 Ⅵ (資料問題)

1 平山先生夫妻は，15歳と13歳の生徒を連れて，南国市を訪れている。3 day pass を購入するのに，大人$90×2と，子ども $45×2 の費用がかかる。
2 家族の場合は，子どもの人数は何人でもいいので，5 day pass は$280かかる。
3 空港接続列車の往復送迎はあるが，空港からホテルまでは使用することができないので不適切。

Ⅶ (長文読解・会話文：文補充)

(全訳) メアリー：あそこの小さな子供たちを見て。彼らはスマートフォンを使用しているわ！

アダムス：日本はスマートフォンの使用者の国です。過去数年にわたり，携帯電話会社は若い人たちに電話を販売し始めたよね。54これらの企業は，新しい顧客を引き付けようとしているよ。

メアリー：私は本当に携帯電話会社のことがわからないわ。子供は，スマートフォンを使用するのに十分な大人ではありません。

アダムス：本当に？ 55子供に自分の携帯電話を与えるのは良い考えだと思うよ。親はいつでも自分の子供がどこにいるかを知ることができます。また，子どもたちは困ったときに電話をかけることができます。

メアリー：子どもたちの生活をシンプルにしておく方がよいわよ。彼らはあまりにも早く成長しています。小学生と中学生はスマートフォンを必要としてないわ。子供たちは，両親のお金を犠牲にしています。それはもったいないでしょう。子供はスマートフォンを持ってはいけません。

アダムス：どうして？私たちは子供たちと簡単に連絡を取ることができます。私たちにとっても彼らにとっても安全だと思います。しかし，多くの親が費用に不安を抱いているのは事実です。56<u>とにかく，彼らは子供にスマートフォンを与える責任を負わなければなりません</u>。

メアリー：あなたが教師であり，クラスの一部の生徒が授業中にスマートフォンで遊んでいると想像して。この問題をどのように解決する？

アダムス：私は彼らにマナーを含めてスマートフォンを使用する方法を教えるね。57<u>また，私は若者にそれらを誤用しないように指導するよ</u>。

メアリー：ねえ，アダムスは何をしているの？私があなたに話している間，あなたのスマートフォンを使わないでよ！最初に自分のスマートフォンを手に入れたときに，どのように使用するように教えられたか思い出して！

54　前後で携帯電話会社の話をしていることから判断できる。

55　アダムスはこの後，携帯電話を持つことの利点を話している。

56　携帯電話を子どもに与えるといい点もあるが，責任を持つように述べている。

57　メアリーが話している「問題」を解決する方法を述べていることから判断する。

★ワンポイントアドバイス★

長文読解問題，会話文問題，適語補充問題，語句整序問題など，幅広い知識が問われている。また，問題数も多いため，すばやく解き必要がある。過去問や問題集を用いて，慣れるようにしたい。

＜国語解答＞

一　問一　（ア）③　（イ）①　（ウ）②　（エ）②　（オ）④　問二　③
問三　①　問四　④　問五　②　問六　②　問七　③

二　問一　④　問二　①　問三　②　問四　②　問五　③　問六　③　問七　④

三　問一　（ア）④　（イ）①　問二　①　問三　③　問四　②　問五　①
問六　③　問七　④

四　問一　（ア）②　（イ）②　（ウ）④　（エ）①　問二　③　問三　③
問四　①　問五　④　問六　④　問七　①

○推定配点○

一　各2点×11　　二　問一～問六　各3点×6　　問七　5点

三　問一～問六　各3点×7　　問七　4点　　四　各3点×10　　計100点

＜国語解説＞

一　（漢字の読み書き，画数，熟語，品詞・用法，文学史）

問一　（ア）「旋風」は，突然起こって，その社会に大きな影響を与えるような出来事。③「旋律」は，メロディー。①「洗練」は，あかぬけたものにすること。②「遷都」は，都を他の土地に移すこと。④「鮮烈」は，鮮やかで激しい様子。　（イ）「抵触」は，規則や法律にふれること。①「抵抗」は，外から加わる力や権力をはねのけようとすること。②「露呈」は，あらわになること。③「提携」は，共同で物事を行うこと。④「固定」は，ある物の位置・形・状態が一定で動かないこと。　(ウ)「利潤」は，総収入から経費を差し引いた残り。もうけ。②「潤沢」は，豊富にあること。①「遵(順)守」は，法律・教え・言いつけなどに従い，それを守ること。③「巡業」は，あちこち興行してまわること。④「準拠」は，ある標準的なものをよりどころとしてそれに従うこと。　(エ)「朗読」は，声を出して読み上げること。②「朗報」は，うれしい事柄を知らせる通知。①「翻弄」は，思うままにもてあそぶこと。③「回廊」は，建物の外側を取り巻くように作った長い廊下。④「漏電」は，電気器具や電線の絶縁が不完全なため，流れてはいけない部分に電流が漏れ流れること。　(オ)「開催」は，会・式典・催し物などを開き行うこと。④「催促」は，早くするように要求すること。①「仲裁」は，争いの間に入って仲直りをさせること。②「掲載」は，新聞・雑誌などに載せること。③「祭儀」は，神仏をまつる儀式。

やや難 問二　「な」の部分で切って二文にするとよい。「来日したばかりだ。」「それなのに，日本語がお上手ですね。」と分けられる。「な」は，断定の助動詞「だ」の連体形で，助詞「の」「ので」「のに」に連なる場合にだけ用いられ，体言が続くことはない。

問三　「天衣無縫」は，天人の衣には縫い目のような作られたあとがないということ。そこから，作られたような飾り気がなく，無邪気であることという意味が生まれた。

基本 問四　部首「しんにょう」は三画。「袁」は十画。①「郭」は，部首「おおざと」が三画。「享」は八画。十一画。②「弾」は，部首の「ゆみへん」が三画。「単」は九画。十二画。③「緑」は，部首「いとへん」が六画。「录」が八画。十四画。

問五　②『たけくらべ』は，1895年(明治28)に発表された樋口一葉の代表作。①『金色夜叉』は1897年(明治35)に発表された尾崎紅葉の代表作。③『高瀬舟』は，1916年(大正5)に発表された森鷗外の作品。④『それから』は，1909年(明治42)に発表された夏目漱石の作品。

基本 問六　旧暦の月名は1月から順に，睦月(むつき)・如月(きさらぎ)・弥生(やよい)・卯月(うづき)・皐月(さつき)・水無月(みなづき)・文月(ふみづき)・葉月(はづき)・長月(ながつき)・神無月(かんなづき)・霜月(しもつき)・師走(しわす)。

問七　「寧ろ鶏口と為るも，牛後と為る無かれ」は，大きな団体や組織の中で使われるよりも，小さな団体の長となるほうがよい，という意味。「鶏口」はにわとりの口，「牛後」は牛の尻の意味。

二 **(論説文一要旨，内容吟味，文脈把握，脱語補充)**

やや難 問一　「巨大な知的装置として機能する」ものは，「人間のいわば外部記憶装置(＝人間の脳機能を補助するためのもの)としてのグローバルなネットワーク(＝世界規模で構築された巨大な情報網)」である。そのネットワークに「わたしたちはインターネットによって，自分の脳のなかに蓄積されていない知識や情報に手元のスマートフォンから直接アクセスできるようになっ」て活用できるのである。

基本 問二　「音声入力」によって生まれる錯覚であることに注意する。スマートフォンに音声で話しかけると答えてくれることによって，スマートフォンをひとりの人間(＝一個の人格)であるかのような錯覚に陥ってしまうのである。

問三　直後では，本による出版の形式を「書き手は自分の考えを文字で表し，それをインクと紙という物質・物体に具現化する」とある。そして，「購入した人が読んだとき初めて，コミュニケーションが成立する。ただ，このコミュケーションは一方向である」とある。続く段落では，SNSについて「情報の受け手は，即座に情報の発信者となって，双方向の情報交換が可能になる……受け手はたちどころに情報を多数の他者へ発信する主体に変化する。情報は簡単に拡散してゆく」とある。「自分の考えを具現化」「相手に伝えるだけ(＝一方向)」「書かれた言葉が一人歩き(＝情報の拡散)」とある②があてはまる。

問四 「フロネーシス」は，「これにしよう」という意志決定にかかわる能力である。筆者は，「人工知能が自律的に判断し，選択することができるようになると……一種のフロネーシスのようにも見える」と説明している。これは，人工知能による人工疑似フロネーシスであり，その具体例は②である。

問五 傍線部は，東日本大震災は現代科学の技術ではどうにもならないことがあるということを示した，ということである。「想定外」は，現代科学の技術で予測できることを超えていること。「神話」は，根拠もなく絶対的なものと信じられている事柄ということである。東日本大震災以前の科学者は，科学を根拠もなく絶対的なものと信じ，現代科学の技術で予測できるから，どんな自然災害が起きても対応できると考えていたが，東日本大震災はそのような考え方を否定しないわけにはいかないことを教えてくれたというのである。

問六 問五と関連した問いである。「現代に生きる人間の条件と限界の自覚を促している」のは，「汝自身を知れ(＝あなた自身について知りなさい)」，「驕ることなかれ(＝思い上がってはいけない)」という言葉である。「人間という存在が抱えている制約」とは，人間はなんでもできる(＝全知全能)というわけではないということ。それを自覚して(＝「汝自身を知れ」)思い上がってはいけないというのである。つまり，③で述べているように，人間は東日本大震災以前の科学者のようであってはならず，「この上なく思慮深くあるべきである」というのである。

重要 問七 問一・問三・問四でとらえた内容が「IT技術の人間社会における影響力」についての説明である。そして，問五・問六でとらえた内容が「科学技術を操る人間は未来に向けてどのような自覚を持って意思決定していったらよいのか」ということである。そして，問六でとらえた「わたしたちは，この上なく思慮深くあるべきである」という筆者の考えをわかりやすく示すために，古代ギリシアの悲劇『オイディプス王』を引用している。

三 (小説一情景・心情，内容吟味，語句の意味，慣用句)

基本 問一 (ア) 「剣呑」は，あぶなっかしい様子。千帆と希衣が言い争っている姿が「あぶなっかしく，先行きに不安を覚える様子」なのである。 (イ) 「濁す」は，曖昧にする，ぼかしてごまかすの意味がある。「相手は……」とあるように，恵梨香ははっきりとは言わずに「言葉を濁した」のである。

問二 「息を呑む」は，一瞬，非常におどろくの意味。希衣は，千帆が自分の言い分をちゃんと聞こうとせず，「なんで希衣は不機嫌になってるの」「ライバルって」というように，カヌー競技で速さを競っている当事者としての意識に乏しいことに驚き，いら立ち，怒りに変わろうとしているのである。

問三 カヌー競技に熱心な希衣とそうでない千帆の会話を聞いている舞奈が，千帆をどうとらえているかを読み取る。「白い爪先部分が全くない」千帆の爪を見た舞奈は，農園部での活動についても考えている千帆の姿をとらえて「千帆にとってはカヌーだけが生活の全てではないのかもしれない」と思ったのである。

基本 問四 「あんぐりと口を開ける」は，驚いたりあきれたりして口を大きく開けた様子を表している。あらすじにあるように，千帆と希衣は小学生の頃からペアを組んでいる。その「信頼で結ばれた二人の関係よりも」，希衣は「千帆と湧別さんが組めば，インハイ優勝だってありえると私は思っている」と言って，「個々の競技力だけを重視する」考えを示している。その希衣の考えに，千帆は驚きあきれている。

問五 問二・問四でとらえたように，千帆と希衣には小学生の頃からペアを組んでいるという背景もあって，競技に人間関係がからんでいる。恵梨香が「二人から目を逸らしたまま」なのは，自分を第三者的な立場に置き，二人の人間関係に関わりたくないという意思と，純粋に競技にだけ関心があることを示そうとしているからである。

やや難 問六　千帆の「希衣が追ってる理想の私に，今の私はなれないから。希衣の夢は，私にはちょっと重すぎるよ」という言葉は，希衣が示した「千帆への期待が彼女の負担になっていたこと」を言い表すとともに，恵梨香と千帆が組んでインハイ優勝をねらうという希衣の幻想を打ち砕くものである。「柔らかな心臓が千帆の本音に貫かれている」というのは，千帆の言葉によって，希衣が自責(＝千帆に負担をかけていたことを申し訳なく思うこと)と悲哀(＝共有していると思っていた夢を拒絶されて寂しさを感じていること)を味わっているということである。

重要 問七　千帆の言葉と行動を追っていくと，「『もうすぐ駅だね』と明るく言った」「ペアだけがカヌーの全てじゃない」「今年ダメでも来年がある。その頃には息が合うようになってるかもしれない」「窓の外から手を振る」とある。この言葉と行動からは，④の心情を読み取ることができる。①は，「希衣に対して先輩としてのあり方を示そうとしている」が誤り。千帆と希衣はともに高校二年生である。また，千帆の会話の相手は希衣ではなく恵梨香である。②は，「語調を強めて，はっきりとした態度を示すこと」が誤り。「しっかりとした口ぶり」とはあるが，強い語調でもなく，はっきりした態度でもない。③は，千帆の会話の相手は希衣ではなく恵梨香なので誤り。

四　(古文一主題，内容吟味，文脈把握，語句の意味，口語訳，文学史)

〈口語訳〉　いかに初学者だとはいっても，学問を志すほどの者であるなら，まったく無垢の子どもの心ではないのだから，それぞれの身分において自分から関心を持っている事柄は必ずあるものである。また，人それぞれに好き嫌いがある。また，生まれつき向いている分野と向いていない分野があるものであるのに，好きでないこと向いていないことをしたのでは，同じように努力をしても，成果を得ることは少ない。

また，どんな学問にせよ，学び方の順番も，決まりきった考え方によって「こうすればいい」と指示して教えるのは，簡単なことであるけれども，その指示して教えるようにして，果たしてよいものだろうか，また予想外にそれでは悪いものになるのではないだろうか，本当に知るのが難しいことであれば，これも無理には決められない行為であって，本当にただその人の考えにまかせてよいのである。

つまり学問は，ただ年月長く飽きることなく怠けないで，励み務めることが重要で，学び方は，どのようであってもよく，さほどこだわることはない。どんなに学び方がよくても，怠けてしまって努力しなければ成果はない。

また，人の才能のあるなしによって，その(学問の)成果はとても異なるものだが，才能のあるなしは生まれつきのことであるので，自分の力ではどうにもならない。しかし，たいていは，才能のない人であっても，怠けずに努力さえすれば，それだけの成果はあるものである。

また，遅く学問を始めた人でも，努力し励めば，予想外に，成果を上げることもある。また，時間のない人も，予想外に，時間の多くある人よりも成果を上げるものである。

そうであるなら，才能の不足していることや，学ぶ時期の遅いことや，時間のないことによって，意気がくじけて(学問を)やめてしまってはいけない。とにもかくにも，努力さえすればできるものと心得るべきである。だいたい意気がくじけてしまうのは，学問には大いに避けることであるのだ。

やや難 問一　(ア)「つとめて」は，漢字で表記すれば「努めて」である。「早朝」の意味を表す「つとめて」は名詞。　(イ)「次第」は，順序の意味。現代でも「卒業式の式次第」などと使う。「学びやう」は，学び方の意味。現代でも「ものは言いよう(＝言い方)」などと使う。　(ウ)「詮ず」は，詳しく考えたり，説き明かしたりするの意味。そのようにして考えたところ，「つまり」ということ。　(エ)「ともしき」は，漢字で表記すると「乏しき」。不足しているの意味。

問二「思ひよれるすぢ」とは，「思ひ寄る方面の事柄」という意味。「思ひ寄る」は，心が引かれる，関心があるということ。

問三　「得ぬ事」と合わせて，「向き不向き」ということである。

問四　学び方について，決まったやり方に疑問を示して，それぞれの人に合わせるのがよいということを述べている。

問五　生まれつきの才能というものがあるので，それには努力は及ばないということ。

重要　問六　最後の段落に筆者の主張が述べられている。

基本　問七　「国学」は，日本の古典を研究し，日本古来の思想・精神を明らかにしようとする学問。本居宣長は代表的な国学者。『源氏物語玉の小櫛(おぐし)』などの著作がある。②「井原西鶴」は，江戸時代前期の浮世草子作家。代表作に『好色一代男』『日本永代蔵』などがある。③「小林一茶」は，江戸時代後期の俳人。代表作に『おらが春』がある。④「杉田玄白」は，江戸時代後期の蘭学者。『解体新書』を翻訳した。

★ワンポイントアドバイス★

論説文は，筆者の考えや主張について，文脈をたどって根拠とともに正確にとらえる。小説は，心情を表す表情や行動，会話を手がかりに状況や人物の内面の思いを正確に読み取る。古文は，書かれていることを正確にとらえて筆者の考えを読み取っていく。

大切なことはメモしておこう ネ！

解答用紙集

○月×日 △曜日　天気(合格日和)

◆ご利用のみなさまへ
＊解答用紙の公表を行っていない学校につきましては、弊社の責任において、解答用紙を制作いたしました。
＊編集上の理由により一部縮小掲載した解答用紙がございます。
＊編集上の理由により一部実物と異なる形式の解答用紙がございます。

人間の最も偉大な力とは、その一番の弱点を克服したところから生まれてくるものである。 ──カール・ヒルティ──

東京学参株式会社

日本大学習志野高等学校（1月17日）　2024年度　◇数学◇

※ 110%に拡大していただくと，解答欄は実物大になります。

問題		解答記号	解答記入欄（マーク）
[1]	(1)	ア	⊖ ⓪ ① ② ③ ④ ⑤ ⑥ ⑦ ⑧ ⑨
		イ	⊖ ⓪ ① ② ③ ④ ⑤ ⑥ ⑦ ⑧ ⑨
		ウ	⊖ ⓪ ① ② ③ ④ ⑤ ⑥ ⑦ ⑧ ⑨
	(2)	エ	⊖ ⓪ ① ② ③ ④ ⑤ ⑥ ⑦ ⑧ ⑨
		オ	⊖ ⓪ ① ② ③ ④ ⑤ ⑥ ⑦ ⑧ ⑨
	(3)	カ	⊖ ⓪ ① ② ③ ④ ⑤ ⑥ ⑦ ⑧ ⑨
		キ	⊖ ⓪ ① ② ③ ④ ⑤ ⑥ ⑦ ⑧ ⑨
		ク	⊖ ⓪ ① ② ③ ④ ⑤ ⑥ ⑦ ⑧ ⑨
		ケ	⊖ ⓪ ① ② ③ ④ ⑤ ⑥ ⑦ ⑧ ⑨
		コ	⊖ ⓪ ① ② ③ ④ ⑤ ⑥ ⑦ ⑧ ⑨
		サ	⊖ ⓪ ① ② ③ ④ ⑤ ⑥ ⑦ ⑧ ⑨
	(4)	シ	⊖ ⓪ ① ② ③ ④ ⑤ ⑥ ⑦ ⑧ ⑨
	(5)	ス	⊖ ⓪ ① ② ③ ④ ⑤ ⑥ ⑦ ⑧ ⑨
		セ	⊖ ⓪ ① ② ③ ④ ⑤ ⑥ ⑦ ⑧ ⑨
	(6)	ソ	⊖ ⓪ ① ② ③ ④ ⑤ ⑥ ⑦ ⑧ ⑨
		タ	⊖ ⓪ ① ② ③ ④ ⑤ ⑥ ⑦ ⑧ ⑨

問題		解答記号	解答記入欄（マーク）
[2]	(1)	ア	⊖ ⓪ ① ② ③ ④ ⑤ ⑥ ⑦ ⑧ ⑨
		イ	⊖ ⓪ ① ② ③ ④ ⑤ ⑥ ⑦ ⑧ ⑨
		ウ	⊖ ⓪ ① ② ③ ④ ⑤ ⑥ ⑦ ⑧ ⑨
		エ	⊖ ⓪ ① ② ③ ④ ⑤ ⑥ ⑦ ⑧ ⑨
		オ	⊖ ⓪ ① ② ③ ④ ⑤ ⑥ ⑦ ⑧ ⑨
		カ	⊖ ⓪ ① ② ③ ④ ⑤ ⑥ ⑦ ⑧ ⑨
	(2)	キ	⊖ ⓪ ① ② ③ ④ ⑤ ⑥ ⑦ ⑧ ⑨
		ク	⊖ ⓪ ① ② ③ ④ ⑤ ⑥ ⑦ ⑧ ⑨
	(3)	ケ	⊖ ⓪ ① ② ③ ④ ⑤ ⑥ ⑦ ⑧ ⑨
		コ	⊖ ⓪ ① ② ③ ④ ⑤ ⑥ ⑦ ⑧ ⑨
		サ	⊖ ⓪ ① ② ③ ④ ⑤ ⑥ ⑦ ⑧ ⑨
		シ	⊖ ⓪ ① ② ③ ④ ⑤ ⑥ ⑦ ⑧ ⑨
		ス	⊖ ⓪ ① ② ③ ④ ⑤ ⑥ ⑦ ⑧ ⑨
		セ	⊖ ⓪ ① ② ③ ④ ⑤ ⑥ ⑦ ⑧ ⑨

問題		解答記号	解答記入欄（マーク）
[3]	(1)	ア	⊖ ⓪ ① ② ③ ④ ⑤ ⑥ ⑦ ⑧ ⑨
		イ	⊖ ⓪ ① ② ③ ④ ⑤ ⑥ ⑦ ⑧ ⑨
		ウ	⊖ ⓪ ① ② ③ ④ ⑤ ⑥ ⑦ ⑧ ⑨
	(2)	エ	⊖ ⓪ ① ② ③ ④ ⑤ ⑥ ⑦ ⑧ ⑨
		オ	⊖ ⓪ ① ② ③ ④ ⑤ ⑥ ⑦ ⑧ ⑨
	(3)	カ	⊖ ⓪ ① ② ③ ④ ⑤ ⑥ ⑦ ⑧ ⑨
		キ	⊖ ⓪ ① ② ③ ④ ⑤ ⑥ ⑦ ⑧ ⑨
		ク	⊖ ⓪ ① ② ③ ④ ⑤ ⑥ ⑦ ⑧ ⑨

問題		解答記号	解答記入欄（マーク）
[4]	(1)	ア	⊖ ⓪ ① ② ③ ④ ⑤ ⑥ ⑦ ⑧ ⑨
		イ	⊖ ⓪ ① ② ③ ④ ⑤ ⑥ ⑦ ⑧ ⑨
		ウ	⊖ ⓪ ① ② ③ ④ ⑤ ⑥ ⑦ ⑧ ⑨
	(2)	エ	⊖ ⓪ ① ② ③ ④ ⑤ ⑥ ⑦ ⑧ ⑨
		オ	⊖ ⓪ ① ② ③ ④ ⑤ ⑥ ⑦ ⑧ ⑨
		カ	⊖ ⓪ ① ② ③ ④ ⑤ ⑥ ⑦ ⑧ ⑨
		キ	⊖ ⓪ ① ② ③ ④ ⑤ ⑥ ⑦ ⑧ ⑨
		ク	⊖ ⓪ ① ② ③ ④ ⑤ ⑥ ⑦ ⑧ ⑨
		ケ	⊖ ⓪ ① ② ③ ④ ⑤ ⑥ ⑦ ⑧ ⑨
		コ	⊖ ⓪ ① ② ③ ④ ⑤ ⑥ ⑦ ⑧ ⑨
		サ	⊖ ⓪ ① ② ③ ④ ⑤ ⑥ ⑦ ⑧ ⑨
		シ	⊖ ⓪ ① ② ③ ④ ⑤ ⑥ ⑦ ⑧ ⑨
		ス	⊖ ⓪ ① ② ③ ④ ⑤ ⑥ ⑦ ⑧ ⑨

記入上の注意

（1）この解答カードは，折ったり汚したりしないこと。
（2）ＨＢの黒鉛筆を使用し，マークすること。
（3）記入すべきこと以外は，絶対に書かないこと。
（4）マークを訂正するときは，プラスチック消しゴムを使用し，きれいに消すこと。
（5）消しくずは，きれいに取り除くこと。

マークのしかた	
よい例	わるい例
●	[illegible]

日本大学習志野高等学校(1月17日)　2024年度　◇英語◇

※ 119%に拡大していただくと，解答欄は実物大になります。

解答番号	解答記入欄（マーク）	解答番号	解答記入欄（マーク）
1	① ② ③ ④ ⑤ ⑥ ⑦ ⑧ ⑨ ⓪	26	① ② ③ ④ ⑤ ⑥ ⑦ ⑧ ⑨ ⓪
2	① ② ③ ④ ⑤ ⑥ ⑦ ⑧ ⑨ ⓪	27	① ② ③ ④ ⑤ ⑥ ⑦ ⑧ ⑨ ⓪
3	① ② ③ ④ ⑤ ⑥ ⑦ ⑧ ⑨ ⓪	28	① ② ③ ④ ⑤ ⑥ ⑦ ⑧ ⑨ ⓪
4	① ② ③ ④ ⑤ ⑥ ⑦ ⑧ ⑨ ⓪	29	① ② ③ ④ ⑤ ⑥ ⑦ ⑧ ⑨ ⓪
5	① ② ③ ④ ⑤ ⑥ ⑦ ⑧ ⑨ ⓪	30	① ② ③ ④ ⑤ ⑥ ⑦ ⑧ ⑨ ⓪
6	① ② ③ ④ ⑤ ⑥ ⑦ ⑧ ⑨ ⓪	31	① ② ③ ④ ⑤ ⑥ ⑦ ⑧ ⑨ ⓪
7	① ② ③ ④ ⑤ ⑥ ⑦ ⑧ ⑨ ⓪	32	① ② ③ ④ ⑤ ⑥ ⑦ ⑧ ⑨ ⓪
8	① ② ③ ④ ⑤ ⑥ ⑦ ⑧ ⑨ ⓪	33	① ② ③ ④ ⑤ ⑥ ⑦ ⑧ ⑨ ⓪
9	① ② ③ ④ ⑤ ⑥ ⑦ ⑧ ⑨ ⓪	34	① ② ③ ④ ⑤ ⑥ ⑦ ⑧ ⑨ ⓪
10	① ② ③ ④ ⑤ ⑥ ⑦ ⑧ ⑨ ⓪	35	① ② ③ ④ ⑤ ⑥ ⑦ ⑧ ⑨ ⓪
11	① ② ③ ④ ⑤ ⑥ ⑦ ⑧ ⑨ ⓪	36	① ② ③ ④ ⑤ ⑥ ⑦ ⑧ ⑨ ⓪
12	① ② ③ ④ ⑤ ⑥ ⑦ ⑧ ⑨ ⓪	37	① ② ③ ④ ⑤ ⑥ ⑦ ⑧ ⑨ ⓪
13	① ② ③ ④ ⑤ ⑥ ⑦ ⑧ ⑨ ⓪	38	① ② ③ ④ ⑤ ⑥ ⑦ ⑧ ⑨ ⓪
14	① ② ③ ④ ⑤ ⑥ ⑦ ⑧ ⑨ ⓪	39	① ② ③ ④ ⑤ ⑥ ⑦ ⑧ ⑨ ⓪
15	① ② ③ ④ ⑤ ⑥ ⑦ ⑧ ⑨ ⓪	40	① ② ③ ④ ⑤ ⑥ ⑦ ⑧ ⑨ ⓪
16	① ② ③ ④ ⑤ ⑥ ⑦ ⑧ ⑨ ⓪	41	① ② ③ ④ ⑤ ⑥ ⑦ ⑧ ⑨ ⓪
17	① ② ③ ④ ⑤ ⑥ ⑦ ⑧ ⑨ ⓪	42	① ② ③ ④ ⑤ ⑥ ⑦ ⑧ ⑨ ⓪
18	① ② ③ ④ ⑤ ⑥ ⑦ ⑧ ⑨ ⓪	43	① ② ③ ④ ⑤ ⑥ ⑦ ⑧ ⑨ ⓪
19	① ② ③ ④ ⑤ ⑥ ⑦ ⑧ ⑨ ⓪	44	① ② ③ ④ ⑤ ⑥ ⑦ ⑧ ⑨ ⓪
20	① ② ③ ④ ⑤ ⑥ ⑦ ⑧ ⑨ ⓪	45	① ② ③ ④ ⑤ ⑥ ⑦ ⑧ ⑨ ⓪
21	① ② ③ ④ ⑤ ⑥ ⑦ ⑧ ⑨ ⓪	46	① ② ③ ④ ⑤ ⑥ ⑦ ⑧ ⑨ ⓪
22	① ② ③ ④ ⑤ ⑥ ⑦ ⑧ ⑨ ⓪	47	① ② ③ ④ ⑤ ⑥ ⑦ ⑧ ⑨ ⓪
23	① ② ③ ④ ⑤ ⑥ ⑦ ⑧ ⑨ ⓪	48	① ② ③ ④ ⑤ ⑥ ⑦ ⑧ ⑨ ⓪
24	① ② ③ ④ ⑤ ⑥ ⑦ ⑧ ⑨ ⓪	49	① ② ③ ④ ⑤ ⑥ ⑦ ⑧ ⑨ ⓪
25	① ② ③ ④ ⑤ ⑥ ⑦ ⑧ ⑨ ⓪	50	① ② ③ ④ ⑤ ⑥ ⑦ ⑧ ⑨ ⓪

記入上の注意

(1)この解答カードは、折ったり汚したりしないこと。
(2)HBの黒鉛筆を使用し、マークすること。
(3)記入すべきこと以外は、絶対に書かないこと。
(4)マークを訂正するときは、プラスチック消しゴムを使用し、きれいに消すこと。
(5)消しくずは、きれいに取り除くこと。

マークのしかた	
よい例	わるい例

日本大学習志野高等学校（1月17日）　2024年度　◇国語◇

※解答欄は実物大になります。

解答番号	解答記入欄（マーク）
1	① ② ③ ④ ⑤ ⑥ ⑦ ⑧ ⑨ ⓪
2	① ② ③ ④ ⑤ ⑥ ⑦ ⑧ ⑨ ⓪
3	① ② ③ ④ ⑤ ⑥ ⑦ ⑧ ⑨ ⓪
4	① ② ③ ④ ⑤ ⑥ ⑦ ⑧ ⑨ ⓪
5	① ② ③ ④ ⑤ ⑥ ⑦ ⑧ ⑨ ⓪
6	① ② ③ ④ ⑤ ⑥ ⑦ ⑧ ⑨ ⓪
7	① ② ③ ④ ⑤ ⑥ ⑦ ⑧ ⑨ ⓪
8	① ② ③ ④ ⑤ ⑥ ⑦ ⑧ ⑨ ⓪
9	① ② ③ ④ ⑤ ⑥ ⑦ ⑧ ⑨ ⓪
10	① ② ③ ④ ⑤ ⑥ ⑦ ⑧ ⑨ ⓪
11	① ② ③ ④ ⑤ ⑥ ⑦ ⑧ ⑨ ⓪
12	① ② ③ ④ ⑤ ⑥ ⑦ ⑧ ⑨ ⓪
13	① ② ③ ④ ⑤ ⑥ ⑦ ⑧ ⑨ ⓪
14	① ② ③ ④ ⑤ ⑥ ⑦ ⑧ ⑨ ⓪
15	① ② ③ ④ ⑤ ⑥ ⑦ ⑧ ⑨ ⓪
16	① ② ③ ④ ⑤ ⑥ ⑦ ⑧ ⑨ ⓪
17	① ② ③ ④ ⑤ ⑥ ⑦ ⑧ ⑨ ⓪
18	① ② ③ ④ ⑤ ⑥ ⑦ ⑧ ⑨ ⓪
19	① ② ③ ④ ⑤ ⑥ ⑦ ⑧ ⑨ ⓪
20	① ② ③ ④ ⑤ ⑥ ⑦ ⑧ ⑨ ⓪

解答番号	解答記入欄（マーク）
21	① ② ③ ④ ⑤ ⑥ ⑦ ⑧ ⑨ ⓪
22	① ② ③ ④ ⑤ ⑥ ⑦ ⑧ ⑨ ⓪
23	① ② ③ ④ ⑤ ⑥ ⑦ ⑧ ⑨ ⓪
24	① ② ③ ④ ⑤ ⑥ ⑦ ⑧ ⑨ ⓪
25	① ② ③ ④ ⑤ ⑥ ⑦ ⑧ ⑨ ⓪
26	① ② ③ ④ ⑤ ⑥ ⑦ ⑧ ⑨ ⓪
27	① ② ③ ④ ⑤ ⑥ ⑦ ⑧ ⑨ ⓪
28	① ② ③ ④ ⑤ ⑥ ⑦ ⑧ ⑨ ⓪
29	① ② ③ ④ ⑤ ⑥ ⑦ ⑧ ⑨ ⓪
30	① ② ③ ④ ⑤ ⑥ ⑦ ⑧ ⑨ ⓪
31	① ② ③ ④ ⑤ ⑥ ⑦ ⑧ ⑨ ⓪
32	① ② ③ ④ ⑤ ⑥ ⑦ ⑧ ⑨ ⓪

記入上の注意

（1）この解答カードは、折ったり汚したりしないこと。
（2）ＨＢの黒鉛筆を使用し、マークすること。
（3）記入すべきこと以外は、絶対に書かないこと。
（4）マークを訂正するときは、プラスチック消しゴムを使用し、きれいに消すこと。
（5）消しくずは、きれいに取り除くこと。

マークのしかた	
よい例	わるい例
●	（わるい例のマーク）

日本大学習志野高等学校　2023年度

◇数学◇

※ 109%に拡大していただくと，解答欄は実物大になります。

問題	解答記号		解答記入欄（マーク）
[1]	(1)	ア	⊖ ⓪ ① ② ③ ④ ⑤ ⑥ ⑦ ⑧ ⑨
		イ	⊖ ⓪ ① ② ③ ④ ⑤ ⑥ ⑦ ⑧ ⑨
	(2)	ウ	⊖ ⓪ ① ② ③ ④ ⑤ ⑥ ⑦ ⑧ ⑨
		エ	⊖ ⓪ ① ② ③ ④ ⑤ ⑥ ⑦ ⑧ ⑨
		オ	⊖ ⓪ ① ② ③ ④ ⑤ ⑥ ⑦ ⑧ ⑨
		カ	⊖ ⓪ ① ② ③ ④ ⑤ ⑥ ⑦ ⑧ ⑨
		キ	⊖ ⓪ ① ② ③ ④ ⑤ ⑥ ⑦ ⑧ ⑨
		ク	⊖ ⓪ ① ② ③ ④ ⑤ ⑥ ⑦ ⑧ ⑨
	(3)	ケ	⊖ ⓪ ① ② ③ ④ ⑤ ⑥ ⑦ ⑧ ⑨
		コ	⊖ ⓪ ① ② ③ ④ ⑤ ⑥ ⑦ ⑧ ⑨
		サ	⊖ ⓪ ① ② ③ ④ ⑤ ⑥ ⑦ ⑧ ⑨
		シ	⊖ ⓪ ① ② ③ ④ ⑤ ⑥ ⑦ ⑧ ⑨
	(4)	ス	⊖ ⓪ ① ② ③ ④ ⑤ ⑥ ⑦ ⑧ ⑨
		セ	⊖ ⓪ ① ② ③ ④ ⑤ ⑥ ⑦ ⑧ ⑨
	(5)	ソ	⊖ ⓪ ① ② ③ ④ ⑤ ⑥ ⑦ ⑧ ⑨
		タ	⊖ ⓪ ① ② ③ ④ ⑤ ⑥ ⑦ ⑧ ⑨
	(6)	チ	⊖ ⓪ ① ② ③ ④ ⑤ ⑥ ⑦ ⑧ ⑨
		ツ	⊖ ⓪ ① ② ③ ④ ⑤ ⑥ ⑦ ⑧ ⑨

問題	解答記号		解答記入欄（マーク）
[2]	(1)	ア	⊖ ⓪ ① ② ③ ④ ⑤ ⑥ ⑦ ⑧ ⑨
		イ	⊖ ⓪ ① ② ③ ④ ⑤ ⑥ ⑦ ⑧ ⑨
	(2)	ウ	⊖ ⓪ ① ② ③ ④ ⑤ ⑥ ⑦ ⑧ ⑨
	(3)	エ	⊖ ⓪ ① ② ③ ④ ⑤ ⑥ ⑦ ⑧ ⑨
		オ	⊖ ⓪ ① ② ③ ④ ⑤ ⑥ ⑦ ⑧ ⑨
		カ	⊖ ⓪ ① ② ③ ④ ⑤ ⑥ ⑦ ⑧ ⑨
		キ	⊖ ⓪ ① ② ③ ④ ⑤ ⑥ ⑦ ⑧ ⑨
	(4)	ク	⊖ ⓪ ① ② ③ ④ ⑤ ⑥ ⑦ ⑧ ⑨
		ケ	⊖ ⓪ ① ② ③ ④ ⑤ ⑥ ⑦ ⑧ ⑨

問題	解答記号		解答記入欄（マーク）
[3]	(1)	ア	⊖ ⓪ ① ② ③ ④ ⑤ ⑥ ⑦ ⑧ ⑨
		イ	⊖ ⓪ ① ② ③ ④ ⑤ ⑥ ⑦ ⑧ ⑨
		ウ	⊖ ⓪ ① ② ③ ④ ⑤ ⑥ ⑦ ⑧ ⑨
	(2)	エ	⊖ ⓪ ① ② ③ ④ ⑤ ⑥ ⑦ ⑧ ⑨
		オ	⊖ ⓪ ① ② ③ ④ ⑤ ⑥ ⑦ ⑧ ⑨
	(3)	カ	⊖ ⓪ ① ② ③ ④ ⑤ ⑥ ⑦ ⑧ ⑨
		キ	⊖ ⓪ ① ② ③ ④ ⑤ ⑥ ⑦ ⑧ ⑨

問題	解答記号		解答記入欄（マーク）
[4]	(1)	ア	⊖ ⓪ ① ② ③ ④ ⑤ ⑥ ⑦ ⑧ ⑨
	(2)	イ	⊖ ⓪ ① ② ③ ④ ⑤ ⑥ ⑦ ⑧ ⑨
		ウ	⊖ ⓪ ① ② ③ ④ ⑤ ⑥ ⑦ ⑧ ⑨
		エ	⊖ ⓪ ① ② ③ ④ ⑤ ⑥ ⑦ ⑧ ⑨
		オ	⊖ ⓪ ① ② ③ ④ ⑤ ⑥ ⑦ ⑧ ⑨
		カ	⊖ ⓪ ① ② ③ ④ ⑤ ⑥ ⑦ ⑧ ⑨
		キ	⊖ ⓪ ① ② ③ ④ ⑤ ⑥ ⑦ ⑧ ⑨
		ク	⊖ ⓪ ① ② ③ ④ ⑤ ⑥ ⑦ ⑧ ⑨
		ケ	⊖ ⓪ ① ② ③ ④ ⑤ ⑥ ⑦ ⑧ ⑨
		コ	⊖ ⓪ ① ② ③ ④ ⑤ ⑥ ⑦ ⑧ ⑨

記入上の注意

（1）この解答カードは，折ったり汚したりしないこと。
（2）HBの黒鉛筆を使用し，マークすること。
（3）記入すべきこと以外は，絶対に書かないこと。
（4）マークを訂正するときは，プラスチック消しゴムを使用し，きれいに消すこと。
（5）消しくずは，きれいに取り除くこと。

マークのしかた	
よい例	わるい例

日本大学習志野高等学校　　2023年度　　◇英語◇

※ 120%に拡大していただくと，解答欄は実物大になります。

解答番号	解答記入欄（マーク）	解答番号	解答記入欄（マーク）
1	① ② ③ ④ ⑤ ⑥ ⑦ ⑧ ⑨ ⓪	26	① ② ③ ④ ⑤ ⑥ ⑦ ⑧ ⑨ ⓪
2	① ② ③ ④ ⑤ ⑥ ⑦ ⑧ ⑨ ⓪	27	① ② ③ ④ ⑤ ⑥ ⑦ ⑧ ⑨ ⓪
3	① ② ③ ④ ⑤ ⑥ ⑦ ⑧ ⑨ ⓪	28	① ② ③ ④ ⑤ ⑥ ⑦ ⑧ ⑨ ⓪
4	① ② ③ ④ ⑤ ⑥ ⑦ ⑧ ⑨ ⓪	29	① ② ③ ④ ⑤ ⑥ ⑦ ⑧ ⑨ ⓪
5	① ② ③ ④ ⑤ ⑥ ⑦ ⑧ ⑨ ⓪	30	① ② ③ ④ ⑤ ⑥ ⑦ ⑧ ⑨ ⓪
6	① ② ③ ④ ⑤ ⑥ ⑦ ⑧ ⑨ ⓪	31	① ② ③ ④ ⑤ ⑥ ⑦ ⑧ ⑨ ⓪
7	① ② ③ ④ ⑤ ⑥ ⑦ ⑧ ⑨ ⓪	32	① ② ③ ④ ⑤ ⑥ ⑦ ⑧ ⑨ ⓪
8	① ② ③ ④ ⑤ ⑥ ⑦ ⑧ ⑨ ⓪	33	① ② ③ ④ ⑤ ⑥ ⑦ ⑧ ⑨ ⓪
9	① ② ③ ④ ⑤ ⑥ ⑦ ⑧ ⑨ ⓪	34	① ② ③ ④ ⑤ ⑥ ⑦ ⑧ ⑨ ⓪
10	① ② ③ ④ ⑤ ⑥ ⑦ ⑧ ⑨ ⓪	35	① ② ③ ④ ⑤ ⑥ ⑦ ⑧ ⑨ ⓪
11	① ② ③ ④ ⑤ ⑥ ⑦ ⑧ ⑨ ⓪	36	① ② ③ ④ ⑤ ⑥ ⑦ ⑧ ⑨ ⓪
12	① ② ③ ④ ⑤ ⑥ ⑦ ⑧ ⑨ ⓪	37	① ② ③ ④ ⑤ ⑥ ⑦ ⑧ ⑨ ⓪
13	① ② ③ ④ ⑤ ⑥ ⑦ ⑧ ⑨ ⓪	38	① ② ③ ④ ⑤ ⑥ ⑦ ⑧ ⑨ ⓪
14	① ② ③ ④ ⑤ ⑥ ⑦ ⑧ ⑨ ⓪	39	① ② ③ ④ ⑤ ⑥ ⑦ ⑧ ⑨ ⓪
15	① ② ③ ④ ⑤ ⑥ ⑦ ⑧ ⑨ ⓪	40	① ② ③ ④ ⑤ ⑥ ⑦ ⑧ ⑨ ⓪
16	① ② ③ ④ ⑤ ⑥ ⑦ ⑧ ⑨ ⓪	41	① ② ③ ④ ⑤ ⑥ ⑦ ⑧ ⑨ ⓪
17	① ② ③ ④ ⑤ ⑥ ⑦ ⑧ ⑨ ⓪	42	① ② ③ ④ ⑤ ⑥ ⑦ ⑧ ⑨ ⓪
18	① ② ③ ④ ⑤ ⑥ ⑦ ⑧ ⑨ ⓪	43	① ② ③ ④ ⑤ ⑥ ⑦ ⑧ ⑨ ⓪
19	① ② ③ ④ ⑤ ⑥ ⑦ ⑧ ⑨ ⓪	44	① ② ③ ④ ⑤ ⑥ ⑦ ⑧ ⑨ ⓪
20	① ② ③ ④ ⑤ ⑥ ⑦ ⑧ ⑨ ⓪	45	① ② ③ ④ ⑤ ⑥ ⑦ ⑧ ⑨ ⓪
21	① ② ③ ④ ⑤ ⑥ ⑦ ⑧ ⑨ ⓪	46	① ② ③ ④ ⑤ ⑥ ⑦ ⑧ ⑨ ⓪
22	① ② ③ ④ ⑤ ⑥ ⑦ ⑧ ⑨ ⓪	47	① ② ③ ④ ⑤ ⑥ ⑦ ⑧ ⑨ ⓪
23	① ② ③ ④ ⑤ ⑥ ⑦ ⑧ ⑨ ⓪	48	① ② ③ ④ ⑤ ⑥ ⑦ ⑧ ⑨ ⓪
24	① ② ③ ④ ⑤ ⑥ ⑦ ⑧ ⑨ ⓪	49	① ② ③ ④ ⑤ ⑥ ⑦ ⑧ ⑨ ⓪
25	① ② ③ ④ ⑤ ⑥ ⑦ ⑧ ⑨ ⓪	50	① ② ③ ④ ⑤ ⑥ ⑦ ⑧ ⑨ ⓪

記入上の注意

（1）この解答カードは、折ったり汚したりしないこと。
（2）ＨＢの黒鉛筆を使用し、マークすること。
（3）記入すべきこと以外は、絶対に書かないこと。
（4）マークを訂正するときは、プラスチック消しゴムを使用し、きれいに消すこと。
（5）消しくずは、きれいに取り除くこと。

マークのしかた	
よい例	わるい例
●	◐ ⦶ ⊗ ◑

日本大学習志野高等学校　2023年度

◇国語◇

※解答欄は実物大になります。

解答番号	解答記入欄（マーク）
1	① ② ③ ④ ⑤ ⑥ ⑦ ⑧ ⑨ ⓪
2	① ② ③ ④ ⑤ ⑥ ⑦ ⑧ ⑨ ⓪
3	① ② ③ ④ ⑤ ⑥ ⑦ ⑧ ⑨ ⓪
4	① ② ③ ④ ⑤ ⑥ ⑦ ⑧ ⑨ ⓪
5	① ② ③ ④ ⑤ ⑥ ⑦ ⑧ ⑨ ⓪
6	① ② ③ ④ ⑤ ⑥ ⑦ ⑧ ⑨ ⓪
7	① ② ③ ④ ⑤ ⑥ ⑦ ⑧ ⑨ ⓪
8	① ② ③ ④ ⑤ ⑥ ⑦ ⑧ ⑨ ⓪
9	① ② ③ ④ ⑤ ⑥ ⑦ ⑧ ⑨ ⓪
10	① ② ③ ④ ⑤ ⑥ ⑦ ⑧ ⑨ ⓪
11	① ② ③ ④ ⑤ ⑥ ⑦ ⑧ ⑨ ⓪
12	① ② ③ ④ ⑤ ⑥ ⑦ ⑧ ⑨ ⓪
13	① ② ③ ④ ⑤ ⑥ ⑦ ⑧ ⑨ ⓪
14	① ② ③ ④ ⑤ ⑥ ⑦ ⑧ ⑨ ⓪
15	① ② ③ ④ ⑤ ⑥ ⑦ ⑧ ⑨ ⓪
16	① ② ③ ④ ⑤ ⑥ ⑦ ⑧ ⑨ ⓪
17	① ② ③ ④ ⑤ ⑥ ⑦ ⑧ ⑨ ⓪
18	① ② ③ ④ ⑤ ⑥ ⑦ ⑧ ⑨ ⓪
19	① ② ③ ④ ⑤ ⑥ ⑦ ⑧ ⑨ ⓪
20	① ② ③ ④ ⑤ ⑥ ⑦ ⑧ ⑨ ⓪

解答番号	解答記入欄（マーク）
21	① ② ③ ④ ⑤ ⑥ ⑦ ⑧ ⑨ ⓪
22	① ② ③ ④ ⑤ ⑥ ⑦ ⑧ ⑨ ⓪
23	① ② ③ ④ ⑤ ⑥ ⑦ ⑧ ⑨ ⓪
24	① ② ③ ④ ⑤ ⑥ ⑦ ⑧ ⑨ ⓪
25	① ② ③ ④ ⑤ ⑥ ⑦ ⑧ ⑨ ⓪
26	① ② ③ ④ ⑤ ⑥ ⑦ ⑧ ⑨ ⓪
27	① ② ③ ④ ⑤ ⑥ ⑦ ⑧ ⑨ ⓪
28	① ② ③ ④ ⑤ ⑥ ⑦ ⑧ ⑨ ⓪
29	① ② ③ ④ ⑤ ⑥ ⑦ ⑧ ⑨ ⓪
30	① ② ③ ④ ⑤ ⑥ ⑦ ⑧ ⑨ ⓪
31	① ② ③ ④ ⑤ ⑥ ⑦ ⑧ ⑨ ⓪
32	① ② ③ ④ ⑤ ⑥ ⑦ ⑧ ⑨ ⓪
33	① ② ③ ④ ⑤ ⑥ ⑦ ⑧ ⑨ ⓪
34	① ② ③ ④ ⑤ ⑥ ⑦ ⑧ ⑨ ⓪
35	① ② ③ ④ ⑤ ⑥ ⑦ ⑧ ⑨ ⓪
36	① ② ③ ④ ⑤ ⑥ ⑦ ⑧ ⑨ ⓪

記入上の注意

（1）この解答カードは、折ったり汚したりしないこと。
（2）ＨＢの黒鉛筆を使用し、マークすること。
（3）記入すべきこと以外は、絶対に書かないこと。
（4）マークを訂正するときは、プラスチック消しゴムを使用し、きれいに消すこと。
（5）消しくずは、きれいに取り除くこと。

マークのしかた	
よい例	わるい例
●	（図）

日本大学習志野高等学校　2022年度

◇数学◇

※ 118%に拡大していただくと，解答欄は実物大になります。

問題	解答記号		解答記入欄（マーク）
[1]	(1)	ア	⊖ ⓪ ① ② ③ ④ ⑤ ⑥ ⑦ ⑧ ⑨
		イ	⊖ ⓪ ① ② ③ ④ ⑤ ⑥ ⑦ ⑧ ⑨
	(2)	ウ	⊖ ⓪ ① ② ③ ④ ⑤ ⑥ ⑦ ⑧ ⑨
		エ	⊖ ⓪ ① ② ③ ④ ⑤ ⑥ ⑦ ⑧ ⑨
	(3)	オ	⊖ ⓪ ① ② ③ ④ ⑤ ⑥ ⑦ ⑧ ⑨
		カ	⊖ ⓪ ① ② ③ ④ ⑤ ⑥ ⑦ ⑧ ⑨
	(4)	キ	⊖ ⓪ ① ② ③ ④ ⑤ ⑥ ⑦ ⑧ ⑨
		ク	⊖ ⓪ ① ② ③ ④ ⑤ ⑥ ⑦ ⑧ ⑨
		ケ	⊖ ⓪ ① ② ③ ④ ⑤ ⑥ ⑦ ⑧ ⑨
	(5)	コ	⊖ ⓪ ① ② ③ ④ ⑤ ⑥ ⑦ ⑧ ⑨
		サ	⊖ ⓪ ① ② ③ ④ ⑤ ⑥ ⑦ ⑧ ⑨
		シ	⊖ ⓪ ① ② ③ ④ ⑤ ⑥ ⑦ ⑧ ⑨
		ス	⊖ ⓪ ① ② ③ ④ ⑤ ⑥ ⑦ ⑧ ⑨
		セ	⊖ ⓪ ① ② ③ ④ ⑤ ⑥ ⑦ ⑧ ⑨
		ソ	⊖ ⓪ ① ② ③ ④ ⑤ ⑥ ⑦ ⑧ ⑨
	(6)	タ	⊖ ⓪ ① ② ③ ④ ⑤ ⑥ ⑦ ⑧ ⑨
		チ	⊖ ⓪ ① ② ③ ④ ⑤ ⑥ ⑦ ⑧ ⑨
		ツ	⊖ ⓪ ① ② ③ ④ ⑤ ⑥ ⑦ ⑧ ⑨
		テ	⊖ ⓪ ① ② ③ ④ ⑤ ⑥ ⑦ ⑧ ⑨

問題	解答記号		解答記入欄（マーク）
[2]	(1)	ア	⊖ ⓪ ① ② ③ ④ ⑤ ⑥ ⑦ ⑧ ⑨
		イ	⊖ ⓪ ① ② ③ ④ ⑤ ⑥ ⑦ ⑧ ⑨
		ウ	⊖ ⓪ ① ② ③ ④ ⑤ ⑥ ⑦ ⑧ ⑨
		エ	⊖ ⓪ ① ② ③ ④ ⑤ ⑥ ⑦ ⑧ ⑨
		オ	⊖ ⓪ ① ② ③ ④ ⑤ ⑥ ⑦ ⑧ ⑨
		カ	⊖ ⓪ ① ② ③ ④ ⑤ ⑥ ⑦ ⑧ ⑨
		キ	⊖ ⓪ ① ② ③ ④ ⑤ ⑥ ⑦ ⑧ ⑨
		ク	⊖ ⓪ ① ② ③ ④ ⑤ ⑥ ⑦ ⑧ ⑨
	(2)	ケ	⊖ ⓪ ① ② ③ ④ ⑤ ⑥ ⑦ ⑧ ⑨
		コ	⊖ ⓪ ① ② ③ ④ ⑤ ⑥ ⑦ ⑧ ⑨
	(3)	サ	⊖ ⓪ ① ② ③ ④ ⑤ ⑥ ⑦ ⑧ ⑨
		シ	⊖ ⓪ ① ② ③ ④ ⑤ ⑥ ⑦ ⑧ ⑨

問題	解答記号		解答記入欄（マーク）
[3]	(1)	ア	⊖ ⓪ ① ② ③ ④ ⑤ ⑥ ⑦ ⑧ ⑨
		イ	⊖ ⓪ ① ② ③ ④ ⑤ ⑥ ⑦ ⑧ ⑨
	(2)	ウ	⊖ ⓪ ① ② ③ ④ ⑤ ⑥ ⑦ ⑧ ⑨
		エ	⊖ ⓪ ① ② ③ ④ ⑤ ⑥ ⑦ ⑧ ⑨
		オ	⊖ ⓪ ① ② ③ ④ ⑤ ⑥ ⑦ ⑧ ⑨
		カ	⊖ ⓪ ① ② ③ ④ ⑤ ⑥ ⑦ ⑧ ⑨
	(3)	キ	⊖ ⓪ ① ② ③ ④ ⑤ ⑥ ⑦ ⑧ ⑨
		ク	⊖ ⓪ ① ② ③ ④ ⑤ ⑥ ⑦ ⑧ ⑨
		ケ	⊖ ⓪ ① ② ③ ④ ⑤ ⑥ ⑦ ⑧ ⑨
		コ	⊖ ⓪ ① ② ③ ④ ⑤ ⑥ ⑦ ⑧ ⑨

問題	解答記号		解答記入欄（マーク）
[4]	(1)	ア	⊖ ⓪ ① ② ③ ④ ⑤ ⑥ ⑦ ⑧ ⑨
		イ	⊖ ⓪ ① ② ③ ④ ⑤ ⑥ ⑦ ⑧ ⑨
		ウ	⊖ ⓪ ① ② ③ ④ ⑤ ⑥ ⑦ ⑧ ⑨
		エ	⊖ ⓪ ① ② ③ ④ ⑤ ⑥ ⑦ ⑧ ⑨
		オ	⊖ ⓪ ① ② ③ ④ ⑤ ⑥ ⑦ ⑧ ⑨
		カ	⊖ ⓪ ① ② ③ ④ ⑤ ⑥ ⑦ ⑧ ⑨
		キ	⊖ ⓪ ① ② ③ ④ ⑤ ⑥ ⑦ ⑧ ⑨
		ク	⊖ ⓪ ① ② ③ ④ ⑤ ⑥ ⑦ ⑧ ⑨
		ケ	⊖ ⓪ ① ② ③ ④ ⑤ ⑥ ⑦ ⑧ ⑨
	(2)	コ	⊖ ⓪ ① ② ③ ④ ⑤ ⑥ ⑦ ⑧ ⑨
		サ	⊖ ⓪ ① ② ③ ④ ⑤ ⑥ ⑦ ⑧ ⑨

記入上の注意

（1）この解答カードは，折ったり汚したりしないこと。
（2）ＨＢの黒鉛筆を使用し，マークすること。
（3）記入すべきこと以外は，絶対に書かないこと。
（4）マークを訂正するときは，プラスチック消しゴムを使用し，きれいに消すこと。
（5）消しくずは，きれいに取り除くこと。

マークのしかた	
よい例	わるい例

日本大学習志野高等学校　2022年度

◇英語◇

※ 120%に拡大していただくと，解答欄は実物大になります。

解答番号	解答記入欄（マーク）
1	① ② ③ ④ ⑤ ⑥ ⑦ ⑧ ⑨ ⓪
2	① ② ③ ④ ⑤ ⑥ ⑦ ⑧ ⑨ ⓪
3	① ② ③ ④ ⑤ ⑥ ⑦ ⑧ ⑨ ⓪
4	① ② ③ ④ ⑤ ⑥ ⑦ ⑧ ⑨ ⓪
5	① ② ③ ④ ⑤ ⑥ ⑦ ⑧ ⑨ ⓪
6	① ② ③ ④ ⑤ ⑥ ⑦ ⑧ ⑨ ⓪
7	① ② ③ ④ ⑤ ⑥ ⑦ ⑧ ⑨ ⓪
8	① ② ③ ④ ⑤ ⑥ ⑦ ⑧ ⑨ ⓪
9	① ② ③ ④ ⑤ ⑥ ⑦ ⑧ ⑨ ⓪
10	① ② ③ ④ ⑤ ⑥ ⑦ ⑧ ⑨ ⓪
11	① ② ③ ④ ⑤ ⑥ ⑦ ⑧ ⑨ ⓪
12	① ② ③ ④ ⑤ ⑥ ⑦ ⑧ ⑨ ⓪
13	① ② ③ ④ ⑤ ⑥ ⑦ ⑧ ⑨ ⓪
14	① ② ③ ④ ⑤ ⑥ ⑦ ⑧ ⑨ ⓪
15	① ② ③ ④ ⑤ ⑥ ⑦ ⑧ ⑨ ⓪
16	① ② ③ ④ ⑤ ⑥ ⑦ ⑧ ⑨ ⓪
17	① ② ③ ④ ⑤ ⑥ ⑦ ⑧ ⑨ ⓪
18	① ② ③ ④ ⑤ ⑥ ⑦ ⑧ ⑨ ⓪
19	① ② ③ ④ ⑤ ⑥ ⑦ ⑧ ⑨ ⓪
20	① ② ③ ④ ⑤ ⑥ ⑦ ⑧ ⑨ ⓪
21	① ② ③ ④ ⑤ ⑥ ⑦ ⑧ ⑨ ⓪
22	① ② ③ ④ ⑤ ⑥ ⑦ ⑧ ⑨ ⓪
23	① ② ③ ④ ⑤ ⑥ ⑦ ⑧ ⑨ ⓪
24	① ② ③ ④ ⑤ ⑥ ⑦ ⑧ ⑨ ⓪
25	① ② ③ ④ ⑤ ⑥ ⑦ ⑧ ⑨ ⓪

解答番号	解答記入欄（マーク）
26	① ② ③ ④ ⑤ ⑥ ⑦ ⑧ ⑨ ⓪
27	① ② ③ ④ ⑤ ⑥ ⑦ ⑧ ⑨ ⓪
28	① ② ③ ④ ⑤ ⑥ ⑦ ⑧ ⑨ ⓪
29	① ② ③ ④ ⑤ ⑥ ⑦ ⑧ ⑨ ⓪
30	① ② ③ ④ ⑤ ⑥ ⑦ ⑧ ⑨ ⓪
31	① ② ③ ④ ⑤ ⑥ ⑦ ⑧ ⑨ ⓪
32	① ② ③ ④ ⑤ ⑥ ⑦ ⑧ ⑨ ⓪
33	① ② ③ ④ ⑤ ⑥ ⑦ ⑧ ⑨ ⓪
34	① ② ③ ④ ⑤ ⑥ ⑦ ⑧ ⑨ ⓪
35	① ② ③ ④ ⑤ ⑥ ⑦ ⑧ ⑨ ⓪
36	① ② ③ ④ ⑤ ⑥ ⑦ ⑧ ⑨ ⓪
37	① ② ③ ④ ⑤ ⑥ ⑦ ⑧ ⑨ ⓪
38	① ② ③ ④ ⑤ ⑥ ⑦ ⑧ ⑨ ⓪
39	① ② ③ ④ ⑤ ⑥ ⑦ ⑧ ⑨ ⓪
40	① ② ③ ④ ⑤ ⑥ ⑦ ⑧ ⑨ ⓪
41	① ② ③ ④ ⑤ ⑥ ⑦ ⑧ ⑨ ⓪
42	① ② ③ ④ ⑤ ⑥ ⑦ ⑧ ⑨ ⓪
43	① ② ③ ④ ⑤ ⑥ ⑦ ⑧ ⑨ ⓪
44	① ② ③ ④ ⑤ ⑥ ⑦ ⑧ ⑨ ⓪
45	① ② ③ ④ ⑤ ⑥ ⑦ ⑧ ⑨ ⓪
46	① ② ③ ④ ⑤ ⑥ ⑦ ⑧ ⑨ ⓪
47	① ② ③ ④ ⑤ ⑥ ⑦ ⑧ ⑨ ⓪
48	① ② ③ ④ ⑤ ⑥ ⑦ ⑧ ⑨ ⓪
49	① ② ③ ④ ⑤ ⑥ ⑦ ⑧ ⑨ ⓪
50	① ② ③ ④ ⑤ ⑥ ⑦ ⑧ ⑨ ⓪

記入上の注意

（1）この解答カードは、折ったり汚したりしないこと。
（2）ＨＢの黒鉛筆を使用し、マークすること。
（3）記入すべきこと以外は、絶対に書かないこと。
（4）マークを訂正するときは、プラスチック消しゴムを使用し、きれいに消すこと。
（5）消しくずは、きれいに取り除くこと。

マークのしかた	
よい例	わるい例

日本大学習志野高等学校　2022年度

◇国語◇

※解答欄は実物大になります。

解答番号	解答記入欄（マーク）
1	① ② ③ ④ ⑤ ⑥ ⑦ ⑧ ⑨ ⓪
2	① ② ③ ④ ⑤ ⑥ ⑦ ⑧ ⑨ ⓪
3	① ② ③ ④ ⑤ ⑥ ⑦ ⑧ ⑨ ⓪
4	① ② ③ ④ ⑤ ⑥ ⑦ ⑧ ⑨ ⓪
5	① ② ③ ④ ⑤ ⑥ ⑦ ⑧ ⑨ ⓪
6	① ② ③ ④ ⑤ ⑥ ⑦ ⑧ ⑨ ⓪
7	① ② ③ ④ ⑤ ⑥ ⑦ ⑧ ⑨ ⓪
8	① ② ③ ④ ⑤ ⑥ ⑦ ⑧ ⑨ ⓪
9	① ② ③ ④ ⑤ ⑥ ⑦ ⑧ ⑨ ⓪
10	① ② ③ ④ ⑤ ⑥ ⑦ ⑧ ⑨ ⓪
11	① ② ③ ④ ⑤ ⑥ ⑦ ⑧ ⑨ ⓪
12	① ② ③ ④ ⑤ ⑥ ⑦ ⑧ ⑨ ⓪
13	① ② ③ ④ ⑤ ⑥ ⑦ ⑧ ⑨ ⓪
14	① ② ③ ④ ⑤ ⑥ ⑦ ⑧ ⑨ ⓪
15	① ② ③ ④ ⑤ ⑥ ⑦ ⑧ ⑨ ⓪
16	① ② ③ ④ ⑤ ⑥ ⑦ ⑧ ⑨ ⓪
17	① ② ③ ④ ⑤ ⑥ ⑦ ⑧ ⑨ ⓪
18	① ② ③ ④ ⑤ ⑥ ⑦ ⑧ ⑨ ⓪
19	① ② ③ ④ ⑤ ⑥ ⑦ ⑧ ⑨ ⓪
20	① ② ③ ④ ⑤ ⑥ ⑦ ⑧ ⑨ ⓪

解答番号	解答記入欄（マーク）
21	① ② ③ ④ ⑤ ⑥ ⑦ ⑧ ⑨ ⓪
22	① ② ③ ④ ⑤ ⑥ ⑦ ⑧ ⑨ ⓪
23	① ② ③ ④ ⑤ ⑥ ⑦ ⑧ ⑨ ⓪
24	① ② ③ ④ ⑤ ⑥ ⑦ ⑧ ⑨ ⓪
25	① ② ③ ④ ⑤ ⑥ ⑦ ⑧ ⑨ ⓪
26	① ② ③ ④ ⑤ ⑥ ⑦ ⑧ ⑨ ⓪
27	① ② ③ ④ ⑤ ⑥ ⑦ ⑧ ⑨ ⓪
28	① ② ③ ④ ⑤ ⑥ ⑦ ⑧ ⑨ ⓪
29	① ② ③ ④ ⑤ ⑥ ⑦ ⑧ ⑨ ⓪
30	① ② ③ ④ ⑤ ⑥ ⑦ ⑧ ⑨ ⓪
31	① ② ③ ④ ⑤ ⑥ ⑦ ⑧ ⑨ ⓪
32	① ② ③ ④ ⑤ ⑥ ⑦ ⑧ ⑨ ⓪
33	① ② ③ ④ ⑤ ⑥ ⑦ ⑧ ⑨ ⓪
34	① ② ③ ④ ⑤ ⑥ ⑦ ⑧ ⑨ ⓪
35	① ② ③ ④ ⑤ ⑥ ⑦ ⑧ ⑨ ⓪
36	① ② ③ ④ ⑤ ⑥ ⑦ ⑧ ⑨ ⓪
37	① ② ③ ④ ⑤ ⑥ ⑦ ⑧ ⑨ ⓪

記入上の注意

（1）この解答カードは、折ったり汚したりしないこと。
（2）ＨＢの黒鉛筆を使用し、マークすること。
（3）記入すべきこと以外は、絶対に書かないこと。
（4）マークを訂正するときは、プラスチック消しゴムを使用し、きれいに消すこと。
（5）消しくずは、きれいに取り除くこと。

マークのしかた	
よい例	わるい例

日本大学習志野高等学校　2021年度

◇数学◇

※120%に拡大していただくと，解答欄は実物大になります。

問題	解答記号		解答記入欄（マーク）
[1]	(1)	ア	⊖ ⓪ ① ② ③ ④ ⑤ ⑥ ⑦ ⑧ ⑨
		イ	⊖ ⓪ ① ② ③ ④ ⑤ ⑥ ⑦ ⑧ ⑨
		ウ	⊖ ⓪ ① ② ③ ④ ⑤ ⑥ ⑦ ⑧ ⑨
	(2)	エ	⊖ ⓪ ① ② ③ ④ ⑤ ⑥ ⑦ ⑧ ⑨
		オ	⊖ ⓪ ① ② ③ ④ ⑤ ⑥ ⑦ ⑧ ⑨
		カ	⊖ ⓪ ① ② ③ ④ ⑤ ⑥ ⑦ ⑧ ⑨
	(3)	キ	⊖ ⓪ ① ② ③ ④ ⑤ ⑥ ⑦ ⑧ ⑨
		ク	⊖ ⓪ ① ② ③ ④ ⑤ ⑥ ⑦ ⑧ ⑨
		ケ	⊖ ⓪ ① ② ③ ④ ⑤ ⑥ ⑦ ⑧ ⑨
	(4)	コ	⊖ ⓪ ① ② ③ ④ ⑤ ⑥ ⑦ ⑧ ⑨
		サ	⊖ ⓪ ① ② ③ ④ ⑤ ⑥ ⑦ ⑧ ⑨
		シ	⊖ ⓪ ① ② ③ ④ ⑤ ⑥ ⑦ ⑧ ⑨
	(5)	ス	⊖ ⓪ ① ② ③ ④ ⑤ ⑥ ⑦ ⑧ ⑨
		セ	⊖ ⓪ ① ② ③ ④ ⑤ ⑥ ⑦ ⑧ ⑨
	(6)	ソ	⊖ ⓪ ① ② ③ ④ ⑤ ⑥ ⑦ ⑧ ⑨
		タ	⊖ ⓪ ① ② ③ ④ ⑤ ⑥ ⑦ ⑧ ⑨

問題	解答記号		解答記入欄（マーク）
[2]	(1)	ア	⊖ ⓪ ① ② ③ ④ ⑤ ⑥ ⑦ ⑧ ⑨
		イ	⊖ ⓪ ① ② ③ ④ ⑤ ⑥ ⑦ ⑧ ⑨
		ウ	⊖ ⓪ ① ② ③ ④ ⑤ ⑥ ⑦ ⑧ ⑨
		エ	⊖ ⓪ ① ② ③ ④ ⑤ ⑥ ⑦ ⑧ ⑨
		オ	⊖ ⓪ ① ② ③ ④ ⑤ ⑥ ⑦ ⑧ ⑨
		カ	⊖ ⓪ ① ② ③ ④ ⑤ ⑥ ⑦ ⑧ ⑨
		キ	⊖ ⓪ ① ② ③ ④ ⑤ ⑥ ⑦ ⑧ ⑨
	(2)	ク	⊖ ⓪ ① ② ③ ④ ⑤ ⑥ ⑦ ⑧ ⑨
		ケ	⊖ ⓪ ① ② ③ ④ ⑤ ⑥ ⑦ ⑧ ⑨
	(3)	コ	⊖ ⓪ ① ② ③ ④ ⑤ ⑥ ⑦ ⑧ ⑨
		サ	⊖ ⓪ ① ② ③ ④ ⑤ ⑥ ⑦ ⑧ ⑨
		シ	⊖ ⓪ ① ② ③ ④ ⑤ ⑥ ⑦ ⑧ ⑨
		ス	⊖ ⓪ ① ② ③ ④ ⑤ ⑥ ⑦ ⑧ ⑨

問題	解答記号		解答記入欄（マーク）
[3]	(1)	ア	⊖ ⓪ ① ② ③ ④ ⑤ ⑥ ⑦ ⑧ ⑨
		イ	⊖ ⓪ ① ② ③ ④ ⑤ ⑥ ⑦ ⑧ ⑨
	(2)	ウ	⊖ ⓪ ① ② ③ ④ ⑤ ⑥ ⑦ ⑧ ⑨
		エ	⊖ ⓪ ① ② ③ ④ ⑤ ⑥ ⑦ ⑧ ⑨
	(3)	オ	⊖ ⓪ ① ② ③ ④ ⑤ ⑥ ⑦ ⑧ ⑨
		カ	⊖ ⓪ ① ② ③ ④ ⑤ ⑥ ⑦ ⑧ ⑨
		キ	⊖ ⓪ ① ② ③ ④ ⑤ ⑥ ⑦ ⑧ ⑨
		ク	⊖ ⓪ ① ② ③ ④ ⑤ ⑥ ⑦ ⑧ ⑨
		ケ	⊖ ⓪ ① ② ③ ④ ⑤ ⑥ ⑦ ⑧ ⑨

問題	解答記号		解答記入欄（マーク）
[4]	(1)	ア	⊖ ⓪ ① ② ③ ④ ⑤ ⑥ ⑦ ⑧ ⑨
		イ	⊖ ⓪ ① ② ③ ④ ⑤ ⑥ ⑦ ⑧ ⑨
		ウ	⊖ ⓪ ① ② ③ ④ ⑤ ⑥ ⑦ ⑧ ⑨
	(2)	エ	⊖ ⓪ ① ② ③ ④ ⑤ ⑥ ⑦ ⑧ ⑨
		オ	⊖ ⓪ ① ② ③ ④ ⑤ ⑥ ⑦ ⑧ ⑨
	(3)	カ	⊖ ⓪ ① ② ③ ④ ⑤ ⑥ ⑦ ⑧ ⑨
		キ	⊖ ⓪ ① ② ③ ④ ⑤ ⑥ ⑦ ⑧ ⑨
		ク	⊖ ⓪ ① ② ③ ④ ⑤ ⑥ ⑦ ⑧ ⑨
	(4)	ケ	⊖ ⓪ ① ② ③ ④ ⑤ ⑥ ⑦ ⑧ ⑨
		コ	⊖ ⓪ ① ② ③ ④ ⑤ ⑥ ⑦ ⑧ ⑨

マークのしかた	
よい例	わるい例
●	

日本大学習志野高等学校　2021年度

◇英語◇

※110%に拡大していただくと，解答欄は実物大になります。

解答番号	解答記入欄（マーク）
1	① ② ③ ④ ⑤ ⑥ ⑦ ⑧ ⑨ ⓪
2	① ② ③ ④ ⑤ ⑥ ⑦ ⑧ ⑨ ⓪
3	① ② ③ ④ ⑤ ⑥ ⑦ ⑧ ⑨ ⓪
4	① ② ③ ④ ⑤ ⑥ ⑦ ⑧ ⑨ ⓪
5	① ② ③ ④ ⑤ ⑥ ⑦ ⑧ ⑨ ⓪
6	① ② ③ ④ ⑤ ⑥ ⑦ ⑧ ⑨ ⓪
7	① ② ③ ④ ⑤ ⑥ ⑦ ⑧ ⑨ ⓪
8	① ② ③ ④ ⑤ ⑥ ⑦ ⑧ ⑨ ⓪
9	① ② ③ ④ ⑤ ⑥ ⑦ ⑧ ⑨ ⓪
10	① ② ③ ④ ⑤ ⑥ ⑦ ⑧ ⑨ ⓪
11	① ② ③ ④ ⑤ ⑥ ⑦ ⑧ ⑨ ⓪
12	① ② ③ ④ ⑤ ⑥ ⑦ ⑧ ⑨ ⓪
13	① ② ③ ④ ⑤ ⑥ ⑦ ⑧ ⑨ ⓪
14	① ② ③ ④ ⑤ ⑥ ⑦ ⑧ ⑨ ⓪
15	① ② ③ ④ ⑤ ⑥ ⑦ ⑧ ⑨ ⓪
16	① ② ③ ④ ⑤ ⑥ ⑦ ⑧ ⑨ ⓪
17	① ② ③ ④ ⑤ ⑥ ⑦ ⑧ ⑨ ⓪
18	① ② ③ ④ ⑤ ⑥ ⑦ ⑧ ⑨ ⓪
19	① ② ③ ④ ⑤ ⑥ ⑦ ⑧ ⑨ ⓪
20	① ② ③ ④ ⑤ ⑥ ⑦ ⑧ ⑨ ⓪

解答番号	解答記入欄（マーク）
21	① ② ③ ④ ⑤ ⑥ ⑦ ⑧ ⑨ ⓪
22	① ② ③ ④ ⑤ ⑥ ⑦ ⑧ ⑨ ⓪
23	① ② ③ ④ ⑤ ⑥ ⑦ ⑧ ⑨ ⓪
24	① ② ③ ④ ⑤ ⑥ ⑦ ⑧ ⑨ ⓪
25	① ② ③ ④ ⑤ ⑥ ⑦ ⑧ ⑨ ⓪
26	① ② ③ ④ ⑤ ⑥ ⑦ ⑧ ⑨ ⓪
27	① ② ③ ④ ⑤ ⑥ ⑦ ⑧ ⑨ ⓪
28	① ② ③ ④ ⑤ ⑥ ⑦ ⑧ ⑨ ⓪
29	① ② ③ ④ ⑤ ⑥ ⑦ ⑧ ⑨ ⓪
30	① ② ③ ④ ⑤ ⑥ ⑦ ⑧ ⑨ ⓪
31	① ② ③ ④ ⑤ ⑥ ⑦ ⑧ ⑨ ⓪
32	① ② ③ ④ ⑤ ⑥ ⑦ ⑧ ⑨ ⓪
33	① ② ③ ④ ⑤ ⑥ ⑦ ⑧ ⑨ ⓪
34	① ② ③ ④ ⑤ ⑥ ⑦ ⑧ ⑨ ⓪
35	① ② ③ ④ ⑤ ⑥ ⑦ ⑧ ⑨ ⓪
36	① ② ③ ④ ⑤ ⑥ ⑦ ⑧ ⑨ ⓪
37	① ② ③ ④ ⑤ ⑥ ⑦ ⑧ ⑨ ⓪
38	① ② ③ ④ ⑤ ⑥ ⑦ ⑧ ⑨ ⓪
39	① ② ③ ④ ⑤ ⑥ ⑦ ⑧ ⑨ ⓪
40	① ② ③ ④ ⑤ ⑥ ⑦ ⑧ ⑨ ⓪

解答番号	解答記入欄（マーク）
41	① ② ③ ④ ⑤ ⑥ ⑦ ⑧ ⑨ ⓪
42	① ② ③ ④ ⑤ ⑥ ⑦ ⑧ ⑨ ⓪
43	① ② ③ ④ ⑤ ⑥ ⑦ ⑧ ⑨ ⓪
44	① ② ③ ④ ⑤ ⑥ ⑦ ⑧ ⑨ ⓪
45	① ② ③ ④ ⑤ ⑥ ⑦ ⑧ ⑨ ⓪
46	① ② ③ ④ ⑤ ⑥ ⑦ ⑧ ⑨ ⓪
47	① ② ③ ④ ⑤ ⑥ ⑦ ⑧ ⑨ ⓪
48	① ② ③ ④ ⑤ ⑥ ⑦ ⑧ ⑨ ⓪
49	① ② ③ ④ ⑤ ⑥ ⑦ ⑧ ⑨ ⓪
50	① ② ③ ④ ⑤ ⑥ ⑦ ⑧ ⑨ ⓪
51	① ② ③ ④ ⑤ ⑥ ⑦ ⑧ ⑨ ⓪
52	① ② ③ ④ ⑤ ⑥ ⑦ ⑧ ⑨ ⓪
53	① ② ③ ④ ⑤ ⑥ ⑦ ⑧ ⑨ ⓪
54	① ② ③ ④ ⑤ ⑥ ⑦ ⑧ ⑨ ⓪
55	① ② ③ ④ ⑤ ⑥ ⑦ ⑧ ⑨ ⓪
56	① ② ③ ④ ⑤ ⑥ ⑦ ⑧ ⑨ ⓪
57	① ② ③ ④ ⑤ ⑥ ⑦ ⑧ ⑨ ⓪
58	① ② ③ ④ ⑤ ⑥ ⑦ ⑧ ⑨ ⓪
59	① ② ③ ④ ⑤ ⑥ ⑦ ⑧ ⑨ ⓪
60	① ② ③ ④ ⑤ ⑥ ⑦ ⑧ ⑨ ⓪

マークのしかた	
よい例	わるい例
●	

日本大学習志野高等学校　2021年度

◇国語◇

※110％に拡大していただくと，解答欄は実物大になります。

解答番号	解答記入欄（マーク）									
1	①	②	③	④	⑤	⑥	⑦	⑧	⑨	⓪
2	①	②	③	④	⑤	⑥	⑦	⑧	⑨	⓪
3	①	②	③	④	⑤	⑥	⑦	⑧	⑨	⓪
4	①	②	③	④	⑤	⑥	⑦	⑧	⑨	⓪
5	①	②	③	④	⑤	⑥	⑦	⑧	⑨	⓪
6	①	②	③	④	⑤	⑥	⑦	⑧	⑨	⓪
7	①	②	③	④	⑤	⑥	⑦	⑧	⑨	⓪
8	①	②	③	④	⑤	⑥	⑦	⑧	⑨	⓪
9	①	②	③	④	⑤	⑥	⑦	⑧	⑨	⓪
10	①	②	③	④	⑤	⑥	⑦	⑧	⑨	⓪
11	①	②	③	④	⑤	⑥	⑦	⑧	⑨	⓪
12	①	②	③	④	⑤	⑥	⑦	⑧	⑨	⓪
13	①	②	③	④	⑤	⑥	⑦	⑧	⑨	⓪
14	①	②	③	④	⑤	⑥	⑦	⑧	⑨	⓪
15	①	②	③	④	⑤	⑥	⑦	⑧	⑨	⓪
16	①	②	③	④	⑤	⑥	⑦	⑧	⑨	⓪
17	①	②	③	④	⑤	⑥	⑦	⑧	⑨	⓪
18	①	②	③	④	⑤	⑥	⑦	⑧	⑨	⓪
19	①	②	③	④	⑤	⑥	⑦	⑧	⑨	⓪
20	①	②	③	④	⑤	⑥	⑦	⑧	⑨	⓪

解答番号	解答記入欄（マーク）									
21	①	②	③	④	⑤	⑥	⑦	⑧	⑨	⓪
22	①	②	③	④	⑤	⑥	⑦	⑧	⑨	⓪
23	①	②	③	④	⑤	⑥	⑦	⑧	⑨	⓪
24	①	②	③	④	⑤	⑥	⑦	⑧	⑨	⓪
25	①	②	③	④	⑤	⑥	⑦	⑧	⑨	⓪
26	①	②	③	④	⑤	⑥	⑦	⑧	⑨	⓪
27	①	②	③	④	⑤	⑥	⑦	⑧	⑨	⓪
28	①	②	③	④	⑤	⑥	⑦	⑧	⑨	⓪
29	①	②	③	④	⑤	⑥	⑦	⑧	⑨	⓪
30	①	②	③	④	⑤	⑥	⑦	⑧	⑨	⓪
31	①	②	③	④	⑤	⑥	⑦	⑧	⑨	⓪
32	①	②	③	④	⑤	⑥	⑦	⑧	⑨	⓪
33	①	②	③	④	⑤	⑥	⑦	⑧	⑨	⓪
34	①	②	③	④	⑤	⑥	⑦	⑧	⑨	⓪
35	①	②	③	④	⑤	⑥	⑦	⑧	⑨	⓪
36	①	②	③	④	⑤	⑥	⑦	⑧	⑨	⓪
37	①	②	③	④	⑤	⑥	⑦	⑧	⑨	⓪
38	①	②	③	④	⑤	⑥	⑦	⑧	⑨	⓪
39	①	②	③	④	⑤	⑥	⑦	⑧	⑨	⓪
40	①	②	③	④	⑤	⑥	⑦	⑧	⑨	⓪

解答番号	解答記入欄（マーク）									
41	①	②	③	④	⑤	⑥	⑦	⑧	⑨	⓪
42	①	②	③	④	⑤	⑥	⑦	⑧	⑨	⓪
43	①	②	③	④	⑤	⑥	⑦	⑧	⑨	⓪
44	①	②	③	④	⑤	⑥	⑦	⑧	⑨	⓪
45	①	②	③	④	⑤	⑥	⑦	⑧	⑨	⓪
46	①	②	③	④	⑤	⑥	⑦	⑧	⑨	⓪
47	①	②	③	④	⑤	⑥	⑦	⑧	⑨	⓪
48	①	②	③	④	⑤	⑥	⑦	⑧	⑨	⓪
49	①	②	③	④	⑤	⑥	⑦	⑧	⑨	⓪
50	①	②	③	④	⑤	⑥	⑦	⑧	⑨	⓪
51	①	②	③	④	⑤	⑥	⑦	⑧	⑨	⓪
52	①	②	③	④	⑤	⑥	⑦	⑧	⑨	⓪
53	①	②	③	④	⑤	⑥	⑦	⑧	⑨	⓪
54	①	②	③	④	⑤	⑥	⑦	⑧	⑨	⓪
55	①	②	③	④	⑤	⑥	⑦	⑧	⑨	⓪
56	①	②	③	④	⑤	⑥	⑦	⑧	⑨	⓪
57	①	②	③	④	⑤	⑥	⑦	⑧	⑨	⓪
58	①	②	③	④	⑤	⑥	⑦	⑧	⑨	⓪
59	①	②	③	④	⑤	⑥	⑦	⑧	⑨	⓪
60	①	②	③	④	⑤	⑥	⑦	⑧	⑨	⓪

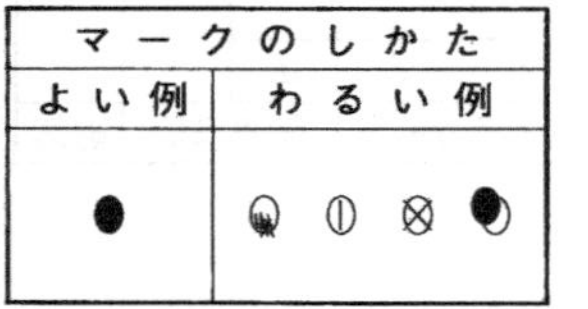

日本大学習志野高等学校(前期)　2020年度

◇数学◇

※120%に拡大していただくと，解答欄は実物大になります。

問題	解答記号		解答記入欄（マーク）
[1]	(1)	ア	⊖ ⓪ ① ② ③ ④ ⑤ ⑥ ⑦ ⑧ ⑨
		イ	⊖ ⓪ ① ② ③ ④ ⑤ ⑥ ⑦ ⑧ ⑨
		ウ	⊖ ⓪ ① ② ③ ④ ⑤ ⑥ ⑦ ⑧ ⑨
		エ	⊖ ⓪ ① ② ③ ④ ⑤ ⑥ ⑦ ⑧ ⑨
	(2)	オ	⊖ ⓪ ① ② ③ ④ ⑤ ⑥ ⑦ ⑧ ⑨
		カ	⊖ ⓪ ① ② ③ ④ ⑤ ⑥ ⑦ ⑧ ⑨
	(3)	キ	⊖ ⓪ ① ② ③ ④ ⑤ ⑥ ⑦ ⑧ ⑨
		ク	⊖ ⓪ ① ② ③ ④ ⑤ ⑥ ⑦ ⑧ ⑨
	(4)	ケ	⊖ ⓪ ① ② ③ ④ ⑤ ⑥ ⑦ ⑧ ⑨
		コ	⊖ ⓪ ① ② ③ ④ ⑤ ⑥ ⑦ ⑧ ⑨
		サ	⊖ ⓪ ① ② ③ ④ ⑤ ⑥ ⑦ ⑧ ⑨
	(5)	シ	⊖ ⓪ ① ② ③ ④ ⑤ ⑥ ⑦ ⑧ ⑨
		ス	⊖ ⓪ ① ② ③ ④ ⑤ ⑥ ⑦ ⑧ ⑨
	(6)	セ	⊖ ⓪ ① ② ③ ④ ⑤ ⑥ ⑦ ⑧ ⑨
		ソ	⊖ ⓪ ① ② ③ ④ ⑤ ⑥ ⑦ ⑧ ⑨

問題	解答記号		解答記入欄（マーク）
[2]	(1)	ア	⊖ ⓪ ① ② ③ ④ ⑤ ⑥ ⑦ ⑧ ⑨
	(2)	イ	⊖ ⓪ ① ② ③ ④ ⑤ ⑥ ⑦ ⑧ ⑨
		ウ	⊖ ⓪ ① ② ③ ④ ⑤ ⑥ ⑦ ⑧ ⑨
	(3)	エ	⊖ ⓪ ① ② ③ ④ ⑤ ⑥ ⑦ ⑧ ⑨
		オ	⊖ ⓪ ① ② ③ ④ ⑤ ⑥ ⑦ ⑧ ⑨

問題	解答記号		解答記入欄（マーク）
[3]	(1)	ア	⊖ ⓪ ① ② ③ ④ ⑤ ⑥ ⑦ ⑧ ⑨
		イ	⊖ ⓪ ① ② ③ ④ ⑤ ⑥ ⑦ ⑧ ⑨
	(2)	ウ	⊖ ⓪ ① ② ③ ④ ⑤ ⑥ ⑦ ⑧ ⑨
		エ	⊖ ⓪ ① ② ③ ④ ⑤ ⑥ ⑦ ⑧ ⑨
	(3)	オ	⊖ ⓪ ① ② ③ ④ ⑤ ⑥ ⑦ ⑧ ⑨
		カ	⊖ ⓪ ① ② ③ ④ ⑤ ⑥ ⑦ ⑧ ⑨
		キ	⊖ ⓪ ① ② ③ ④ ⑤ ⑥ ⑦ ⑧ ⑨

問題	解答記号		解答記入欄（マーク）
[4]	(1)	ア	⊖ ⓪ ① ② ③ ④ ⑤ ⑥ ⑦ ⑧ ⑨
		イ	⊖ ⓪ ① ② ③ ④ ⑤ ⑥ ⑦ ⑧ ⑨
	(2)	ウ	⊖ ⓪ ① ② ③ ④ ⑤ ⑥ ⑦ ⑧ ⑨
		エ	⊖ ⓪ ① ② ③ ④ ⑤ ⑥ ⑦ ⑧ ⑨
		オ	⊖ ⓪ ① ② ③ ④ ⑤ ⑥ ⑦ ⑧ ⑨
	(3)	カ	⊖ ⓪ ① ② ③ ④ ⑤ ⑥ ⑦ ⑧ ⑨
		キ	⊖ ⓪ ① ② ③ ④ ⑤ ⑥ ⑦ ⑧ ⑨

日本大学習志野高等学校(前期)　2020年度

◇英語◇

※112%に拡大していただくと，解答欄は実物大になります。

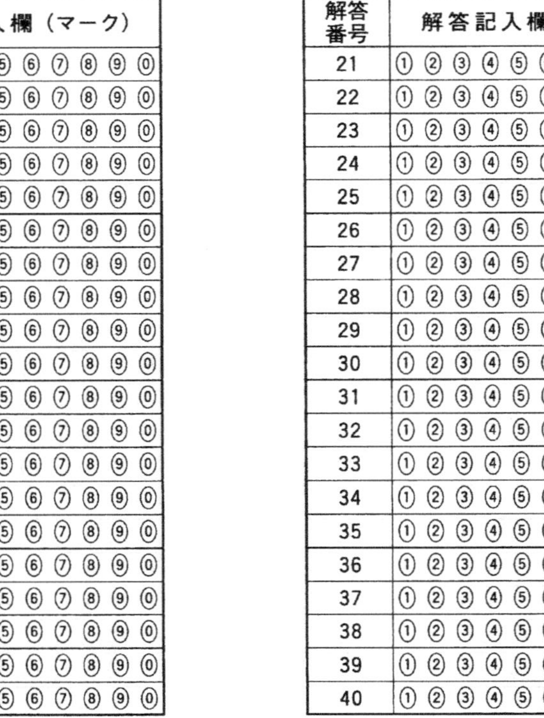

解答番号	解答記入欄（マーク）
1	① ② ③ ④ ⑤ ⑥ ⑦ ⑧ ⑨ ⓪
2	① ② ③ ④ ⑤ ⑥ ⑦ ⑧ ⑨ ⓪
3	① ② ③ ④ ⑤ ⑥ ⑦ ⑧ ⑨ ⓪
4	① ② ③ ④ ⑤ ⑥ ⑦ ⑧ ⑨ ⓪
5	① ② ③ ④ ⑤ ⑥ ⑦ ⑧ ⑨ ⓪
6	① ② ③ ④ ⑤ ⑥ ⑦ ⑧ ⑨ ⓪
7	① ② ③ ④ ⑤ ⑥ ⑦ ⑧ ⑨ ⓪
8	① ② ③ ④ ⑤ ⑥ ⑦ ⑧ ⑨ ⓪
9	① ② ③ ④ ⑤ ⑥ ⑦ ⑧ ⑨ ⓪
10	① ② ③ ④ ⑤ ⑥ ⑦ ⑧ ⑨ ⓪
11	① ② ③ ④ ⑤ ⑥ ⑦ ⑧ ⑨ ⓪
12	① ② ③ ④ ⑤ ⑥ ⑦ ⑧ ⑨ ⓪
13	① ② ③ ④ ⑤ ⑥ ⑦ ⑧ ⑨ ⓪
14	① ② ③ ④ ⑤ ⑥ ⑦ ⑧ ⑨ ⓪
15	① ② ③ ④ ⑤ ⑥ ⑦ ⑧ ⑨ ⓪
16	① ② ③ ④ ⑤ ⑥ ⑦ ⑧ ⑨ ⓪
17	① ② ③ ④ ⑤ ⑥ ⑦ ⑧ ⑨ ⓪
18	① ② ③ ④ ⑤ ⑥ ⑦ ⑧ ⑨ ⓪
19	① ② ③ ④ ⑤ ⑥ ⑦ ⑧ ⑨ ⓪
20	① ② ③ ④ ⑤ ⑥ ⑦ ⑧ ⑨ ⓪

解答番号	解答記入欄（マーク）
21	① ② ③ ④ ⑤ ⑥ ⑦ ⑧ ⑨ ⓪
22	① ② ③ ④ ⑤ ⑥ ⑦ ⑧ ⑨ ⓪
23	① ② ③ ④ ⑤ ⑥ ⑦ ⑧ ⑨ ⓪
24	① ② ③ ④ ⑤ ⑥ ⑦ ⑧ ⑨ ⓪
25	① ② ③ ④ ⑤ ⑥ ⑦ ⑧ ⑨ ⓪
26	① ② ③ ④ ⑤ ⑥ ⑦ ⑧ ⑨ ⓪
27	① ② ③ ④ ⑤ ⑥ ⑦ ⑧ ⑨ ⓪
28	① ② ③ ④ ⑤ ⑥ ⑦ ⑧ ⑨ ⓪
29	① ② ③ ④ ⑤ ⑥ ⑦ ⑧ ⑨ ⓪
30	① ② ③ ④ ⑤ ⑥ ⑦ ⑧ ⑨ ⓪
31	① ② ③ ④ ⑤ ⑥ ⑦ ⑧ ⑨ ⓪
32	① ② ③ ④ ⑤ ⑥ ⑦ ⑧ ⑨ ⓪
33	① ② ③ ④ ⑤ ⑥ ⑦ ⑧ ⑨ ⓪
34	① ② ③ ④ ⑤ ⑥ ⑦ ⑧ ⑨ ⓪
35	① ② ③ ④ ⑤ ⑥ ⑦ ⑧ ⑨ ⓪
36	① ② ③ ④ ⑤ ⑥ ⑦ ⑧ ⑨ ⓪
37	① ② ③ ④ ⑤ ⑥ ⑦ ⑧ ⑨ ⓪
38	① ② ③ ④ ⑤ ⑥ ⑦ ⑧ ⑨ ⓪
39	① ② ③ ④ ⑤ ⑥ ⑦ ⑧ ⑨ ⓪
40	① ② ③ ④ ⑤ ⑥ ⑦ ⑧ ⑨ ⓪

解答番号	解答記入欄（マーク）
41	① ② ③ ④ ⑤ ⑥ ⑦ ⑧ ⑨ ⓪
42	① ② ③ ④ ⑤ ⑥ ⑦ ⑧ ⑨ ⓪
43	① ② ③ ④ ⑤ ⑥ ⑦ ⑧ ⑨ ⓪
44	① ② ③ ④ ⑤ ⑥ ⑦ ⑧ ⑨ ⓪
45	① ② ③ ④ ⑤ ⑥ ⑦ ⑧ ⑨ ⓪
46	① ② ③ ④ ⑤ ⑥ ⑦ ⑧ ⑨ ⓪
47	① ② ③ ④ ⑤ ⑥ ⑦ ⑧ ⑨ ⓪
48	① ② ③ ④ ⑤ ⑥ ⑦ ⑧ ⑨ ⓪
49	① ② ③ ④ ⑤ ⑥ ⑦ ⑧ ⑨ ⓪
50	① ② ③ ④ ⑤ ⑥ ⑦ ⑧ ⑨ ⓪
51	① ② ③ ④ ⑤ ⑥ ⑦ ⑧ ⑨ ⓪
52	① ② ③ ④ ⑤ ⑥ ⑦ ⑧ ⑨ ⓪
53	① ② ③ ④ ⑤ ⑥ ⑦ ⑧ ⑨ ⓪
54	① ② ③ ④ ⑤ ⑥ ⑦ ⑧ ⑨ ⓪
55	① ② ③ ④ ⑤ ⑥ ⑦ ⑧ ⑨ ⓪
56	① ② ③ ④ ⑤ ⑥ ⑦ ⑧ ⑨ ⓪
57	① ② ③ ④ ⑤ ⑥ ⑦ ⑧ ⑨ ⓪
58	① ② ③ ④ ⑤ ⑥ ⑦ ⑧ ⑨ ⓪
59	① ② ③ ④ ⑤ ⑥ ⑦ ⑧ ⑨ ⓪
60	① ② ③ ④ ⑤ ⑥ ⑦ ⑧ ⑨ ⓪

日本大学習志野高等学校（前期）　2020年度

◇国語◇

※111％に拡大していただくと，解答欄は実物大になります。

解答番号	解答記入欄（マーク）
1	① ② ③ ④ ⑤ ⑥ ⑦ ⑧ ⑨ ⓪
2	① ② ③ ④ ⑤ ⑥ ⑦ ⑧ ⑨ ⓪
3	① ② ③ ④ ⑤ ⑥ ⑦ ⑧ ⑨ ⓪
4	① ② ③ ④ ⑤ ⑥ ⑦ ⑧ ⑨ ⓪
5	① ② ③ ④ ⑤ ⑥ ⑦ ⑧ ⑨ ⓪
6	① ② ③ ④ ⑤ ⑥ ⑦ ⑧ ⑨ ⓪
7	① ② ③ ④ ⑤ ⑥ ⑦ ⑧ ⑨ ⓪
8	① ② ③ ④ ⑤ ⑥ ⑦ ⑧ ⑨ ⓪
9	① ② ③ ④ ⑤ ⑥ ⑦ ⑧ ⑨ ⓪
10	① ② ③ ④ ⑤ ⑥ ⑦ ⑧ ⑨ ⓪
11	① ② ③ ④ ⑤ ⑥ ⑦ ⑧ ⑨ ⓪
12	① ② ③ ④ ⑤ ⑥ ⑦ ⑧ ⑨ ⓪
13	① ② ③ ④ ⑤ ⑥ ⑦ ⑧ ⑨ ⓪
14	① ② ③ ④ ⑤ ⑥ ⑦ ⑧ ⑨ ⓪
15	① ② ③ ④ ⑤ ⑥ ⑦ ⑧ ⑨ ⓪
16	① ② ③ ④ ⑤ ⑥ ⑦ ⑧ ⑨ ⓪
17	① ② ③ ④ ⑤ ⑥ ⑦ ⑧ ⑨ ⓪
18	① ② ③ ④ ⑤ ⑥ ⑦ ⑧ ⑨ ⓪
19	① ② ③ ④ ⑤ ⑥ ⑦ ⑧ ⑨ ⓪
20	① ② ③ ④ ⑤ ⑥ ⑦ ⑧ ⑨ ⓪

解答番号	解答記入欄（マーク）
21	① ② ③ ④ ⑤ ⑥ ⑦ ⑧ ⑨ ⓪
22	① ② ③ ④ ⑤ ⑥ ⑦ ⑧ ⑨ ⓪
23	① ② ③ ④ ⑤ ⑥ ⑦ ⑧ ⑨ ⓪
24	① ② ③ ④ ⑤ ⑥ ⑦ ⑧ ⑨ ⓪
25	① ② ③ ④ ⑤ ⑥ ⑦ ⑧ ⑨ ⓪
26	① ② ③ ④ ⑤ ⑥ ⑦ ⑧ ⑨ ⓪
27	① ② ③ ④ ⑤ ⑥ ⑦ ⑧ ⑨ ⓪
28	① ② ③ ④ ⑤ ⑥ ⑦ ⑧ ⑨ ⓪
29	① ② ③ ④ ⑤ ⑥ ⑦ ⑧ ⑨ ⓪
30	① ② ③ ④ ⑤ ⑥ ⑦ ⑧ ⑨ ⓪
31	① ② ③ ④ ⑤ ⑥ ⑦ ⑧ ⑨ ⓪
32	① ② ③ ④ ⑤ ⑥ ⑦ ⑧ ⑨ ⓪
33	① ② ③ ④ ⑤ ⑥ ⑦ ⑧ ⑨ ⓪
34	① ② ③ ④ ⑤ ⑥ ⑦ ⑧ ⑨ ⓪
35	① ② ③ ④ ⑤ ⑥ ⑦ ⑧ ⑨ ⓪
36	① ② ③ ④ ⑤ ⑥ ⑦ ⑧ ⑨ ⓪
37	① ② ③ ④ ⑤ ⑥ ⑦ ⑧ ⑨ ⓪
38	① ② ③ ④ ⑤ ⑥ ⑦ ⑧ ⑨ ⓪
39	① ② ③ ④ ⑤ ⑥ ⑦ ⑧ ⑨ ⓪
40	① ② ③ ④ ⑤ ⑥ ⑦ ⑧ ⑨ ⓪

解答番号	解答記入欄（マーク）
41	① ② ③ ④ ⑤ ⑥ ⑦ ⑧ ⑨ ⓪
42	① ② ③ ④ ⑤ ⑥ ⑦ ⑧ ⑨ ⓪
43	① ② ③ ④ ⑤ ⑥ ⑦ ⑧ ⑨ ⓪
44	① ② ③ ④ ⑤ ⑥ ⑦ ⑧ ⑨ ⓪
45	① ② ③ ④ ⑤ ⑥ ⑦ ⑧ ⑨ ⓪
46	① ② ③ ④ ⑤ ⑥ ⑦ ⑧ ⑨ ⓪
47	① ② ③ ④ ⑤ ⑥ ⑦ ⑧ ⑨ ⓪
48	① ② ③ ④ ⑤ ⑥ ⑦ ⑧ ⑨ ⓪
49	① ② ③ ④ ⑤ ⑥ ⑦ ⑧ ⑨ ⓪
50	① ② ③ ④ ⑤ ⑥ ⑦ ⑧ ⑨ ⓪
51	① ② ③ ④ ⑤ ⑥ ⑦ ⑧ ⑨ ⓪
52	① ② ③ ④ ⑤ ⑥ ⑦ ⑧ ⑨ ⓪
53	① ② ③ ④ ⑤ ⑥ ⑦ ⑧ ⑨ ⓪
54	① ② ③ ④ ⑤ ⑥ ⑦ ⑧ ⑨ ⓪
55	① ② ③ ④ ⑤ ⑥ ⑦ ⑧ ⑨ ⓪
56	① ② ③ ④ ⑤ ⑥ ⑦ ⑧ ⑨ ⓪
57	① ② ③ ④ ⑤ ⑥ ⑦ ⑧ ⑨ ⓪
58	① ② ③ ④ ⑤ ⑥ ⑦ ⑧ ⑨ ⓪
59	① ② ③ ④ ⑤ ⑥ ⑦ ⑧ ⑨ ⓪
60	① ② ③ ④ ⑤ ⑥ ⑦ ⑧ ⑨ ⓪

〈ダウンロードコンテンツについて〉

本問題集のダウンロードコンテンツ、弊社ホームページで配信しております。現在ご利用いただけるのは「2025年度受験用」に対応したもので、**2025年3月末日**までダウンロード可能です。弊社ホームページにアクセスの上、ご利用ください。
※配信期間が終了いたしますと、ご利用いただけませんのでご了承ください。

高校別入試過去問題シリーズ
日本大学習志野高等学校　2025年度
ISBN978-4-8141-2988-1

[発行所] 東京学参株式会社
〒153-0043　東京都目黒区東山2-6-4

書籍の内容についてのお問い合わせは右のQRコードから　⇒

※書籍の内容についてのお電話でのお問い合わせ、本書の内容を超えたご質問には対応できませんのでご了承ください。

2024年5月13日　初版